A Essência do Amor

A Essência do Amor

As 7 armadilhas e como superá-las

Tradução

Marcello Lino

ELSEVIER

EDITORA CAMPUS

Copidesque
Claudia Amorim

Editoração Eletrônica
DTPhoenix Editorial

Revisão Gráfica
Andréa Campos Bivar
Jussara Bivar

Projeto Gráfico
Elsevier Editora Ltda.
A Qualidade da Informação
Rua Sete de Setembro, 111 — 16º andar
20050-006 — Rio de Janeiro — RJ — Brasil
Telefone: (21) 3970-9300 Fax (21) 2507-1991
E-mail: info@elsevier.com.br
Escritório São Paulo
Rua Elvira Ferraz, 198
04552-040 — Vila Olímpia — São Paulo — SP
Telefone: (11) 3841-8555

ISBN 85-352-1249-3

CIP-Brasil. Catalogação-na-fonte.
Sindicato Nacional dos Editores de Livros, RJ

G81e Gratch, Alon
A essência do amor: as 7 armadilhas e como superá-las / Alon Gratch; tradução de Marcello Lino. — Rio de Janeiro: Elsevier, 2004.

Tradução de: If love could think
Inclui bibliografia
ISBN: 85-352-1249-3

1. Amor. 2. Relações homem-mulher. I. Título.

CDD – 306.7
04-1317 CDU – 392.6

04 05 06 07 5 4 3 2 1

Para Ilana, Jordan e Michele,
que me ensinaram muito sobre o amor

Agradecimentos

Primeiramente, gostaria de agradecer a meus pacientes, do passado e do presente, cujas lutas, êxitos e fracassos muito me ensinaram tanto em âmbito profissional quanto pessoal. Seria impossível mencionar o nome de todas as outras pessoas — amigos, amantes, colegas, supervisores e supervisionados — que, ao cruzarem meu caminho ao longo dos anos, contribuíram para meu desenvolvimento como psicólogo e autor. Indiretamente, todas essas pessoas influenciaram as idéias aqui apresentadas.

Mais diretamente, tenho grande dívida com algumas pessoas que tanto moldaram meu pensamento sobre o amor quanto incentivaram e apoiaram meu desejo de escrever a esse respeito. Minha esposa e colega, Michele Sacks, é simplesmente a melhor. Minha analista, Betty Hellman, e meus colegas e amigos Brenda Berger e Ivan Bresgi me apoiaram generosamente.

Também gostaria de expressar minha profunda gratidão àqueles que, com tremendo carinho e profissionalismo, cuidaram de mim e dos originais deste livro: Dorthe Binkert, da Scherz Verlag; Christophe Guias, da Editions Payot; Paul Christoph, da Elsevier Editora; e Thanos Grammenos, da Thymari.

Por fim, gostaria de agradecer a meus pais, Chaya e Avram Gratch, e a meus irmãos, Eliezer Gadot e Ariel Gratch, e suas famílias pelo apoio e interesse constantes.

Nota do Autor

Todos os casos descritos neste livro foram deliberadamente alterados a fim de proteger o direito à confidencialidade e à privacidade dos meus pacientes. Nenhum nome de paciente citado neste livro corresponde a uma pessoa real, viva ou morta.

Sumário

CAPÍTULO

1

Quando o amor dá errado: os padrões do amor fracassado

Tudo na vida é metamorfose, em plantas e animais,
até alcançar e incluir a raça humana.

GOETHE

QUANDO O AMOR DÁ ERRADO, NADA DÁ CERTO. É o que dizem meus pacientes de psicoterapia, se não em palavras e clichês, em sintomas e distúrbios. *Quando o amor dá errado,* nossa alma dá errado — e nossa mente brinca conosco. Depressão, ansiedade, ataques de pânico, problemas sexuais, estresse, alcoolismo e dependência de drogas são distúrbios de nosso diálogo com o amor. Por mais simplista que possa parecer, nossos fracassos amorosos constituem o núcleo teórico das mais sofisticadas escolas de psicologia desenvolvimentista. Por isso me preparei para aprender e ensinar — e, agora, escrever — sobre a pergunta de US$64 milhões: *Por que o amor dá errado e o que pode fazê-lo dar certo, se é que existe algo capaz disso?*

Os padrões do amor fracassado já são um clichê popular conhecido por todos nós. Contudo, o problema subjacente de o que fazer a respeito ainda nos deixa perplexos. Este livro é dirigido a qualquer pessoa que esteja lutando com esses padrões. Caso esteja considerando romper um relacionamento ou se já o rompeu e não quer repetir o mesmo padrão no próximo relacionamento; caso esteja namorando sem parar e não é capaz de encontrar a pessoa certa; caso esteja mais uma vez num relacionamento de longo prazo com a pessoa errada; caso esteja se perguntando se deve seguir em frente com seus planos de casamento; caso esteja se questionando se você está atolado em um casamento sem amor; ou, simplesmente, se você está fascinado pelos mistérios do amor e quer testemunhar e decifrar os percursos dramáticos e emocionantes de alguns de seus exploradores mais aventurosos — meus pacientes — este livro é para você.

Ao longo dos anos, enquanto ajudava meus pacientes a lutar com o problema do amor, percebi que padrões de relacionamento não são simplesmente uma repetição de um comportamento único e distinto; por exemplo, se seu padrão diz respeito a se envolver com homens indisponíveis, é improvável que todos eles fossem indisponíveis da mesma maneira. Um de seus relacionamentos pode ter sido a distância, outro, com um homem que não conseguia assumir um compromisso, e um terceiro, com um homem que era casado ou secretamente bissexual. Além disso, se este é seu padrão, também é provável que, para superá-lo, você tenha tentado, provavelmente mais de uma vez, sair com alguém por quem *você* não se sentisse realmente atraído, mas que estava muito interessado em você. Em outras palavras, seu padrão incluía o fato de estar do outro lado da equação.

Essa característica de sobreposição e inter-relação dos padrões de relacionamento, como logo veremos, não é meramente característica incidental de nosso confuso panorama interpessoal. Trata-se, em grande parte, de uma conseqüência do fato de esses padrões românticos terem em comum um antecedente psicológico que precisamos entender para atingir o amor; mas, para ajudá-lo a começar o processo de identificação de seus próprios padrões, gostaria de analisar brevemente os mais comuns, um de cada vez. Para simplificar, eu os organizei em sete categorias ou tipos. O interessante é que esses padrões existem em situações de namoro, às vezes até numa primeira saída, bem como em relacionamentos duradouros e, às vezes, até em casamentos que duram a vida toda. Como veremos, esses padrões só nos levam ao fracasso se insistirmos em não vê-los como são: fantasia, poesia, conto de fadas; uma imagem ou realidade passional, mas não a própria realidade. De certa forma, cada um desses tipos reside confortavelmente como a parte criativa de qualquer relacionamento amoroso, porém, mais uma vez, cada um também é plenamente capaz de contaminar nossa mente e de destruir nossa habilidade para formar ou sustentar relacionamentos íntimos.

Chamei o primeiro dos padrões de **Amor Narcisista**. É um começo bastante apropriado, pois, como a sabedoria convencional justamente supõe, amar a si mesmo é pré-requisito para amar os outros e, nesse sentido, todo amor começa com o amor por si mesmo. De fato, geralmente buscamos o amor por causa da maneira como ele faz com que *nós* nos sintamos — vivos, valorizados e encantados com a vida, a *nossa* vida. Portanto, embora um relacionamento amoroso deva envolver certo grau saudável de narcisismo, no Amor Narcisista nossa necessidade de nos sentirmos especiais é desmedida. Considerando que para nos apaixonarmos é necessário que idealizemos nosso parceiro para não ficarmos incomodados demais com suas limitações, no Amor Narcisista o hiato entre essa idealização e a realidade da outra pessoa é tão amplo que se torna insustentável.

O casal nesse padrão de amor parece sobreviver graças à noção de que seu relacionamento é a expressão definitiva e mais extraordinária do amor. Este é o casal que parece e se comporta como se cada um fosse o maior amor do outro a todo e qualquer momento. Quando estamos num relacionamento desse tipo, imbuímos tudo o que fazemos ou temos, e especialmente o nosso parceiro, de tal exclusividade estética, intelectual ou emocional a ponto de fazer com que todas as outras pessoas se sintam inadequadas. Em um relacionamento duradouro, esse tipo de idealização mútua muitas vezes se revela uma postura superficial que esconde uma caixa de Pandora de ressentimentos secretos, problemas sexuais ou casos extraconjugais. Numa situação de namoro, esse tipo de idealização é temporário e, freqüentemente, acarreta o oposto — desvalorização. Uma das questões que discutirei em relação a esse padrão é como distinguir a idealização saudável e necessária que caracteriza o período inicial de "lua-de mel" de um relacionamento (e que esperamos que esteja presente mais tarde) da idealização mais problemática citada anteriormente. Antes de tudo, deixe-me dizer que, enquanto a primeira simplesmente faz com que nos sintamos melhores a nosso respeito, a segunda é uma tentativa clara, mesmo que inconsciente, de regular nossa auto-estima.

No segundo padrão, **Amor Virtual**, entramos em um relacionamento com uma separação geográfica intrínseca, como um relacionamento a distância, intermitente ou on-line, portanto, somos fisicamente impedidos de ficar junto da outra pessoa regularmente. Livre do peso da realidade da vida cotidiana, esse tipo de arranjo romântico, em sua forma mais extrema, alimenta uma fantasia de perfeição sobre a outra pessoa e o relacionamento, mas, assim que tentamos trazer esse amor "virtual" para o mundo físico, nossa construção fantástica é estilhaçada, deixando-nos com pontadas de saudade e uma sensação perturbadora de desconfiança a respeito de nossa capacidade de amar.

No terceiro padrão, **Amor de Mão Única**, quanto menos disponível é a outra pessoa, mais a desejamos. Quando estamos apaixonados por alguém que não nos corresponde, dizemos a nós mesmos que se o outro simplesmente correspondesse ao nosso amor, ficaríamos muito felizes e satisfeitos, mas a verdade é que, quando esse tipo de amor é correspondido, muitas vezes perdemos o interesse. Além disso, como veremos, o reverso dessa busca por pessoas indisponíveis — ou seja, ficarmos nós mesmos indisponíveis para as pessoas que nos buscam — é parte integral do mesmo padrão.

No **Amor Triangular**, trazemos outra pessoa, real ou imaginária, para nosso relacionamento. Por exemplo, você ama sua cônjuge como esposa/mãe, mas ama sua amante como parceira sexual. Ou você namora um homem enquanto está secretamente apaixonada pelo irmão dele. Ou ama seu marido, mas prefere passar todos os fins de semana com sua mãe. Esse terceiro elemento, a propósito, nem sempre é uma pessoa — pode ser uma coisa ou uma atividade. Posso estar comprometido com minha namorada mas passar todos os fins de semana esquiando com meus amigos ou bebendo. Ou posso amar minha namorada mas preferir passar todo o meu tempo livre na Internet. Na maioria desses casos, quando a pressão aumenta, é o terceiro elemento que acaba sendo deixado de lado, mas só depois de prejudicar o relacionamento principal.

Às vezes, tanto o relacionamento principal quanto o "extracurricular" fracassam e, em alguns casos, o relacionamento principal perde a competição, porém, como no caso do Amor Proibido, à certa altura, é provável que descubramos que o intenso apelo do concorrente era apenas ilusão.

No **Amor Proibido**, somos atraídos pela sensação de risco e até de perigo criada pelos obstáculos que se interpõem ao relacionamento. Um professor de ensino médio e uma aluna se apaixonam loucamente. Uma mulher divorciada se apaixona por um amigo de faculdade do filho. Uma mulher casada se apaixona por seu instrutor de tênis — ou por seu terapeuta. Embora nessas situações acreditemos que se simplesmente pudéssemos sobreviver ou remover o obstáculo proibidor poderíamos realizar nosso amor, na maioria dos casos é exatamente esse elemento proibido que alimenta a paixão de nosso amor; portanto, quando este é removido, o amor geralmente morre de dentro para fora à medida que um ou ambos os amantes ficam entediados ou distraídos por novas circunstâncias proibidas.

O sexto padrão de amor fracassado é o **Amor Sexual**, definido não como amor com um componente sexual, mas como um componente sexual com amor — um relacionamento baseado em um desejo sexual e não muito mais do que isso. Pode acontecer de modo consciente, como no caso em que as duas partes se dedicam à exploração física sem restrições, ou o inconsciente, quando uma ou ambas as partes se iludem achando que estão apaixonadas, o que é muito comum no caso de homens que, na verdade, sentem apenas um forte desejo sexual. Em qualquer uma das situações, o relacionamento desmorona quando um ou ambos os parceiros "se lembram" de que não são apenas corpos e de que a sua psique ou alma é tão real e tem necessidades tão fortes quanto seus órgãos sexuais e sensoriais.

Por fim, **Amor Andrógino**, queremos inconscientemente que nosso parceiro faça uma operação de troca de sexo emocional. Dizemos que "os homens são uns grossos" ou que "as mulheres são sensíveis demais", tentando mudar nosso parceiro e desejando que este se pareça mais com uma mulher ou que ela se pareça mais com um homem — uma receita certa para o desastre. Ou, de fato, podemos escolher alguém que se pareça mais com nosso sexo. Nesta época de pós-feminismo, muitos acabam caindo num padrão de namoro ou de relacionamento no qual a mulher é uma batalhadora agressiva e o homem é um tipo sensível e emotivo. Quando esses papéis são realmente polarizados, o relacionamento está em perigo pois, mais cedo ou mais tarde, o homem começa a ficar ressentido com a mulher por ela ser um sargentão insensível, e a mulher olha com desprezo para o homem porque ele é um capacho desprezível.

Apesar de todos nós conhecermos alguém — se não nós mesmos — que esteja nas garras da natureza repetitiva de um desses padrões, é importante lembrar que, quando não são extremos, estes são simplesmente aspectos do amor. E todos não apenas estão de certa maneira presentes em nossos relacionamentos, mas, como mencionei, mesmo quando destrutivos, raramente acontecem de forma pura. Vejamos, por exemplo, o caso de Betsy, uma mulher de trinta e poucos anos que me procurou após uma série de relacionamentos malsucedidos. O primeiro namorado sério de Betsy na faculdade era um estagiário de medicina um pouco mais velho. Vivaz, idealista, dedicado e sensível, esse homem era tudo para ela: tinha toda uma filosofia de relacionamento com os seus pais, apresentava-se como voluntário para trabalhar em países subdesenvolvidos e estava sempre envolvido em "importantes" projetos de pesquisa. Nos primeiros dois anos, ela conseguia se sentir especial simplesmente por estar perto dele e apoiá-lo, e ele a via como alguém que o fazia se sentir amado e cuidado, mas, com o tempo, ele começou a percebê-la como uma mulher carente, alguém que queria afastá-lo de sua pesquisa e que o faria abrir mão de mulheres mais desafiadoras e glamourosas. Isso, é claro, fez com que Betsy se sentisse mal a respeito de si mesma, mas ela o amava e não podia imaginar sua vida sem ele. No final, ele terminou o relacionamento e ela prometeu nunca mais cair nesse tipo de **Amor Narcisista**. Obviamente, esse não foi o termo usado por ela e só anos mais tarde, enquanto fazia terapia, ela percebeu que tivera dois relacionamentos semelhantes, porém muito mais curtos, anteriormente.

Naquela época, por ter ficado muito magoada com a ruptura, Betsy decidiu dar um tempo nos relacionamentos sérios. Agora, na faixa dos 35 anos, ela já namorou aqui e ali. Um desses namoros foi com Bob, um estudante de Direito bonito e de aparência jovial que ela conheceu num bar e por quem nutriu forte atração sexual. Ele também se sentiu igualmente atraído por ela e os dois desenvolveram rapidamente um relacionamento sexual intenso. Eles sabiam claramente que era apenas diversão e que nenhum deles estava interessado em compromisso. Apesar de sempre serem agradáveis e meigos um com o outro, eles se viam apenas uma ou duas vezes por semana, à noite, para ficarem juntos. Por iniciativa de Bob, interpretavam papéis em diferentes fantasias sexuais do tipo enfermeira e médico ou em uma situação na qual ela implorava para fazer sexo e ele finalmente cedia. Apesar de Betsy gostar e de fato desejar ardentemente essas experiências, ela começou a perceber que ele a estava usando e, mais uma vez, começou a se sentir mal consigo mesma.

Mais ou menos na mesma época, Eric, um amigo de sua colega de quarto, veio da Califórnia para visitá-las. Betsy passou uma noite falando com ele sobre relacionamentos e sobre a situação dela com Bob. Aquele homem era tão mais profundo e mais complexo do que Bob que ela acabou se sentindo envolvida por ele em todos os níveis. Parou de sair com Bob e começou a trocar e-mails e a falar pelo telefone com Eric. Quando ela foi vê-lo durante um fim de semana prolongado em Los Angeles, tiveram conversas maravilhosas e acabaram se envolvendo. Isso logo evoluiu para um relacionamento a distância completo que durou quase um ano até que a questão do compromisso surgisse. Eric trabalhava na indústria do entretenimento e disse que não era realista para ele sair de Los Angeles. Betsy, por sua vez, tinha acabado de conseguir seu primeiro emprego em Nova York depois de sua pós-graduação e, portanto, estava preparada para considerar a hipótese de se mudar para Los Angeles se ele assumisse um compromisso no relacionamento. Ao ouvir que ela estava disposta a se mudar "por causa dele", Eric começou a se sentir oprimido pela responsabilidade. "Não estou preparado para assumir um compromisso", ele disse, e isso abriu as portas para mais um ano a distância, um ano cheio de discussões recorrentes, dúvidas, sentimentos feridos, decepções e raiva. "Você é uma pessoa maravilhosa", Eric finalmente disse a Betsy, "e acho que quero assumir um compromisso com você, mas não consigo". Eles terminaram e Betsy ficou arrasada mais uma vez.

Aqui vimos alguém que estava lutando com três padrões. Ao tentar superar o **Amor Narcisista**, ela caiu temporariamente nos prazeres inebriantes do **Amor Sexual**; e, ao tentar encontrar uma intimidade mais significativa, foi atraída pela promessa do **Amor Virtual**. Em cada relacionamento, Betsy achou que estava tentando algo novo e, em certo sentido, estava — cada um dos relacionamentos tinha seus próprios traços distintivos, mas, como é intuitivamente evidente para qualquer observador, o novo era apenas outra versão do velho. De fato, Betsy continuava a cair numa armadilha paradoxal: as dificuldades aparentes entre esses relacionamentos eram exatamente o que possibilitava que ela escolhesse repetidamente a semelhança do fracasso. Mas não era apenas o fato de as decepções dela serem semelhantes. Numa análise mais detalhada, os três padrões de relacionamento estavam ligados de forma causal; todos surgiam de um problema crítico e universal, ou seja, o problema da *ambivalência*.

Apesar de parecer que deveria ser puro, o amor nunca pode ser assim, pois nem quem o dá nem quem o recebe são puros. Onde há amor sempre há ódio ou, para usar uma linguagem mais aprazível, sempre há raiva e decepção — exatamente porque gostamos tanto. Para amar temos de ser vulneráveis, mas ser vulnerável nos faz odiar — odiar a pessoa que "faz" com que nos sintamos assim. É por isso que dizemos que ficamos "caidinhos" por alguém e é por isso que tantas canções, poemas, livros e filmes são uma variação do tema *Apaixonar-se de novo, nunca quis, o que devo fazer, não consigo evitar.*

No livro *Can Love Last? Fate of Romance Over Time*, o psicólogo Stephen Mitchell capturou a essência dessa ambivalência. Apropriando-se de uma metáfora usada por Nietzsche para demonstrar a luta do homem com sua moralidade, Mitchell descreve o amor romântico como algo parecido com a construção de um castelo de areia na praia. Temos de investir toda nossa paixão e, ao mesmo tempo, ter em mente que ela pode ser levada pela maré a qualquer momento. É claro que esse é um estado mental difícil de se manter e, como Mitchell coloca, para consegui-lo precisamos "dividir" nosso empolgante, mas incerto, castelo de areia em "castelos de pedra" e "castelos no céu". Os primeiros são nossos relacionamentos e casamentos duradouros, estáveis, mas chatos, e os últimos são nossas fantasias ou breves encontros de êxtase romântico ou novidade sexual. Embora nenhum dos dois nos faça feliz, em ambos os casos estamos protegidos da incerteza, do risco e da vulnerabilidade inerentes ao amor. Nos "castelos de pedra", podemos ter realidade demais e fantasia insuficiente, mas pelo menos nos sentimos seguros em sua previsibilidade e força. Nos "castelos no céu", talvez tenhamos fantasia demais e realidade insuficiente, mas também não temos muito a perder — a não ser nossas ilusões.

Se examinarmos os padrões de amor fracassado que descrevi, poderemos ver que um mecanismo semelhante — uma tentativa de evitar sentimentos de vulnerabilidade e, portanto, de ódio, raiva ou ressentimento em relação ao objeto de nosso amor — opera em cada um. No **Amor Narcisista**, a ambivalência é temporária ou superficialmente evitada pela idealização mútua, cujo propósito é evitar encarar as imperfeições da outra pessoa e como ela faz com que você se sinta. No **Amor Virtual**, o lado negativo da ambivalência — o ódio ou outros sentimentos negativos — nos leva ao antigo princípio paradoxal de que a ausência faz com que o coração se apegue ainda mais. Nesse tipo de relacionamento, nosso amor pela outra pessoa permanece puro porque, de uma forma ou de outra, ele ou ela está fisicamente ausente. No **Amor de Mão Única**, eu digo "oi" e você diz "adeus" — portanto, evito a ambivalência ansiando pelo que não posso ter. E, é claro, se por acaso eu conseguir obter o que quero, perco o interesse, ou seja, continuo evitando a ambivalência — agora só tenho os sentimentos negativos. No **Amor Proibido**, as emoções negativas são projetadas sobre fatores ou pessoas externas que são os inimigos de nosso amor e que nos impedem de realizá-lo plenamente. No **Amor Sexual**, dividimos nossa ambivalência para que sejamos atraídos pelo corpo, mas não pela alma, de nosso parceiro. No **Amor Triangular**, dividimos nossa ambivalência entre nosso parceiro primário e a terceira pessoa ou atividade que trazemos para o relacionamento. Em vez de conviver com as limitações de nosso parceiro, encontramos um amante que não as possui ou, mais precisamente, que tem limitações diferentes, ou, em vez de lidar com o tédio em nosso casamento, buscamos compulsivamente atividades externas como beber, fazer compras e jogar golfe. No **Amor Andrógino**, tentamos evitar a ambivalência fingindo que não existem diferenças psicológicas entre os sexos e que nosso parceiro pode, portanto, ser completamente compatível conosco; quando ele não o é, fingimos que pode ser modificado. Ou tentamos fugir de nossa ambivalência sobre homens (ou mulheres) escolhendo alguém que é mais feminino (masculino).

Talvez seja fácil entender por que estaríamos dispostos a nos iludir de tantas maneiras para evitar o sentimento de ambivalência — quem em sã consciência gostaria de sentir raiva, desaprovação, desprezo ou nojo em relação a seu próprio parceiro? O que não é tão óbvio, porém, é se estamos ou não fadados a lutar com a ambivalência em todos os nossos relacionamentos amorosos. E, na medida em que lutamos, existe alternativa melhor do que o amor auto-iludido? Qual é? A última questão, é claro, tem importância crucial para muitos dos leitores deste livro, que, como meus pacientes, podem estar lutando para entender e resolver os problemas em seus relacionamentos. Para responder essas perguntas, precisamos ter alguma noção das origens psicológicas da ambivalência. Ao ler o próximo segmento, tente pensar se alguma parte dele se aplica à sua história pessoal. Isso será útil mais tarde quando formos tratar com profundidade os padrões de amor fracassado.

BREVE HISTÓRIA DA AMBIVALÊNCIA (A GUERRA DOS SEIOS)

Uma das maiores controvérsias da história da psicanálise é se essa ambivalência em nossa relação com o amor se origina em uma psicologia de três ou duas pessoas. Na teoria freudiana, o problema começa quando uma terceira pessoa, o pai, é colocada no quadro relativamente harmonioso do relacionamento mãe-filho. Quando o pai entra no mundo interpessoal da criança — pelo menos historicamente uns dois anos depois da mãe — a criança começa a competir com o genitor de seu mesmo sexo pelo amor do genitor do sexo oposto. Nesse drama edipiano, a criança tem medo da retaliação de seu competidor e não consegue deixar de desenvolver ressentimentos em relação a ambos os genitores por o terem colocado naquela situação desagradável. Portanto, amor e ódio estão entrelaçados.

Em muitas teorias contemporâneas, julga-se que o problema do amor começa muito mais cedo, na suposta felicidade do dueto mãe-filho. Cognitiva e emocionalmente, essas teorias afirmam que a criança não consegue aceitar que a mãe que a alimenta e acode é a mesma criatura que às vezes a priva de algo. Em sua mente, portanto, a criança divide a mãe em duas — em termos psicanalíticos, "o seio bom" e "o seio ruim". Emocionalmente, isso é necessário para que a raiva da criança em relação à mãe imperfeita e privadora não destrua seu amor pela mãe idealizada e que tudo dá. Em outras palavras, a ambivalência em relação ao objeto do amor está presente desde o início, mas é tão ameaçadora para a criança que ela tem de negá-la.

Atualmente, a maioria dos teóricos da psicanálise concorda que não precisamos descartar Freud totalmente para aceitar a importância primária da relação inicial mãe-filho. Na verdade, teorias edipianas e pré-edipianas se complementam muito bem e, juntas, fornecem poderosa explicação desenvolvimentista para o problema do amor. Começamos a vida com uma ambivalência fundamental em relação ao objeto de nossa dependência — geralmente a mãe — que nunca pode ser perfeito, e quando o segundo genitor entra em nossa consciência, a inevitável competição apenas aprofunda nossa ambivalência. É claro, há também os irmãos e outras criaturas que amamos e das quais precisamos, mas que também gostaríamos que desaparecessem do nosso radar emocional. Para completar, existem também as perdas, decepções e mágoas inevitáveis, que começam assim que a criança se aventura no mundo e que continuam ao longo da vida — cimentando e reforçando nosso relacionamento ambivalente, de amor e ódio, com o amor.

Agora, pense sobre seus próprios relacionamentos com os seus pais na infância. Você sentia que eles o amavam? Provavelmente. Você os amava? É bem provável. Mas você também se sentia julgado, decepcionado ou até mesmo traído por eles? E você também sentia raiva ou felicidade por se afastar deles? Você sentia que não recebia o bastante de um de seus pais ou talvez que recebia demais do outro? Se você respondeu "nunca" às três últimas perguntas, pode ser como aqueles meus pacientes que, na consulta inicial, exclamam defensivamente que seus pais foram os melhores do mundo, ao que respondo com um suspiro interno, pois meu trabalho já está delineado. A questão é: nossos relacionamentos iniciais e inerentemente ambivalentes com nossos pais literalmente deixam uma marca em nosso jovem cérebro em desenvolvimento que, mais tarde, só podemos "sobrepor", como uma estrada muito percorrida, aos nossos relacionamentos adultos.

Portanto, sim, a ambivalência não só veio para ficar — ela é parte integral da condição humana; porém, ela nos assusta tanto que, muitas vezes, escolhemos uma ilusão de amor puro em vez de sua realidade mais multifacetada. Quando menciono o conceito de *ambivalência* para os pacientes, eles sempre querem saber mais. Eles intuitivamente entendem sua importância e ficam intrigados, mas, muitas vezes, confundem ambivalência com *ambigüidade*, que significa ser vago ou pouco claro — talvez porque tenham tanto medo da própria ambivalência que ficam felizes em admitir um pouco de ambigüidade ao pensarem a respeito. Eles não precisam temer, pois o problema do amor não é a ambivalência em si, mas como lidamos ou não com ela. Aí reside a resposta para a nossa segunda pergunta — sim, existe alternativa para o amor ilusório. Ao mudar nosso modo de pensar sobre o amor ou simplesmente ao *pensar* quando estamos apaixonados, podemos aprender a administrar nossa ambivalência em vez de negá-la.

METAMORFOSEAR O AMOR

Como sempre na psicologia, pelo menos conceitualmente, a solução é mais simples do que o problema. A complexidade do problema — os padrões de amor fracassado em nosso caso — obscurece a simplicidade da solução. Quando você pensa a respeito, a ambivalência é apenas um problema quando abordamos o amor com a idéia de que temos supostamente de *obter* algo dele. Com base neste paradigma, posso não estar disposto a assumir um compromisso com minha namorada se achar que ela não é inteligente o bastante — porque eu não conseguirei ter conversas estimulantes. Ou, se ela não é atraente o bastante, ficarei menos excitado por ela e o sexo não será tão bom; ou, se meu namorado não é comunicativo o bastante, meus sentimentos não serão validados; ou, se ele trabalha demais, não terá tempo para mim; ou, se ele não ganha muito dinheiro, não vou ter o estilo de vida com o qual estou acostumada; ou, se ele detesta viajar, nunca vou poder ir à Europa nas férias.

Obviamente, nessa abordagem do amor — que, provavelmente, é a abordagem primária em nossa cultura —, o mais importante é *o que espero receber* de meu parceiro. Claro, dependendo do grau de minha fome emocional, talvez nenhum parceiro tenha "coisas" suficientes para me saciar. Contudo, por definição nesse modelo, nossa capacidade de amar depende da outra pessoa: seja atribuindo a paixão ao "carma" ou à psicologia, esperamos ficar apaixonados quando a "pessoa certa" aparece, e esperamos que isso aconteça apesar de sabermos que isso contradiz tudo o que sabemos sobre o amor — primeiro, nos apaixonamos pelas pessoas erradas o tempo todo, e, segundo, aquelas pessoas que esperam pelo "único" amor ou pela pessoa "realmente" certa acabam na lista de espera da vida.

A verdade é que *a capacidade de amar independe do objeto do amor*. É assim porque — como foi discutido pelo psicanalista Erich Fromm em *A Arte de Amar* — o amor, primeiramente, envolve *dar*, e não *receber*. "O personagem mercantilista", Fromm escreveu há cerca de quarenta anos, "está disposto a dar, mas apenas se receber em troca". Para ele, *dar* envolve algum tipo de *renúncia* — de privação ou de auto-sacrifício, que é o motivo pelo qual ele tem de esperar algo em retorno. Mas para o "personagem produtivo", Fromm explicou, dar tem um significado totalmente diferente — é uma expressão de potência e riqueza emocional. *Ele* dá porque tem muito e porque isso faz com que ele se sinta contente e vivo. E, como Fromm descreveu, esse tipo de doação não diz respeito apenas a fazer ou fornecer coisas para os outros, mas também diz respeito a dar parte de si mesmo ou compartilhar a própria vida interior com a outra pessoa.

Quando a questão são vínculos românticos, essa definição de amor parece ordem imperativa — "e quanto às *minhas* necessidades!?" é o que a maioria de nós pergunta a nosso amante, e "O que *eu* estou tirando desse relacionamento?" é o que perguntamos a nós mesmos. Estranhamente, em outros tipos de relacionamentos amorosos, isso é algo muito fácil de conseguir. Pais, por exemplo, não deixam de amar os filhos porque estes não são inteligentes o bastante ou suficientemente bonitos, porque são chatos, ou porque eles se expressam através de ações. Diferentemente do caso de um amante, eles não deixam os filhos porque "perderam interesse" ou "os superaram" ou "se desapaixonaram". Da mesma maneira, como terapeuta, não deixo de amar meus pacientes porque eles não entendem ou porque são difíceis ou não fazem progressos suficientes ou não se vestem bem ou ficam com raiva de mim. Na verdade, a não ser que eles cometam um ato universalmente reconhecido como terrível, raramente critico ou julgo meus pacientes, e, em geral, sou uma pessoa julgadora.

Apesar de o amor de pais e terapeutas ser obviamente diferente, estes compartilham um importante denominador comum. Em ambos os casos, é nosso dever, nossa responsabilidade, amar. Dar é o propósito manifesto desses relacionamentos e, portanto, ao menos conscientemente, não esperamos nada em troca. E é exatamente por isso que o genitor bom o bastante não tem muito problema em sentir amor por seu filho a despeito de quão ambivalente se sinta a respeito das imperfeições da criança. Da mesma maneira, o terapeuta suficientemente bom não precisa fingir estar preocupado — ele em geral acha muito fácil sentir amor por seus pacientes. Ele também não espera nada em retorno, exceto, é claro, o pagamento — mas isso é pelo seu tempo e não por seu amor. A idéia do amor que não espera nada em troca é muito mais profunda, é óbvio, do que um dever ou uma obrigação; provavelmente, está incutida em nós, pois nossa sobrevivência na evolução da espécie sempre repousou sobre a nossa habilidade de cuidar de proles que — diferentemente de qualquer outra espécie — eram desamparadas e dependentes dos pais por um longo período após o nascimento.

Tudo isso para dizer que nossa dificuldade em dar, e, portanto, em superar nossa ambivalência, "está inteiramente em nossa cabeça". No fundo, todos temos capacidade de dar e, de fato, quando nos apaixonamos pela primeira vez, tudo isso volta sob a forma de generosidade alegre e incondicional. Mas logo começamos a pensar sobre as *nossas* necessidades e perdemos contato com a idéia de não esperar nada em retorno. Por que isso? E por que não podemos voltar mais tarde para essa primeira noção de amor? Por que não podemos redefinir o amor —

trata-se de dar e não de receber, idiota!? A razão, a meu ver, é que muitos de nós estão tão carentes emocionalmente que, quando pensamos que temos uma escolha a esse respeito — quando não é nosso dever amar — achamos que não temos nada a dar.

Então, é natural, para que consigamos dar livremente aos outros, precisamos dar primeiramente a nós mesmos. Note a diferença crucial entre *dar a si mesmo* e *buscar isso nos outros*! É como uma filosofia do tipo "não pergunte o que os outros podem fazer por você, mas o que você pode fazer por si mesmo". Note também que dar, pelo menos no sentido em que estou usando, não diz respeito a prover a si mesmo coisas materiais ou feitos externos, mas sim a desenvolver seus próprios recursos emocionais e intelectuais. Trata-se de investir em nosso próprio crescimento para que possamos, no final, encontrar a coragem de aceitarmos a nós mesmos e ao desejo de nos tornarmos mais como realmente somos.

É isso que a psicoterapia tenta alcançar. Na minha cabeça, terapia não tem a ver com mudar as pessoas, mas exatamente o contrário, isto é, ajudá-las a se tornar mais como elas próprias já são — especificamente, desafiando-as a revelar partes até então desconhecidas delas mesmas. Naturalmente, a psicoterapia não possui os direitos exclusivos para esse tipo de viagem de desenvolvimento. Você pode descobrir e articular sua própria voz em qualquer esforço humano — basta pensar em Cheryl Mendelson, o filósofo que escreveu um livro de 884 páginas sobre administração doméstica! Um exemplo mais óbvio, é claro, é a arte — em qualquer de suas formas. Ao desenhar ou escrever ou tirar fotos, você não consegue deixar de projetar sua própria visão, sua mente singular.

Na psicoterapia, o paciente é o artista. Como Orfeu — o poeta mitológico cujo canto pesaroso convenceu Hades a mandar a sua falecida esposa de volta para o mundo dos vivos —, o paciente desce até o mundo subterrâneo do amor perdido — o seu próprio inconsciente — e, usando palavras, assim como formas não verbais de comunicação, luta para expressar sua dor única em seu dialeto único. Como qualquer artista, o paciente tem de usar tanto um impulso criativo quanto uma técnica. No caso do paciente, o primeiro elemento consiste no desejo de dizer algo — falar sobre um sonho, uma briga que teve com a namorada, uma discussão com o chefe, uma experiência sexual ou seja lá o que for. O segundo elemento envolve sua escolha do que contar, com que palavras, em que momento e de que maneira. Na terapia, assim como na arte, é no diálogo entre essas coisas — impulso e técnica, espontaneidade e disciplina, conteúdo e forma — que reside a articulação da visão. Na terapia, é aí também que a solução do problema do amor pode ser encontrada.

Metamorfosear o amor requer não apenas que abramos nosso coração para a dor que o amor nos causou, mas também que abramos os olhos para as ilusões que ele nos vendeu. Entrar em contato com nossos sentimentos é simplesmente como um pintor que acidentalmente derruba uma gota de tinta na tela e descobre que acabou de criar arte — não pode acontecer sem a intenção do ato e sem as propriedades físicas da tinta. Isso significa que sentimentos não são suficientes; também precisamos de pensamentos. Temos de sentir, e temos de pensar, e temos de pensar sobre nossos sentimentos. Resumindo, o amor também tem de pensar.

Ao longo deste livro, veremos que é pelo diálogo entre emoção e cognição, paixão e controle, desejo e correção que meus pacientes dão a si mesmos, ou recuperam, sua voz singular. Como veremos, é por essa conquista que eles se libertam dos padrões de amor fracassado. Por mais egoísta que pareça, essa conquista é o que realmente nos habilita a abandonar o paradigma do amor do tipo *me dê me dê me dê* e a substituir suas conseqüências ilusórias pela realidade de dar a nós mesmos para outra pessoa.

Enquanto tento *inspirar* você, o leitor, a atingir esse nível de amor, também oferecerei um mapa prático — mas de maneira alguma uma receita rápida — para chegar lá. Primeiro, minha esperança é a de que você ache as histórias de meus pacientes tão comoventes quanto eu acho, e também de fácil identificação para que você possa aprender indiretamente com seus fracassos e sucessos. Mas, além disso, ao descrever meu trabalho com os pacientes, irei periodicamente desacelerar ou congelar o processo, mostrando a você como aplicar meu modo de pensar e minhas técnicas terapêuticas às suas próprias experiências de relacionamentos e namoros.

DA INTERNET À MITOLOGIA GREGA E DE VOLTA OUTRA VEZ

A julgar por minha própria experiência, assim como pelas discussões com colegas e supervisionados, estimaria que ao menos 50% da clientela de qualquer terapeuta em uma área metropolitana estão lutando com o amor. Aí estão incluídos indivíduos solteiros, que estão lutando para formar uma relação íntima, bem como pacientes casados ou unidos de alguma outra maneira que estão em crise porque o amor não é o que eles pensavam. Atente para o fato de que essa "estatística" inclui apenas aqueles pacientes que têm consciência de que seu problema é o amor. Se adicionarmos aqueles que se apresentam com ansiedade, depressão e doenças psicossomáticas — pacientes que muitas vezes, mas não sempre, desenvolvem sintomas como uma tentativa de resolver o problema do amor — eu me arriscaria a dizer que a grande maioria dos pacientes de psicoterapia está procurando uma cura para suas doenças amorosas.

O tema deste livro é atemporal, porém, de certa forma, ele é mais relevante hoje do que antes. Pesquisas, especialistas e meios de comunicação de massa nos dizem que, como conseqüência do 11 de setembro, os americanos estão voltando ao básico. Não há nada mais básico do que nossa necessidade de amor. As pessoas que usaram seus celulares nos aviões seqüestrados ou no topo das Torres Gêmeas em chamas não ligaram para dizer "Lembre-se sempre de quanto dinheiro eu ganhei, querida" ou "Quero que você saiba que me sinto ótimo por ter sido bem-sucedido em Wall Street". Não, elas ligaram para dizer "Amo você". De fato, nos meses após o 11 de setembro, as ameaças com antraz e os ataques terroristas em todo o mundo, jornais e revistas têm relatado aumento no número de pessoas que estão ficando noivas, que estão rompendo relacionamentos infelizes em busca de outros melhores e até mesmo no número de pessoas que estão simplesmente fazendo mais sexo.

Esses comportamentos estão relacionados à busca de conexão com os outros. Enquanto algumas pessoas tentam lidar com sentimentos de vulnerabilidade fugindo para a busca de gratificação instantânea ("sexo, drogas e rock'n'roll" ou "Prozac" e "Viagra"), a maioria de nós acaba buscando uma sensação de segurança e proteção dentro do contexto de um relacionamento amoroso duradouro. Em Nova York, pesquisa recente mostrou que homens e mulheres estão mais interessados em um relacionamento monogâmico sério do que antes do 11 de setembro. Essa mudança de atitude — que eu acredito ter sido mais reforçada ainda pela explosão da bolha das empresas pontocom e pela economia tipo Enron do final dos anos noventa — é corroborada pelo que vejo nos homens e mulheres solteiros que atendo em meu consultório. Em tempos de incerteza global, as pessoas buscam segurança na conexão humana.

Mas, por mais dramática ou superficial que essa mudança se revele no futuro, é provável que seja apenas o apogeu de um processo muito mais longo e profundo que, nos Estados Unidos, pode ser chamado de "o amadurecimento dos Estados Unidos". Como resultado de certas mudanças em nossa sociedade (por exemplo, o movimento feminista), agora temos mais opções do que nunca no amor. Podemos nos casar mais cedo ou mais tarde, podemos nos divorciar, podemos ser mães-solteiras, podemos conviver sem nos casarmos, podemos ficar mais abertamente com alguém do mesmo sexo e assim por diante. Durante as últimas duas ou três décadas, essa maior liberdade de escolha elevou a psicologia do amor a novos patamares. Numa época em que estamos relativamente livres de restrições religiosas, financeiras e políticas, que outra coisa senão nossa própria psicologia guiaria nossas escolhas?

O período inicial do movimento feminista e da revolução sexual abraçava essa noção com certa ingenuidade, prometendo o amor ideal e a satisfação sexual sem inibições, mas, apesar de muitas dessas promessas não terem se materializado, a explosão de soluções rápidas nos anos 80 foi igualmente ingênua. Claro, muitos livros de auto-ajuda foram úteis, alguns foram até mesmo importantes, mas, com algumas notáveis exceções, a maioria deles fracassou na tentativa de esclarecer o problema do amor. *Claro que eles fracassaram*: o problema do amor é tão antigo quanto o próprio amor! De fato, a maioria desses livros fracassou ao fazer promessas demais e muito cedo e em não ajudar o leitor a trabalhar seus problemas amorosos *de longo prazo*. Eles ofereciam quantidade excessiva de táticas e dicas comportamentais e quantidade insuficiente de pensamento emocional estratégico.

Apesar dessas falsas promessas, ou talvez por causa delas, boa parte do amadurecimento ocorreu desde então. Hoje em dia, cada vez mais pessoas entre vinte e trinta e poucos anos vão fazer terapia já sabendo que algo está errado em sua vida amorosa. Esses pacientes sabem que seu histórico de relacionamentos envolve um padrão que mina suas tentativas de formar um compromisso duradouro, e sabem que têm apenas alguns anos para consertar o problema. De acordo com minha experiência, cada vez menos pessoas também esperam ficar "curadas" em três meses.

Em minha própria geração, na faixa dos quarenta anos, também percebo uma mudança e parece que cada vez mais casais que estão tendo crises no relacionamento buscam aconselhamento matrimonial antes de optar pela separação e pelo divórcio. Na minha cabeça, esse caminho reflete a percepção de que seu parceiro não resolve o problema subjacente do amor ambivalente. Também na comunidade gay vemos mais maturidade e raciocínio estratégico em relação à idéia de construir um futuro junto de outra pessoa.

Portanto, se os anos 60 e 70 prometiam libertação, espontaneidade e satisfação desinibida e os anos 80 contra-atacaram com remédios atraentes, mas igualmente irrealistas, para essas promessas não cumpridas, os anos 90 testemunharam o ressurgimento de conceitos como dever, responsabilidade e planejamento a longo prazo, incluindo a idéia de que o amor requer trabalho. Acho que, no novo milênio, estamos preparados para finalmente integrar a disciplina e o método que caracterizaram o amor na primeira metade do século XX com a liberação e a empolgação trazidas pela segunda metade. Essa é exatamente a abordagem equilibrada dos relacionamentos oferecida por este livro.

Apesar de acreditar que esse tipo de equilíbrio é congruente com a maneira como a maioria das pessoas concebe o amor hoje em dia, os anos 90 também viram o surgimento de algumas tendências importantes que podem ameaçar essa maturidade recém-adquirida. Primeiro, existe a revolução da tecnologia da informação. Apesar de não podermos realmente prever como a Internet e outros avanços tecnológicos irão mudar nossas vidas no futuro, pelo menos em minha prática clínica já está evidente que a revolução da informação está causando impacto em nossa psicologia do amor.

Veja o caso da mulher solteira que está tendo dificuldade em encontrar o homem certo. Antes da era da Internet, essa mulher acabava achando que quase não havia mais homens disponíveis. Ela começava então a se desesperar e a se perguntar: "O que há de errado comigo?" Isso levava a algum tipo de auto-exame e a uma autocorreção de seu curso de ação, que, por fim, trazia o relacionamento desejado. Na era da conectividade, porém, o namoro eletrônico, as salas de bate-papo e a busca de pessoas aumentaram drasticamente o número de homens disponíveis que uma mulher pode buscar. Portanto, hoje em dia, é mais provável que essa mulher pense que achar o homem perfeito é simplesmente um jogo de números e irá demorar muito mais para perceber que *existe* algo de errado com ela.

Ou pense no caso do homem solteiro que está buscando desenvolver um relacionamento de qualidade baseado em valores e interesses compartilhados. On-line, esse homem pode se comunicar com um grande número de candidatas e triá-las. Assim, ele pode esperar até "encontrar" a mulher que gosta dos mesmos livros e filmes que ele, que tem o mesmo senso de humor, que, assim como ele, adoraria ir à Nova Zelândia e ao Alasca antes de se estabelecer e que, exatamente como ele, gostaria de viver em um loft e escalar nos fins de semana. Claro, quando ele finalmente encontra essa candidata perfeita off-line, o aspecto intangível crítico que chamamos de química pode não existir. Então, como a trajetória virtual desse homem demonstra, a enorme oferta de candidatas em potencial da Internet, junto com sua falta de materialidade física, pode reforçar substancialmente a fantasia da perfeição sem ambivalência.

Uma segunda tendência "antimaturidade" que talvez esteja relacionada à primeira e que emergiu nos anos 90 foi descrita pelo autor Wendy Kaminer como "o bufê de religiões e psicologias populares recentemente espiritualizadas". Na minha cabeça, a crença nessas transformações metafísicas como reencarnação, comunicação com os mortos, falar com Deus, contato com OVNIs e a leitura da mente de outras pessoas também oferece poderosa fuga da ambivalência. Como tal, elas têm um grande apelo, e não apenas para as pessoas sem instrução ou instáveis. Como terapeuta, vi várias mulheres profissionais, "razoáveis", que se apaixonaram por homens que elas conheceram em um workshop ou retiro espiritual. Usando as palavras certas — *compromisso, responsabilidade, trabalhar a relação, deixar você à vontade, nos proporcionar o que queremos* — esses homens "enganavam" não apenas a paciente e a si próprios, mas a mim também. Apesar de seu compromisso com o crescimento pessoal e com o cuidado com os outros, depois de alguns meses de relacionamento eles declaravam que "não se sentiam mais conectados" e rompiam. Basicamente, quando a rápida transformação espiritual deles era testada pela realidade imperfeita do relacionamento, eles passavam para a próxima... aventura interpessoal pseudotranscendental.

Este livro se baseia em minha prática clínica em Nova York e, à medida que eu discutir meus casos, encontraremos muitos exemplos de indivíduos que lutam com dinâmicas antiqüíssimas em um mundo realmente novo. Veremos que, para muitos deles, isso significa travar uma batalha não apenas com padrões de relacionamento velhos e fracassados, mas também com um novo ambiente que, paradoxalmente, só serve para reforçá-los. Este livro não é antitecnologia. Nem é antiespiritualidade. As revoluções da informação e da nova era são meramente parte de seu panorama humano e adicionam sabor contemporâneo a uma nova exploração de um velho problema.

Embora a noção da civilização ocidental de que o amor romântico deve levar ao casamento e à família seja relativamente nova — substituindo o conceito de casamento como uma instituição econômica ou política somente nos últimos 100-200 anos — nossa busca por um amor romântico perfeito e sem ambivalências é universal e antiga. Para demonstrar isso, e para a ajudar você a entender a essência de cada um dos padrões de relacionamento discutidos no livro, relacionei cada padrão a uma história clássica da mitologia grega.

Quando sua esposa, Eurídice, morreu, Orfeu, o grego que foi o "pai da canção", não conseguia aceitar o fato. Ele ficou tão transtornado pela perda que se preparou para procurar Eurídice no Hades, a região dos mortos. Lá, no mundo subterrâneo, seu canto pesaroso foi tão penetrante, tão enfeitiçante, que lhe foi permitido encontrar sua esposa e levá-la de volta para a terra dos vivos. Como condição para sua libertação, porém, Orfeu teve de prometer que, enquanto Eurídice o seguia pelo mundo subterrâneo, não olharia para trás para vê-la até que eles tivessem saído do outro lado, mas, é claro, ele *olhou* — o amor fez com que ele olhasse — e, portanto, perdeu de novo sua esposa, dessa vez para sempre. A partir daí, as coisas só pioraram porque ele se recusou a "namorar" outra pessoa e um grupo de mulheres que se sentiam negligenciadas por ele acabaram por atacá-lo. Elas dilaceraram seu corpo e jogaram sua cabeça decepada no rio. Carregada pelo rio, a cabeça gritava "Eurídice! Eurídice!" enquanto a margem do rio ecoava o nome.

Entre outras coisas, essa história fala dos poderes de transformação do amor — seus poderes de cura, assim como de destruição. Seria interessante editar a história, por exemplo, cortando a segunda metade ou anexando outro final, dando a Orfeu mais uma chance no amor. Bem, é isso que tento fazer com meus pacientes de psicoterapia e o que gostaria de fazer pelo leitor deste livro: dar mais uma chance ao amor. Dar tantas chances quantas necessárias, já que, quando o assunto é amor, a mente humana dificilmente é um estudo rápido. A boa notícia, porém, é que, pelo menos conceitualmente, o que temos de fazer para conseguir outra chance não é um mistério, mas somos desviados por nossa compulsão para repetir o que já sabemos e por nosso medo do que é realmente espontâneo e novo. No namoro, isso acontece quando ficamos preocupados com questões táticas e desviamos nosso caminho estratégico. Com perguntas do tipo "Devo ligar ou esperar que ele ligue?" ou "Devo dar mais espaço a ele ou dizer o que sinto quando ele se afasta?", nos concentramos em detalhes de nossa interação e perdemos de vista o quadro mais geral, que é, por sua vez, que no fundo já sabemos se esse relacionamento vai dar em algo. No fundo, *sempre* sabemos quando estamos presos em um relacionamento que só mantemos vivo com as inventivas maquinações de nossa negação.

Então, para ajudar você a se manter no caminho estratégico até o amor, à medida que discutir os sete padrões de relacionamentos fracassados, irei visitar e revisitar três passos básicos que você precisa seguir. Esses passos, que emergiram de meu trabalho com pacientes ao longo dos anos, envolvem o entendimento de *sua própria psicologia* para que você possa limpar sua mente de distrações táticas e ficar mais receptivo para o amor. No Primeiro Passo, reconhecemos nossos padrões de relacionamento e identificamos sinais de alerta em namoros e relacionamentos para que possamos deter nossos padrões. No Segundo Passo, aprendemos sobre a ambivalência subjacente a nossos padrões — em relação a que somos pessoalmente ambivalentes. E, no Terceiro Passo, resolvemos essa ambivalência — aceitando-a.

Levando em consideração o tipo de amor discutido e circunstâncias individuais, esses passos irão se repetir com as devidas variações em cada capítulo deste livro. Ao mesmo tempo, muitos dos exemplos e sugestões dentro de cada passo podem ser usados em qualquer um dos padrões discutidos. Ao explorar esses passos, ilustrarei não apenas como eles se desdobram ao longo da psicoterapia, mas também como levá-los para fora do consultório e aplicá-los à sua vida.

Como logo veremos, esses três passos não são mera coleção de ferramentas técnicas, mas sim a aplicação prática de pré-requisitos psicológicos para alcançar o amor. Na mitologia, a alma do amado é muitas vezes representada por uma borboleta porque ambas passam por uma metamorfose, que os antigos gregos, em sua infinita sabedoria, consideravam atitude permanente da mente. No Terceiro Passo, em vez de tentar capturar ou prender outra alma, temos de engajar nossa própria alma. Temos de metamorfosear nossa própria alma dando a nós mesmos em vez de esperar que os outros dêem algo. Paradoxalmente, quando fazemos isso, também podemos dar aos outros, que é a essência do amor.

CAPÍTULO 2

Amor narcisista

Não havia nada que Eco diria com mais prazer:
"Vamos ficar juntos!"

OVÍDIO

TODOS NÓS CONHECEMOS A HISTÓRIA DE NARCISO, o belo jovem que se apaixonou por seu próprio reflexo na água, mas não temos tanta familiaridade com a história de sua parceira, Eco, a jovem ninfa que foi amaldiçoada pelos deuses com a capacidade de apenas repetir, e não iniciar, um discurso. Quando Eco — cujo coração nunca foi inibido pela autoabsorção do seu amado — encontrou Narciso e o ouviu proferir palavras de amor, ela naturalmente repetiu suas palavras. Para o observador externo, isso certamente pareceria uma festa de amor mútuo. A verdade, é claro, é que Narciso estava falando com seu próprio reflexo no lago e Eco era apenas uma versão sonora daquele reflexo. Mas o mais interessante é que *os próprios* Narciso e Eco foram enganados por essa casa de espelhos: como ela não podia ver o reflexo no lago do lugar onde estava, Eco pensou que Narciso estava falando com ela, enquanto Narciso — seu olhar paralisado por sua própria imagem no lago — pensou que a voz de Eco fosse de seu amado reflexo, cujos lábios claramente se moviam formando as mesmas palavras de amor.

Provavelmente não é coincidência o fato de Narciso ser bem mais conhecido do que Eco, afinal, ele busca a ribalta. Ao pensar a respeito, porém, o personagem de Eco também não é um estranho para nós. As feministas a vêem no papel de apoio da esposa tradicional, a mulher por trás do homem, e psicólogos modernos a descrevem como "co-dependente" ou "capacitadora" — a esposa abnegada que cuida e, de modo inconsciente, participa da eliminação de seu parceiro egoisticamente autodestrutivo (Narciso acaba morrendo de fome porque não largava o seu reflexo). Mas o que é menos conhecido a respeito de Eco e suas versões contemporâneas é que, apesar de ela parecer ser o oposto de Narciso, ela na verdade é tão narcisista quanto ele. As mulheres em nossa cultura eram socializadas para apoiar e respeitar, se não para obedecer, os seus homens. Elas deviam alcançar grande auto-estima não por suas próprias conquistas externas, mas pelo cuidado com os outros. Em termos de criação dos filhos, talvez realmente haja predisposição biológica para isso nas mulheres — mais do que nos homens. A questão é que, mesmo à medida que nossa sociedade evolui, muitas mulheres ainda se sentem bem a respeito de si mesmas fazendo *os outros* se sentirem bem a seu próprio respeito. Em outras palavras, elas têm a necessidade egoísta de se sentirem abnegadas. O narcisismo delas reside no fato de elas precisarem que precisem delas — a despeito de as outras pessoas realmente precisarem delas ou não. Assim, o narcisismo delas, apesar de ser mais difícil de se detectar, é tão acentuado quanto o dos homens.

No **Amor Narcisista**, a dinâmica do casal muitas vezes segue essas formas de narcisismo baseadas no gênero. O homem está lá fora, construindo arranha-céus, e a mulher aplaude e dá apoio a esse esforço cuidando da casa e ficando bonita nos braços do homem. Numa situação de namoro, apesar de todas as mudanças decorrentes do movimento feminista, as mesmas suposições podem estar operando dentro do casal, isto é, o homem é o personagem talentoso, brilhante, importante — o advogado, banqueiro, arquiteto, ator, médico ou artista — cujo trabalho, missão ou compromissos têm prioridade em relação aos da mulher, a despeito de seu trabalho, de sua carreira ou de outros desejos abertamente egoístas. Por mais que isso possa nos aborrecer nos dias de hoje, muitas mulheres com conquistas significativas não se sentem bem a respeito de si mesmas — ou seja, elas sofrem de baixa auto-estima — se não sentem que são necessárias a um parceiro ou a um filho e se não são socialmente agradáveis aos outros.

Contudo, essas dinâmicas de gênero não são tão rígidas ou fixas quanto você possa esperar e, como veremos, podem ser revertidas. Além disso, muitas pessoas — homens e mulheres — seguem um caminho amoroso que os leva de um relacionamento no qual eles são Eco a outro no qual são Narciso antes de finalmente terminar em alguma posição intermediária.

PRIMEIRO PASSO: QUEM SOU EU?

Embora geralmente pensemos sobre o narcisismo "patológico" como uma forma excessiva de auto-estima, a verdade é quase o contrário. Movidos por auto-estima baixa ou pelo ódio contra si mesmo em nível inconsciente, o narcisista luta para se sentir bem a seu próprio respeito exagerando e alardeando seus feitos, seu poder ou sua beleza. Além disso, um indivíduo que odeia a si mesmo ou tem auto-estima baixa de modo mais consciente é igualmente narcisista, pois ele também está envolvido em sua busca incessante para se sentir bem a respeito de si mesmo. Assim, é mais exato ver o narcisismo como o egocentrismo que resulta de nossos esforços para *regular nossa auto-estima*. Também é importante perceber que o narcisismo não é apenas uma condição patológica, mas um aspecto necessário e potencialmente positivo do desenvolvimento psicológico. Ao nos motivar a ser produtivos ou a agradar os outros, o impulso para atingir a auto-estima alta facilita o crescimento. Claro, quando é extremo, e sob certas circunstâncias, este se torna um problema debilitante.

Da mesma maneira, o narcisismo desempenha importante papel positivo e negativo no fenômeno apaixonar-se. Como nossa auto-estima evolui desde a primeira infância a partir da experiência de ser amado, quando nos apaixonamos, esta é imediatamente ativada. Se nosso amor é correspondido, nos sentimos valorizados; se não, nos sentimos inadequados e devido ao fato de a manutenção de uma auto-estima alta ser tão crucial para nossa sensação de bem-estar, nosso narcisismo utiliza vários mecanismos de defesa com tal finalidade. O principal e mais relevante dentre esses mecanismos para a experiência de se apaixonar é a defesa da *idealização*. A generosidade emocional que sentimos quando nos apaixonamos se torna possível graças ao modo como idealizamos nosso parceiro. Essa idealização nos permite ignorar suas imperfeições, a acreditar que finalmente encontramos nossa alma gêmea e que ela não irá nos trair ou abandonar. Muitas vezes, não conhecemos realmente essa pessoa quando nos apaixonamos e não possuímos base factual alguma para justificar tal atitude, mas, mesmo assim, esta faz com que nos sintamos valorizados, vitais e especiais — tudo em meio a um vasto mar de humanidade no qual somos bastante comuns, invisíveis e sem importância. Resumindo, a idealização nos faz sentir bem a nosso próprio respeito diretamente quando somos idealizados, ou indiretamente quando idealizamos outra pessoa e aproveitamos seu reflexo.

Em relacionamentos duradouros mais ou menos "saudáveis", esse tipo de idealização está presente algumas vezes — geralmente dominando as fases iniciais do relacionamento, o período de "lua-de-mel", quando também estamos apaixonados pelo amor. Mas, com o tempo, essa idealização é denunciada pelo processo de conhecimento da outra pessoa. Diluída de certas maneiras, intensificada de outras, ela é influenciada pela realidade da mente e do corpo do parceiro e pela história acumulada de nossa união. Embora uma semente da idealização inicial deva permanecer para o amor durar, a intensidade e expansividade da paixão inicial são incongruentes com uma intimidade duradoura. É assim porque, se não podemos mostrar nossas qualidades menos atraentes e fazer com que elas sejam registradas dessa forma pela outra pessoa, ela não nos conhece e, portanto, somos amados apenas superficialmente. E é exatamente isso que o Amor Narcisista é. No melhor dos caos de Amor Narcisista, nos apaixonamos por *algo* na outra pessoa, fixamos nossa atenção naquilo e insistimos que aquilo é a pessoa *por inteiro*. Como resultado, não conseguimos realmente conhecer nosso parceiro, o que muitas vezes significa que mais tarde descobriremos que ele tem algum tipo de vida secreta ou oculta.

Uma de minhas pacientes, uma mulher atraente e articulada de quase trinta anos, parecia fragmentada e sem concentração e autoconfiança. Na infância, ela era muito próxima da mãe mas o pai estava ausente, não só literalmente porque seus pais se divorciaram, mas também emocionalmente porque, segundo ela, era "uma não-entidade". Além de ser calado e reservado, ele também era bastante infantil e ingênuo, e costumava fazer brincadeiras estúpidas ou murmurar coisas irrelevantes. Enfim, ele também tinha sido um "fracassado", pois ficou desempregado durante boa parte da infância da paciente. Nada disso incomodava a paciente, ela sempre dizia: "Como nunca me relacionei com ele, não tenho qualquer tipo de sentimento a seu respeito." Obviamente, como eu sempre dizia a ela, essa falta era o aspecto mais crítico de seu relacionamento com o pai. Em outras palavras, não é possível não ter um relacionamento com um de seus genitores — nem que seja em fantasia. A ausência do genitor sempre é ao menos uma enorme presença na mente da pessoa *e* em seus relacionamentos íntimos. Para essa paciente, a ausência se fazia presente em uma série de relacionamentos com homens idealizados e narcisistas.

Como muitas pessoas em tal condição, essa mulher escolhia de modo consciente e coerente homens que *nada tinham a ver* com seu pai: profissionais, inteligentes, passionais, sensíveis e bons ouvintes. Resumindo, homens que pareciam perfeitos e que, diferentemente de seu pai, ela podia facilmente idealizar. O problema é que, além de ninguém ser perfeito, também aqueles que parecem sê-lo geralmente são ainda mais imperfeitos ainda. Por exemplo, um dos relacionamentos que ela teve foi com um jovem advogado que trabalhava como defensor em um órgão público. Ele era seguro e esperto, como é de se esperar de alguém em seu ramo, mas também era idealista em relação ao próprio trabalho, que envolvia advogar para pessoas carentes. Ele também era muito atraente, de maneira um pouco infantil, afetuoso e atencioso e gostava de falar sobre questões ligadas à família e aos relacionamentos. Por fim, ele gostava de se divertir e sempre estava disposto a viajar, fazer coisas e socializar.

O relacionamento começou com conversas íntimas noite adentro, longas conversas ao telefone durante o dia, explorações sexuais abertas e freqüentes e declarações mútuas de que aquele era um relacionamento diferente de qualquer outro que eles já haviam tido. Depois de um mês, eles praticamente foram morar juntos, apesar de "Kevin" — que é como eu vou chamá-lo — ocasionalmente voltar para a sua casa. No entanto, alguns meses depois, Kevin começou a falar que precisava de mais tempo para relaxar sozinho por causa de seu trabalho estressante e cansativo, e também que "precisava de mais espaço". Isso pareceu bastante razoável para minha paciente, então, eles concordaram que iriam passar menos tempo juntos à noite durante a semana. Conseqüentemente, porém, o sexo se tornou menos freqüente e, algumas vezes, Kevin não conseguia ter ereção, mas, mesmo assim, ele continuava a falar do relacionamento deles, de suas ansiedades e de seu desejo de que o relacionamento desse certo. "Não tem realmente nada a ver com você", ele disse. "É problema *meu.*" E continuou dizendo que sua necessidade de espaço era provavelmente uma reação ao fato de ter sido criado por uma mãe sufocante e superprotetora. Ele estava interessado nos sentimentos de minha paciente, queria ter certeza de que ela não levaria aquilo para o lado pessoal.

Então, apesar de Kevin estar se afastando, minha paciente continuou a sentir que ele era realmente muito especial. Ele assumia a responsabilidade por seus problemas, validava os sentimentos dela e, diferentemente da maioria dos homens, era realmente comunicativo. Então, embora ela sentisse constantemente sua ausência — mesmo quando ele estava presente, ela começou a se preocupar que ele quisesse ir embora — ela "decidiu" não ser carente, mas, sim, ajudar a satisfazer as necessidades *dele*. Então, quando eles faziam planos, ela perguntava de maneira sensível se ele tinha certeza de que não queria ficar sozinho, e, às vezes, levava o jantar para ele e ia embora, ou passava tempo com ele durante os fins de semana acompanhando-o enquanto ele resolvia questões pessoais. Além disso, quando eles passavam a noite juntos, ela sempre aceitava os pedidos sexuais dele. Ela não queria apenas tornar mais fácil para ele ficar com ela; na verdade, ela realmente gostava de cada minuto que passava ao lado dele. "Ele é tão inteligente e compreensivo", ela me disse. "E ele abriu tantas portas intelectuais e emocionais para mim que é difícil para mim imaginar ficar longe dele."

Mas os esforços de minha paciente para ser positiva e para negar seus sentimentos negativos, associados à sua idealização de Kevin, saíram pela culatra quando, após aproximadamente um ano e meio, ele repentinamente rompeu com ela, explicando, com delicadeza, que sempre se sentiu muito ambivalente e que finalmente percebeu que não seria justo para com ela continuar o relacionamento se ele não conseguia assumir um compromisso. Minha paciente ficou pasma. "E quanto a 'querer que dê certo' e 'o problema é meu' e 'você é muito especial'?", ela disse, pedindo uma explicação. "Por que você quer que eu entre nessa questão? Não quero magoar você!", ele respondeu. Mas, quando ela continuou a pressioná-lo, ele murmurou, corou e começou a explicar de forma hesitante que, depois das primeiras semanas, ele "perdeu" os sentimentos sexuais em relação a ela e que tinha de fantasiar sobre outras mulheres para conseguir ter uma relação e que, sim, *era* um problema dele porque isso já acontecera antes e ele tinha tentado resolver a questão para ver se os sentimentos voltavam, mas não voltaram. "Sinto muito", ele disse, escondendo seu rosto contorcido entre as mãos, no que pareceu à minha cliente — pela primeira e última vez — ser uma expressão patética de vergonha e inadequação.

Minha paciente demorou vários meses para superar a rejeição e a perda, mas demorou ainda mais para começar a ver quem Kevin realmente era. Quando ela percebeu, viu que além de — ou será que devemos dizer por baixo de — sua personalidade realmente especial também havia uma criança insegura, dependente e em conflito que podia "falar", mas não "fazer". Ela também se deu conta de que os ideais dele, por exemplo, trabalhando como defensor público, ganhando pouco dinheiro e representando os desfavorecidos — apesar de admiráveis em si mesmos — eram motivados não por uma verdadeira paixão, mas por seu medo de crescer e lidar com o "mundo real".

Seja lá quem fosse o "verdadeiro" Kevin — e talvez não haja algo como um "verdadeiro alguém" —, quando estava apaixonada, minha paciente conseguia ver apenas uma parte do quadro, a parte que permitia que ela se envolvesse com alguém tão especial a ponto de ela mesma poder se sentir especial meramente por associação. Isso é típico do Amor Narcisista; negamos nossa ambivalência a respeito da outra pessoa para fugir de nossa baixa auto-estima. Neste caso, a baixa auto-estima de minha paciente era resultado de como seu pai fazia com que ela se sentisse — não merecedora de sua presença, mas, por não ter consciência do impacto que a inadequação e a ausência dele provocavam nela — ela era consciente apenas de seu desejo de evitar o impacto ficando longe de qualquer homem que parecesse minimamente inadequado — ela acabava ficando com homens aparentemente perfeitos, homens que, de maneira paradoxal, mas inexorável, estavam tão desesperados que faziam de tudo para esconder sentimentos profundos de inadequação. Com o tempo, o belo invólucro desses homens acabava rachando e quebrando, mostrando, mais cedo ou mais tarde, que eles eram bons demais para ser verdade e, ironicamente, ela acabava sendo rejeitada ou rejeitava homens que, no fundo, se pareciam muito com seu pai.

Depois de romper com Kevin, a paciente trabalhou na terapia o entendimento dessas dinâmicas, mas, embora ela tenha começado a entender isso de um ponto de vista intelectual, foi preciso mais um relacionamento para que ela o entendesse do ponto de vista emocional. Apesar de minha abordagem em três passos envolver a aplicação de pensamentos a sentimentos, essa aplicação não pode ser forçada, e cada passo deve, no final das contas, ser conhecido emocionalmente, não apenas cognitivamente. Para essa paciente, o conhecimento emocional do Primeiro Passo (Quem sou eu?) veio depois de outro relacionamento de um ano de duração, no qual, para tentar não repetir seu erro com Kevin, ela escolheu alguém que, claramente, era honesto e sincero, que não parecia ter questões ocultas. O problema era que agora ela exaltava a sinceridade desse homem, achando que fosse característica extremamente rara e muito nobre. Resumindo, ao idealizar uma qualidade que talvez seja uma condição necessária, mas certamente não suficiente, para um bom relacionamento, ela mais uma vez buscou ser parte de algo extraordinário. Então, bastante previsivelmente, quando a idealização inicial esmoreceu, ela se viu entediada com o relacionamento. Foi apenas ao terminá-lo que ela percebeu que, na verdade, havia repetido o aspecto narcisista de seu relacionamento com Kevin.

Foi a essa altura, quando eu disse a ela que ambos os relacionamentos estavam baseados em sua compreensível, mesmo que autoderrotista, necessidade de fugir dos sentimentos de baixa auto-estima que se originavam em seu relacionamento com o pai, que ela entendeu emocionalmente o Primeiro Passo (Quem sou eu?). *"Preciso olhar no espelho"*, ela disse, *"e aceitar o fato de que não sou a mulher mais bonita de Nova York, que estou me sentindo mal a meu respeito e que nenhum homem jamais me fará sentir o que meu pai não me fez sentir — que sou a coisa mais especial do mundo"*. Ela nunca mais namorou um homem para se sentir especial.

Em alguns relacionamentos ou em certas situações de namoro, nossa tendência a idealizar a outra pessoa se depara com a dura resistência da realidade logo de início, e, nesses casos, nossa idealização se transforma tipicamente no inverso, desvalorização. Um de meus pacientes, um jovem arquiteto inteligente e introspectivo, conheceu sua namorada, "Joan", em uma festa. "Ela não era exatamente o meu tipo", ele explicou. "Era baixa e não tão bonita ou sexy quanto as mulheres por quem eu costumava me interessar. Usava óculos e, ainda por cima, era mais velha, tinha uns 38 anos, mas me senti atraído por ela quando a ouvi conversando com alguém sobre *As Últimas Quatro Canções de Strauss*. 'Você conhece essa sinfonia? É a mais bonita, mais espiritual que já foi composta — Strauss a compôs antes de morrer e ela fala de vida e morte'. É uma de minhas músicas favoritas, então, senti imediatamente uma conexão com ela. Uni-me à conversa e falamos sobre aquilo. Depois, as outras pessoas foram embora e, veja só, a primeira coisa que ela me disse foi que ia para o Tibete! Dá para acreditar? Você sabe que eu estava pensando em ir para o Tibete e que estudei arte tibetana? Depois, conversamos sobre filosofia — ela revelou ser professora de filosofia — e descobri que seu maior interesse era Espinosa, que era meu filósofo favorito na faculdade! Então, obviamente, aconteceu uma conexão incrível e passamos o resto da noite conversando e, depois, passamos quase todas as noites juntos nas duas semanas seguintes. E ela realmente entendeu o que estou tentando alcançar profissionalmente e como quero integrar espiritualidade e design."

Esse paciente cresceu como filho único em uma família de classe média alta que era extremamente disciplinada, estruturada e convencional. Seus pais eram tipos empresariais que se dedicavam a fazer a coisa certa, trabalhavam muito e proporcionavam à família um futuro estável e financeiramente seguro. Quase como o capitão Von Trap de *A Noviça Rebelde*, seus pais não tinham paciência para bobagens, criatividade, curiosidade ou brincadeiras. Até coisas divertidas tinham de ser feitas "da maneira certa", e atividades artísticas, como aulas de piano, nunca representavam uma expressão subjetiva, mas ordem e repetição. Qualquer bagunça — e não havia nenhuma — tinha de ser imediatamente arrumada. Assim, quando criança — e lembrem-se, todas as crianças são artistas tolos — o paciente se sentia invisível, desvalorizado e oprimido, porém, na adolescência, e mais tarde na vida adulta, ele se sentia obrigado a buscar sua expressão própria fora da família, de forma literal e figurativa, escrevendo, ouvindo música, buscando a espiritualidade e, em geral, em todas aquelas atividades subjetivas que eram tão estranhas a seus pais e que lhe foram proibidas na infância.

Quando ele conheceu Joan, se sentiu valorizado. Lá estava uma pessoa mais velha e mais inteligente que dedicava a própria vida ao questionamento de convenções e à busca de um significado espiritual, e que amava exatamente as mesmas coisas que ele. Nas primeiras duas semanas que ficaram juntos, o casal elaborou essas semelhanças, ouvindo Strauss num silêncio solene, discutindo o significado de divindade em Espinosa e transcendendo a própria realidade em uniões sexuais eufóricas. Então Joan perdeu repentinamente o emprego. Apesar de, ao saber da notícia, meu paciente ter dado todo apoio e ficado chateado por Joan, quando eles continuaram a conversar sobre o assunto nos dias seguintes, ele percebeu que havia uma razão: Joan fora rejeitada para um cargo de professora titular porque aparentemente não concluía seus trabalhos acadêmicos nem aparecia nos seminários em que lecionava.

"Acho que ela não tem muito controle sobre as coisas", ele pensou de início. "Fico pensando em como isso irá afetar nosso relacionamento." E, depois: "Filosofia e música são uma coisa, mas você tem de se sustentar, você precisa ser responsável e ter as prioridades certas." Para não aborrecer Joan, ele não falou desses pensamentos com ela e, além disso, Joan estava muito mais interessada em continuar as conversas filosóficas deles do que falar sobre a própria situação de trabalho. Isso, é claro, alarmou ainda mais o meu paciente e ele começou a sentir que sua nova namorada estava simplesmente desligada da realidade. "Ela tem uma cabeça ótima", ele disse, "mas tenho de dizer — e não sei por que não vi isso antes — que a acho instável. Também — e não sei por que não vi *isso* antes — ela não é muito atraente". E ele rompeu o relacionamento.

Bem, a razão pela qual ele não viu essas coisas antes é porque a linha entre idealização e desvalorização é ainda mais tênue do que a linha entre amor e ódio. Tanto a idealização quanto a desvalorização baseia-se em negar aspectos da personalidade de uma pessoa, uma negação que se origina de nossa luta para regular nossa auto-estima. No caso desse paciente, a idealização "entrou em cena" quando Joan validou totalmente a parte da personalidade dele que não era vista nem valorizada por seus pais durante a infância. Com Joan ele era a criança boba, sonhadora e criativa — mas exaltada, mais um gênio do que uma criança — que os seus pais rejeitavam completamente. Quando isso entrava em conflito com a realidade, o paciente "mudava" para a perspectiva de seus pais, de acordo com a qual a brincadeira, a espiritualidade e a subjetividade eram instáveis e patéticas. Isso não me surpreendeu porque, apesar dos interesses espirituais ou artísticos do paciente serem genuínos, inconscientemente, na sua cabeça, eles sempre estavam associados à baixa auto-estima. Embora conscientemente ele tivesse se rebelado contra a rigidez convencional dos pais e escolhido um caminho mais criativo, no fundo da sua mente os seus pais continuavam a ser seu parâmetro de comparação e medida de aceitabilidade. De acordo com tal parâmetro — que, apesar de sua resistência, ele tinha naturalmente internalizado na infância — a praticidade implacável, a disciplina, o sucesso e o dinheiro eram os aspectos que contavam, não a filosofia. E esse ponto de vista entrou em cena quando a realidade tornou Joan imperfeita, fazendo com que ela não fosse mais capaz de fazer com que ele se sentisse bem a respeito de si mesmo.

Portanto, nesse breve relacionamento, o paciente deixou de se ver como uma criança idealizada e passou a se ver como um pai poderoso. Conseqüentemente, na cabeça dele, Joan deixou de ser um pai poderoso e valorizador e passou a ser uma criança fraca e pouco prática. Em outras palavras, o paciente nunca vivenciou Joan, a pessoa, além da função psíquica que ela desempenhava para ele, como aspectos projetados e simbólicos de si mesmo. Isso é típico do Amor Narcisista, no qual o principal propósito emocional de nosso parceiro é desempenhar um papel em nosso mundo interno, a despeito de quem ele realmente é. Esse papel — você já deve saber isso a essa altura — é nos ajudar a intensificar nossa auto-estima. Portanto, não foi coincidência o fato de meu paciente ter se sentido tão bem a respeito de si mesmo tanto idealizando *quanto* desvalorizando sua namorada; primeiro, ao se associar com uma pessoa idealizada e, depois, ao se dissociar de uma pessoa desvalorizada. Outra maneira de colocar essa questão é que, enquanto Joan era o "espelho bom", no qual ele via aquilo de que gostava em si mesmo, ele esteve loucamente apaixonado, mas, quando ela se transformou no "espelho ruim", refletindo o que ele odiava em si mesmo, ele se desapaixonou.

COMBATER NARCISO E ECO

Devido ao fato de a paixão sempre envolver alguma idealização, e devido ao fato de a experiência subjetiva de estar apaixonado ser fundamentalmente diferente no Amor Narcisista do que no caso de uma paixão mais "realista" — Freud uma vez descreveu o estado de apaixonar-se como semelhante a um breve episódio psicótico, e Shakespeare escreveu sobre Lunáticos, Amantes e Loucos —, é especialmente difícil identificar as manifestações características do Amor Narcisista logo de início, em tempo real, portanto, pode ser uma verdadeira batalha alcançar o Primeiro Passo (Quem sou eu?) e *se pegar idealizando alguém e/ou sendo idealizado, não para ter um relacionamento com outro ser humano imperfeito, mas como um meio de se sentir bem a respeito de si mesmo.* Contudo, além da clara repetição do padrão — que, no fundo, é a melhor indicação, mesmo que retroativa, de que suas paixões e idealizações não passam pelos testes do tempo e da realidade — há algumas indicações que podem ajudar.

Algumas vezes os clichês são verdade, e o clichê sobre a crise de meia-idade masculina e mulheres mais jovens pode ser um desses casos.

Em meu consultório, vi homens quarentões ou cinqüentões que não conseguiam aceitar suas limitações — essa é geralmente a idade em que você atinge uma espécie de teto de vidro em sua carreira, em sua saúde ou em sua sexualidade — e, portanto, se apaixonavam por uma mulher jovem que representava juventude, vitalidade, esperança e, talvez, imortalidade. Ela não apenas é mais atraente, mas, por ser jovem, também tende a idealizar o homem, o que, ao menos momentaneamente, o ajuda a transcender as próprias limitações e a se sentir melhor.

Talvez o reverso desse clichê seja o da mulher mais jovem que se apaixona por um homem poderoso ou rico e se convence de que está atraída por sua "personalidade forte". Nesse caso, a mulher muitas vezes gosta dos diamantes, dos presentes e das regalias não porque isso seja um sinal do amor dele, mas porque é um sinal de que ela tem valor. Ser bonita ou ter um estilo de vida luxuoso não faz com que ela se sinta amada, mas valorizada. É bem provável que essa mulher tenha crescido se sentindo insignificante ou apenas condicionalmente amada, portanto, o princípio geral aqui é o de que seu parceiro de alguma forma protege você de si mesmo, ou seja, se existe alguma coisa nele que ajuda você a escapar dos sentimentos ruins que você tem a seu próprio respeito, isso pode muito bem ser um amor narcisista.

Mas você pode perguntar: "Não é esse exatamente o propósito do amor, fazer com que nos sintamos valorizados e, portanto, cheios de vida e felizes?" Bem, há duas respostas para essa pergunta. Primeiro, é uma questão de grau. Em outras palavras, como eu já disse sobre todos os padrões de amor fracassado, a diferença entre Amor Narcisista e a boa e velha paixão é, em certo sentido, quantitativa e não qualitativa, portanto, quanto maior a discrepância entre nossa visão de nós mesmos anterior e a atual, enquanto estamos apaixonados, maiores as chances de estarmos usando a outra pessoa para satisfazer as nossas razões narcisistas internas. A segunda resposta é que, em um amor mais realista, o que nos faz sentir valorizado é a conexão com a outra pessoa, não os bens externos que ela traz para nossa vida. No Amor Narcisista, por outro lado, não podemos ter a certeza de que, se nosso parceiro perdesse de repente seu dinheiro, poder, saúde ou juventude, ainda iríamos querer continuar a seu lado.

No namoro, se você e/ou a pessoa com quem você está saindo está geralmente mais preocupado com *imagens* ou *idéias* da realidade do que com a própria realidade, é provável que você esteja mais suscetível ao Amor Narcisista. Por exemplo, é mais provável que alguém que tem um padrão estético fixo, ao qual as pessoas ou as coisas têm de se conformar, se apaixone mais pela aparência do que pela substância. Isso não quer dizer que a aparência não é importante em nossa sociedade ou que ela não desempenha papel importante na atração sexual — claro que é assim e não adianta tentar negar. Só que ela não é o ingrediente essencial para que alguém se apaixone ou continue enamorado. Da mesma maneira, uma pessoa que adore trabalhar para um chefe poderoso porque isso lhe dá prestígio e não porque goste de trabalhar com esse chefe, ou uma pessoa que vai à ópera porque isso é considerado sofisticado e não porque goste — está mais propensa a se apaixonar por uma *idéia* de quem a outra pessoa é em contraposição à realidade. Mais uma vez, isso não quer dizer que qualquer um de nós está acima da idéia de impressionar os outros. Quem não se sente bem por conhecer uma celebridade, por aparecer na televisão ou por ter um emprego "bacana"? Mas, no cômputo geral, esperamos fazer mais coisas de que *nós* gostamos ou que *nós* valorizamos do que coisas que impressionam os outros. Se geralmente não fazemos isso, ou se namoramos alguém que geralmente não faz isso, estamos mais suscetíveis ao Amor Narcisista.

Uma indicação relacionada ao Amor Narcisista é quando os nossos sentimentos por nosso namorado ou parceiro mudam de acordo com a maneira como ele é visto pelos outros, portanto, se os seus pais ou um amigo que você respeita, realmente gostam de seu namorado e você reage sentindo um surto de amor por ele, é provável que você esteja mais preocupada com sua *imagem* do que com a substância de seu namorado. Isso provavelmente é verdade se seus sentimentos mudam na direção oposta, isto é, se você passa a gostar menos de seu namorado em reação a um feedback positivo dos outros. Nesse caso, você ainda está reagindo ao que os outros pensam — rebelando-se ou contrapondo-se de alguma maneira — e não está agindo de acordo com seu próprio impulso em relação a seu parceiro.

Embora os Narcisos entre nós consigam reconhecer sua preocupação com a imagem ou com idéias, como descrevemos anteriormente, se você tende mais a ser Eco, pode reconhecer, de forma apropriada e irônica, as características descritas acima apenas em seu parceiro. Então, como perceber sua própria suscetibilidade ao Amor Narcisista? Bem, talvez representando um ponto de vista tradicionalmente masculino, Rilke, o poeta, escreveu: "*Considero esta a maior incumbência de um vínculo entre duas pessoas: cada um deve vigiar a solidão do outro.*" Certamente, é aqui que Eco fracassa, pois, para ela, solidão significa estar sozinha com sua baixa auto-estima e, portanto, ela só se sente feliz quando está na companhia de seu amante idealizado. Portanto, se você geralmente é alguém que não tolera ficar sozinho — ou seja, sua própria mente ou sua própria vida são de pouco interesse para você — você pode ter uma predisposição para o Amor Narcisista. E, mais especificamente, se você sente que não pode ficar longe da pessoa que está namorando — física, ou mesmo emocionalmente, no sentido de que você não pára de pensar nela — é provável que você esteja no raio de alcance do Amor Narcisista.

Coerentemente com o que foi dito, se você costuma ser uma pessoa generosa ser que evita ser o centro das atenções e vive para tomar conta dos outros, corre naturalmente o risco de ter um Amor Narcisista. Quanto mais você se comportar dessa maneira com seu parceiro, mais ele irá gostar de ser o centro das atenções, e maior será o risco. Apesar de existirem homens narcisistas de vários tipos, há dois tipos comuns aos quais você talvez queira ficar atenta: o homem que se preocupa única e exclusivamente com sua carreira ou com a acumulação de riqueza e de brinquedos masculinos, e o homem que emana um charme sedutor e aparentemente infantil, um idealismo ou uma sensualidade excessiva e um desejo profundo de ser amado até por pessoas que ele não conhece.

Também há vários tipos de mulheres narcisistas. Apesar das mudanças em nossa sociedade nos últimos trinta anos, as formas tradicionais de narcisismo feminino ainda são abundantes. Além do tipo Eco comum que discutimos, as mulheres, bem mais do que os homens, continuam a tentar melhorar a sua auto-estima melhorando a própria aparência. Portanto, os homens que querem evitar o Amor Narcisista devem ficar atentos em relação às mulheres com preocupações estéticas extremas, mulheres que sempre se vestem como modelos ou que decoram as próprias casas como museus. Homens e mulheres também devem desconfiar de parceiros que têm dons ou talentos "especiais" ou inusuais, não talentos humanos (como aptidões artísticas, matemáticas ou mecânicas extraordinárias), mas algum tipo de espiritualidade transcendental ou supostas habilidades sobrenaturais. É claro, já que percorremos muita estrada no século passado, não vamos nos esquecer de que narcisismos "masculino" e "feminino" não são mais um atributo exclusivo de cada sexo. Da mesma maneira, esses "tipos" devem servir apenas como indicadores a serem analisados no contexto de sua própria consciência, que esperamos tenha se expandido. Nenhum deles representa por si só uma personalidade narcisista e, certamente, não representa um narcisismo "patológico". Obviamente, não há nada inerentemente errado ou alarmante em ter paixão pela própria carreira, pela estética, por cuidar dos outros ou pela espiritualidade.

Outro possível sinal de Amor Narcisista é quando seu relacionamento fica isolado do resto da vida dele ou da sua. Ele leva você a lugares maravilhosos — restaurantes, shows, férias — mas não quer conhecer seus amigos ou não quer que você conheça a família dele. Ou talvez ele queira conhecer seus amigos, mas eles não conseguem se relacionar com ele e você acaba se distanciando ou perdendo seus amigos íntimos. Ou, se por causa de seu novo amor você se comporta como um adolescente — presumindo que você não seja um —, ou seja, deixa de lado outras responsabilidades e só faz coisas "selvagens" com seu amante. Também suspeitaria de transformações da noite para o dia por causa do amor — por exemplo, se, sob a influência idealizada de um novo namorado ou namorada, você repentinamente desenvolve uma paixão por arte, música, direito, física, literatura, vinho, maconha ou qualquer coisa que antes não fazia parte de seus interesses. Claro, isso não quer dizer que não devemos aprender ou ser influenciados por nosso parceiro. Estou falando da transformação repentina, camaleônica (embora muitas vezes genuinamente vivenciada).

Por fim, como vimos anteriormente, uma das razões pelas quais é difícil identificar o Amor Narcisista em tempo real é o fato de, mesmo quando repetimos o padrão, idealizarmos um aspecto diferente do parceiro em cada relacionamento. De fato, paradoxalmente, às vezes fazemos isso de propósito para evitar a repetição do padrão. Então, depois de namorar e ficarmos magoados com um banqueiro de investimentos que idealizamos por seu vigor, segurança e ambição, começamos a namorar um assistente social que idealizamos por sua sensibilidade, honestidade e disponibilidade. Em ambos os casos, se idealizarmos demais, estaremos fadados a ter a experiência de "ele não é quem eu pensava que fosse". Mas aí reside a pista do Amor Narcisista: se somos primeiramente atraídos e depois repelidos por uma coisa e por seu oposto, talvez o problema não esteja nessas coisas, mas no modo como as percebemos, e generalizar, reconhecendo que o problema é a nossa percepção da realidade, não a realidade em si, é essencial para atingirmos o Primeiro Passo (Quem sou eu?). Em vez de tratar a outra pessoa como um espelho, primeiro bom, depois ruim, nos voltamos para um espelho simbólico dentro de nossa mente e dizemos a nós mesmos: "Espelho, espelho meu, *eu não sou* o mais bonito de todos."

SEGUNDO PASSO: O QUE EU QUERO?

Existe um momento contundente no mito original grego, quando Narciso repetidamente tenta abraçar ou beijar seu objeto de desejo só para descobrir, com grande ansiedade, que, à medida que seu amado tenta corresponder, ele some repentinamente na água. No contexto do Amor Narcisista da vida real, essa ansiedade não diz respeito apenas à inevitável perda do amor, mas também à perda de um espelho do qual dependemos para regularmos nossa auto-estima. Quando o relacionamento acaba — ou, no caso de um relacionamento de longo prazo, quando a idealização termina — não nos sentimos apenas mal a respeito de nós mesmos, mas também nos sentimos confusos, sem saber o que queremos de um relacionamento. Embora extremamente doloroso, este não é um momento ruim. Pelo contrário, se entendido corretamente, ele pode ser o início do Segundo Passo (O que eu quero?), no qual perguntamos a nós mesmos o que, além de um regulador externo para nossa auto-estima, queremos de um relacionamento íntimo com outra pessoa. Agora sabemos que não podemos ter a perfeição — apenas um espelho falso pode oferecer isso — portanto, para afinar a questão, precisamos perguntar com que tipo de imperfeição humana podemos conviver. Naturalmente, para responder a essa pergunta, precisamos saber mais sobre nós mesmos — precisamos de um espelho psicológico mais ou menos objetivo.

Na falta da psicoterapia — que não é sempre necessária e, de qualquer modo, não é para todos — podemos encontrar essa sabedoria apenas nos envolvendo com a vida, buscando experiências e relacionamentos e, depois, refletindo a seu respeito. Um paciente fez isso — reconhecidamente com minha ajuda — ao comparar sua experiência em dois tipos diferentes de relacionamento. O paciente, "Joel", era um jovem programador de computadores com forte inclinação intelectual. Em um tipo de relacionamento, ele se envolvia com mulheres que pareciam sinceras, gentis e de convivência fácil, qualidades que ele achava cruciais para um relacionamento de longo prazo, mas, em cada caso, depois de alguns meses de relacionamento, essas qualidades se transformavam em "ingênua", "simplória" e "pouco sofisticada", o que era um problema, pois o paciente realmente gostava de conversas intelectuais e tinha muito interesse por literatura, história e política, portanto, cada vez que rompia com o que passou a chamar de "as garotas-flores", ele procurava pelo tipo oposto e se envolvia com o que — conforme ele me disse — um artigo da sessão de Estilo do *New York Times* chamava de "garota psicopata". Tratava-se de mulheres sofisticadas, sensuais e cativantes que, como você já deve ter imaginado, depois de alguns meses de relacionamento se tornavam "difíceis", "hostis" e "instáveis". Então, elas acabavam sendo igualmente impraticáveis.

Naturalmente, foram necessários vários relacionamentos e muitos namoros com variações sobre o mesmo tema para que Joel e eu pudéssemos extrair das interações humanas complexas de sua vida amorosa esses dois tipos de mulheres — talvez caracterizados de forma simplista, mas, mesmo assim, muito reais. Quando fizemos isso, perguntei a Joel como ele descreveria a si mesmo nos termos desses tipos. Não foi surpresa ele ter respondido que estava mais para o tipo "garota psicopata" do que "garota-flor". Então, eu o fiz lembrar uma passagem de sua própria história. Quando criança, os garotos mais velhos da vizinhança costumavam tirar vantagem dele: ansioso para agradar e ser aceito pelo grupo, Joel fazia várias coisas pala eles. Uma vez, eles até o convenceram a dançar nu na neve para eles. Da mesma maneira, na adolescência, e até mais tarde, no início da idade adulta, seu irmão mais velho muitas vezes o convenceu a lhe emprestar dinheiro apesar de nunca ter pagado.

Joel reagiu a essa lembrança com uma chuva de recordações e associações que, rapidamente, revelaram que, por baixo de sua complicada sofisticação mundana, ele tinha um temperamento doce, simples e confiante — que até se poderia chamar de ingênuo. Ao longo dos anos, por sentir vergonha de onde o seu temperamento o levava, Joel o "encobriu" com seu intelecto cético, crítico e superdesenvolvido. Todavia, aquele temperamento ainda era parte autêntica dele, mesmo que repudiada, e era por isso que ele sempre procurava por essa parte nas "garotas-flores". Mas, é claro, mais cedo ou mais tarde, essas garotas o faziam lembrar da sua própria ingenuidade vergonhosa e ele também tinha de se dissociar delas. Ele começava a namorar então com o tipo oposto de garota e, previsivelmente, quando essas "garotas psicopatas" se tornavam difíceis, ele mais uma vez sentia a necessidade de um amor descomplicado, meigo, simples.

Depois de eu ter colocado esse espelho histórico-psicológico na sua frente — que, para dizer a verdade, tive de repetir várias vezes durante certo tempo — Joel finalmente conseguiu alcançar o Primeiro Passo (Quem sou eu?). Ele aceitou esse aspecto previamente repudiado de si mesmo e o integrou a seu estilo mais intelectual. Como ele agora via que o garotinho ansioso para agradar e ingênuo ainda estava dentro dele, não precisava mais procurar mulheres que personificassem — ou, num conluio inconsciente com ele, desenvolvessem — esses atributos para o seu benefício interno. Da mesma maneira, ele não precisava mais sair com mulheres que, com a sua sofisticação mundana, o ajudassem a fugir desse garotinho.

Quando ele parou de usar as mulheres como espelho, pôde se engajar no trabalho do Segundo Passo (O que eu quero?), no qual ele perguntaria a si mesmo que tipo de mulher e de relacionamento ele realmente queria. Esse trabalho, é claro, não era estritamente cognitivo, do tipo sentar e pensar, mas se tratava da cognição interagindo com a ação e a experiência. Assim, ao encontrar uma mulher agora, Joel não mais se apresentaria como um intelectual intimidador, fazendo com que ela reagisse se apresentando *ou* como uma garota meiga *ou* como uma rival intelectual. Ele agora permitiria que suas preocupações simples com o amor *e* seus interesses intelectuais guiassem a conversa e seu comportamento. Naturalmente, esse equilíbrio atraiu para perto dele mulheres mais equilibradas. Quanto mais ele aceitava o seu eu simples e meigo previamente repudiado, mais claro ficava o fato de que, no *continuum* entre a garota-flor e a garota psicopata, havia um rico meio-termo — no fundo, ele queria ficar com uma garota mais próxima do segundo tipo. Agora, era importante para ele ser franco e gentil consigo mesmo, mas, era igualmente importante, ter uma parceira com quem ele pudesse ter conversas intelectuais.

Portanto, Joel terminou se casando com uma mulher excitante e aventurosa que tinha uma carreira como jornalista que exigia muito dela. Não foi um passo fácil porque, logo depois de terem ficado noivos, Joel perdeu o emprego com o estouro da bolha da Internet. Ele ficou desempregado por vários meses e isso foi um grande transtorno para sua autoestima, especialmente quando ele comparava sua carreira com a de sua noiva. Mas ele não disfarçou sua vulnerabilidade com racionalizações complicadas e discursos psicológicos. Sua franqueza e sinceridade sobre suas lutas profissionais naquela época foram, de fato, um teste para a capacidade de sua noiva de ser meiga e gentil. E, de fato, apesar de ser uma pessoa obstinada e ambiciosa, ela dava todo o apoio a ele. As prioridades dela continuaram a ser ele e o relacionamento e eles conseguiram superar a tempestade.

Portanto, como foi exemplificado por esse caso, o Segundo Passo (O que eu quero?) para superar o Amor Narcisista envolve o conhecimento de algo crucial ou fundamental a respeito de si mesmo que, por sua vez, permite que você faça uma boa escolha de parceiro. Um dos exemplos mais dramáticos desse fato que presenciei foi o caso de uma paciente que me procurou por causa de um conflito de identidade sexual. Essa paciente era uma mulher inteligente, atraente, com quase trinta anos, que se sentia sexual e emocionalmente atraída tanto por homens quanto por mulheres, mas, exceto por um relacionamento durante o Ensino Médio, ela se mantinha afastada de relacionamentos românticos com ambos. Depois de algum tempo na terapia, a paciente se envolveu com um homem. Juntos, eles desenvolveram um relacionamento bom e aberto, com várias conversas íntimas, muita diversão e uma vida sexual ativa e excitante. Depois de aproximadamente um ano, eles começaram a falar de casamento, mas, enquanto minha paciente sentia que estava pronta para assumir um compromisso, o namorado dizia que precisava de mais alguns anos para construir a própria carreira.

Minha paciente começou a questionar a seriedade dele e isso gerou, nela, uma espiral de pânico. Ela ficou preocupada e obcecada com a possibilidade de, caso eles viessem a se casar, o namorado revelar ser no fundo como o pai dela — que, no início da sua vida, havia traído a esposa e abandonado a família. Ela começou a interrogar o namorado sobre as fantasiais sexuais dele, o interesse dele por outras mulheres e sua relutância em assumir um compromisso. Ao mesmo tempo, ela o pressionava para provar seu compromisso, indo morar com ela ou assumindo um noivado. Apesar de ele ter resistido por um tempo, ficou claro para mim que ele a amava, e que, de fato, estava se encaminhando para um compromisso. Na verdade, em dado momento nesse período, ele sugeriu — e não da maneira relutante com a qual você cede a um ultimato — que eles fossem morar juntos.

Mas isso apenas aumentou a ansiedade de minha paciente. Em seu frenesi, ela revistou as coisas do namorado e encontrou uma foto de uma ex-namorada nua. Aquilo bastou para ela — agora, ela estava convencida de que ele era o tipo de homem que a trairia. Ela disse que não ia morar com ele e que, de fato, estava pensando em se mudar. Ao mesmo tempo, ela estava se apaixonando por uma colega de trabalho. Ele questionou e protestou, mas estava ficando dolorosamente evidente que o relacionamento deles estava chegando ao fim.

Foi em uma de suas sessões de terapia durante esse período que a paciente começou a trabalhar o Primeiro Passo (Quem sou eu?). Isso aconteceu quando ela comentou que não havia dados reais que sugerissem que o namorado *fosse* como o pai dela. Em última instância, levantei a questão — e a paciente rapidamente concordou — de que seus medos e acusações eram uma projeção: era ela quem queria terminar o relacionamento exatamente quando ele propôs que eles fossem morar juntos; e era ela quem se parecia (ou, na verdade, se identificava) com o próprio pai, repentinamente interessando-se por outra pessoa e não conseguindo assumir um compromisso.

Elaborando esse *insight* de Primeiro Passo, a paciente deu mais algumas pinceladas nesse doloroso auto-retrato: fui eu que fiquei fora de relacionamentos durante anos; sou eu que estou deixando e magoando esse homem que me ama; sou eu que nem tenho certeza a respeito de minha orientação sexual e, portanto, não sei quem eu sou.

Por mais doloroso que fosse o subseqüente rompimento tanto para minha paciente quanto para seu namorado, tratava-se agora de algo inevitável porque você não pode assumir um compromisso em relação a algo que não sabe se quer. E é aqui que o Segundo Passo (O que eu quero?) entra em cena. Após ter parado de projetar e assumido que era *ela* quem estava fugindo do relacionamento, a paciente percebeu que tinha de explorar a própria sexualidade mais profundamente. E isso, por sua vez, a levou à conclusão de que realmente queria ficar com uma mulher. Não foi uma conclusão teórica e, de fato, para ilustrar que esses passos nem sempre são tão distintos como os estou descrevendo, logo após romper com o namorado, ela se envolveu com a colega de trabalho e, com o tempo, aquele se tornou um relacionamento de longo prazo, com um compromisso.

Não é necessário dizer que essa historinha não mostra o percurso sexual ou interpessoal da paciente e que sua terapia como um todo foi muito mais complexa. Todavia, ela descreve não apenas o momento de transição do Primeiro para o Segundo Passo, mas também a realidade prática de que, ao trabalhar esses passos, você precisa "pular na água". Você precisa experimentar novos comportamentos e vários relacionamentos em vez de se manter à parte. Você pode se machucar e vir a magoar os outros, mas essa é a única maneira de descobrir o que você realmente quer.

Um aviso: não caia na armadilha de experimentar um novo relacionamento antes de experimentar algo novo no velho relacionamento. Muitos jovens casais vão fazer terapia para descobrir se querem assumir um compromisso depois que a idealização inicial mútua arrefeceu. Muitas vezes, eles não sabem o que querem porque sua atração inicial em relação ao outro, assim como suas dúvidas subseqüentes, estão baseadas em projeções narcisistas. É apenas superando o ponto da idealização *e* da desvalorização que podemos ver além de nossas projeções e, assim, descobrir, a partir de nossa experiência com o parceiro *verdadeiro*, se isso é algo que *realmente* queremos.

TERCEIRO PASSO: QUEM É VOCÊ?

"Acho que preciso falar de meu passado para você", disse Janet, uma mulher atraente com quase quarenta anos que me procurou por causa de uma crise no casamento. "O meu casamento é o segundo relacionamento sério de minha vida. O primeiro, sobre o qual andei pensando nos últimos dias, começou na faculdade. Eu era de uma cidadezinha no sul de Nova Jersey e vim fazer faculdade em Nova York. Ambos estudávamos inglês, mas ele era muito mais sério a esse respeito, escrevia poesia e contos e planejava se tornar escritor. Acho que era muito talentoso, mas também incrivelmente bonito e romântico. Ele cresceu na cidade — no Soho, o pai dele era um artista famoso — e era muito mais sofisticado. Ele foi o primeiro homem com o qual fiz sexo e era incrivelmente sensual e gentil. Basicamente, ele me deixou nas nuvens e eu o idolatrei completamente. Ficamos juntos quatro anos e aprendi muito com ele sobre arte, literatura e a vida em Nova York. Fui realmente feliz com ele durante a maior parte desse tempo — não sei se já fui tão feliz assim, mas agora me pergunto o quanto aquilo era real. Eu o julgava maravilhoso e achava que o fato de alguém como ele me querer me tornava especial. De qualquer maneira, tendo sido real ou não, nunca irei esquecer a noite em que ele sugeriu que pegássemos a barca de Staten Island para dar uma volta. Estávamos na barca, admirando o panorama de Manhattan, a água, as estrelas, e senti com força que o amava e que era amada e prometi a mim mesma nunca esquecer aquele momento."

A essa altura, sorri e falei com ela sobre uma charge da *New Yorker* que mostrava um panorama dramático de Nova York à beira da água e um casal minúsculo embaixo, com a seguinte legenda: "O que mais gosto de Nova York, Claudia, é você." Janet também sorriu ao entender que boa parte daquele primeiro amor era, na verdade, uma paixão pelo próprio amor e que ela infundia o relacionamento — para o bem e para o mal — com o êxtase pleno do romantismo narcisista. "E o que aconteceu com o relacionamento?", perguntei. "Bem, estava tudo muito centrado nele — as suas aspirações artísticas, a sua carreira, as suas lutas para encontrar trabalho depois que se formasse. Isso não me incomodava porque eu o amava muito e, de fato, depois da faculdade, fomos morar juntos e eu sustentei a casa enquanto ele escrevia uma coletânea de contos, que descobri há pouco tempo que ele acabou publicando. Mas, durante esse período, ele também saía com um pessoal mais "descolado" da cidade, com o qual eu não conseguia me relacionar. Então, ele ia a clubes e eu ficava em casa ou com amigos. Um dia, ele confessou que estava dormindo com outra mulher que havia conhecido em um desses clubes. Então, rompemos e eu fiquei de coração partido por muito tempo."

"Tenho pensado sobre esse relacionamento porque esse tipo de amor e de intensidade é exatamente o que está faltando em meu casamento. O estranho é que, há algumas semanas, do nada, recebi um e-mail do Jeremy — aquele cara — dizendo que seria legal se voltássemos a ter contato. Então, fui almoçar com ele, em parte por curiosidade, para ver o que eu sentiria por ele agora. Foi um dos almoços mais chatos da minha vida. De certa forma, ele estava igual, falou de sua luta com a escrita, livros que ele tinha lido e boates ou jantares aos quais tinha ido. Ele era totalmente egocêntrico e não tinha charme algum. Estava solteiro e não tinha filhos. E, é claro, estava ficando careca.

"Fiquei tão pasma por aquele homem, com o qual eu tinha me envolvido e que tinha me influenciado tanto, me parecer tão chato e vazio que nem me importava se o veria novamente ou não. O que me leva de volta ao meu casamento. David e eu estamos juntos há dez anos e temos dois filhos, um menino e uma menina. Depois que eu e Jeremy terminamos eu, conscientemente, procurei por alguém mais estabilizado e confiável, e demorei muito tempo até encontrar, pois ainda me sentia atraída por tipos excitantes e artísticos. Mas David foi diferente desde o início. Eu também estava mais no centro do relacionamento e David era completamente dedicado e me admirava muito. Ele fez com que eu me sentisse bem de novo a respeito de meu corpo dizendo que eu era a mulher mais bonita que ele já tinha visto. Ele estava sempre a meu lado e eu sabia que, em parte, era por isso que eu estava com ele. Depois de Jeremy e de mais alguns homens do tipo poeta, percebi que finalmente queria ficar com alguém de verdade, alguém que, por sua vez, me colocasse num pedestal.

"Bem, acabamos nos casando e tivemos as crianças. Ele estava se tornando bem-sucedido e eu trabalhava meio expediente, me concentrando mais em ser mãe, que, a propósito, acho que é a melhor coisa do mundo. Mas o nosso relacionamento se tornou cada vez mais rotineiro, como uma parceria de negócios ou talvez como um relacionamento entre irmão e irmã, e estou realmente sentindo falta de romance. Não brigamos muito, ele é um bom pai, enche a lava-louça e troca as lâmpadas. Mas ele não tem espírito, encanto ou sei lá o quê. Talvez ele esteja deprimido, não sei. Acho que ele se comporta muito como um observador, como se precisasse que eu o distraísse. Ele é passivo e não tem muito a dizer ou a dar. Temos muito em comum e temos um passado juntos, e eu definitivamente não quero me separar, mas não sei se eu teria continuado casada se não tivéssemos as crianças. Acho que sinto que não há amor suficiente em nosso relacionamento."

Apesar da seriedade, da tristeza e da preocupação de Janet naquele momento, sorri mais uma vez e mostrei a ela outra charge da *New Yorker* na qual um cônjuge diz ao outro: "Certo, talvez não haja mais química, mas ainda há arqueologia." Claro, mencionei essas charges à paciente porque elas ilustravam que a luta dela com o amor era universal e não patológica, e, mais especificamente, que, por baixo dela, estava o problema da idealização. A trajetória pessoal da paciente, passando de um relacionamento no qual era Eco a outro no qual era Narciso, é, de fato, comum. E, ao olhar para o percurso dela a partir de uma perspectiva terapêutica, podemos ver que, quando me procurou, Janet já tinha lutado, e talvez dominado, o Primeiro e o Segundo Passos de minha abordagem em três passos: ela descobriu que boa parte de seu primeiro relacionamento era baseada na idealização e no espelhamento (Primeiro Passo: Quem sou eu?) e que ela realmente queria ter um relacionamento com um parceiro confiável, estável, "pé no chão" (Segundo Passo: O que eu quero?). Mas, embora já tivesse enfrentado as próprias projeções, negações e fugas e, portanto, estivesse pronta para assumir um compromisso, ela agora estava sendo confrontada pelo que tanto temia antes: a própria ambivalência. Estava infeliz no casamento porque era profundamente ambivalente em relação ao marido — gostava da segurança, da estabilidade e da normalidade que ele proporcionava, mas odiava sua passividade e sua falta de vivacidade. Entra em cena o Terceiro Passo (Quem é você?), que diz respeito à resolução de nossa ambivalência.

No Terceiro Passo, vamos além de nossa preocupação narcisista de nos sentirmos bem a nosso respeito e passamos a amar nosso parceiro por quem ele é, incluindo particularmente as maneiras em que ele difere de nós. Para chegar lá, temos de pôr de lado nosso narcisismo, o que, de maneira paradoxal mas crítica, só conseguimos fazer entregando-nos a ele. Deixe-me explicar. No caso de Janet, seu primeiro relacionamento, e em boa parte o segundo, eram muito carregados por seu narcisismo — a necessidade de se sentir bem a seu respeito. Em geral, a auto-estima dela dependia quase totalmente de seus relacionamentos — com Jeremy, David e os filhos. *Mas ela nunca fez nada pela própria auto-estima fora dos relacionamentos.* Isso ainda é um problema para muitas mulheres, pois, como mostram as pesquisas, enquanto a auto-estima dos homens depende mais de sua habilidade em ter um certo desempenho (no trabalho e sexualmente), a auto-estima das mulheres depende mais do fato de ter relacionamentos bem-sucedidos (ou da aparência física).

Em sua terapia, Janet rapidamente enxergou que, apesar de ser bastante talentosa, ela nunca havia se dedicado aos seus dons não-interpessoais. Ela adorava idiomas e literatura, mas isso era muito evidente em sua vida nos tipos de homens que buscara quando mais jovem. Era bastante passiva em relação a seus próprios interesses e, de certa forma, esperava que os seus parceiros — agora, o seu marido — a estimulassem. Depois de se dar conta disso, Janet decidiu voltar a estudar e se formou em literatura comparada. Ela não sabia aonde isso a levaria, mas, depois que começou a estudar, uma dinâmica nova e poderosa se desenvolveu em seu casamento. Ela passava menos tempo com David e, assim, o criticava menos. Ela se sentia tão mais feliz e mais estimulada que queria *falar* com David sobre o que *ela* estava fazendo, e não apenas ouvi-lo. Portanto, ela mais uma vez começou a apreciar a "passividade" dele, que agora era vista como uma grande capacidade de escuta. Contudo, diferentemente do início do relacionamento, ela não estava somente gostando de estar no centro das atenções ou de ser admirada por ele. Ela estava realmente apreciando literatura sobre a qual estava falando. E, por estar tão envolvida, ela ouvia atentamente o que David estava dizendo, descobrindo e apreciando o fato de a perspectiva e as contribuições dele serem bastante diferentes de seus próprios pensamentos. De repente, ela conseguiu gostar de David por quem ele era — uma pessoa que sabia ouvir, fazer perguntas e desenvolver uma conversa com um ponto de vista bastante singular. E, quanto mais ela o apreciava, mais David elaborava e mais tinha a dizer.

Por fim, em uma mudança paralela à de Janet — aparentemente porque ele não queria ficar para trás ou talvez porque ela o tivesse inspirado, David decidiu ir atrás de outros interesses "egoístas". Sentindo que a carreira estava de certa forma num impasse e tendo um pouco mais de tempo porque a mulher não ficava tanto tempo em casa, ele começou a escrever uma série de artigos para revistas com base no seu trabalho como executivo do ramo de recursos humanos. *Agora*, é claro, *ele* queria falar mais — sobre os próprios artigos — não apenas ouvir, o que mudou a dinâmica do relacionamento como um todo, tornando-o mais equilibrado e integrado.

Então, depois que Janet decidiu proporcionar a si mesma o que era necessário para alimentar o próprio narcisismo, ela não esperava mais que David o fizesse. Ela estava, portanto, mais preparada para aceitar e até aproveitar as imperfeições dele (nesse caso, a "passividade" ou o "tédio"). David, por sua vez, se sentia mais aceito e amado e, portanto, estava mais preparado para sair de sua zona de conforto, estimular a si mesmo e crescer. Então, à medida que Janet se tornava mais integrada — não mais Eco ou Narciso, mas um pouco dos dois — o mesmo acontecia com David. Resumindo, Janet "arrumou uma vida" e, depois, arrumou um marido.

Para reduzir o Terceiro Passo (Quem é você?) a seus ingredientes básicos, podemos prescrever o seguinte: *(1) arrume o que fazer e pare de se concentrar tanto em seu parceiro; (2) aprecie o que seu parceiro tem a oferecer, não o que ele não tem; e (3) perceba o crescimento dele, que, geralmente, acontecerá paralelamente ao seu.* Nos próximos dois capítulos, descreverei detalhadamente algumas técnicas específicas para implementar o Terceiro Passo dentro de um relacionamento. Mas, antes, vejamos como ele pode ser trabalhado numa situação de namoro.

Um casal estava namorando havia vários meses e me procurou para uma consulta porque a mulher estava cansada de ser criticada pelo namorado por não falar quando estavam em grupo. "Fico incomodado com o fato de ela ficar sempre calada quando estamos entre amigos, por exemplo", ele explicou. "Acho que isso deixa as pessoas pouco à vontade, e elas se perguntam o que há de errado com ela." A mulher ficou visivelmente chateada com essa crítica. "Nenhum dos seus amigos jamais disse que se sentia pouco à vontade com isso", ela retrucou com raiva. Para mim, ficou claro pela altercação que era ele, o namorado, e não os outros amigos, que ficava incomodado com o silêncio dela e que achava que havia algo de errado com isso. Resumindo, suspeitei que ele a estivesse desvalorizando.

Então, usando o Primeiro Passo (Quem sou eu?) explorei com ele os sentimentos *dele* em relação ao silêncio dela e, surpreendentemente, descobri que, quando criança, ele havia sido gago e, portanto, ficava calado e recolhido como resposta às gozações. Embora sua gagueira tivesse desaparecido completamente, sua auto-estima ainda sofria com aquilo e ele precisava que sua namorada falasse em meio a grupos para que ele não se lembrasse da própria dor durante a infância. Uma vez que estabelecemos essa conexão, o paciente pôde progredir para o Segundo Passo (O que eu quero?), no qual ele percebeu que o que ele realmente queria não era uma namorada faladeira e extrovertida que causasse ótima impressão nos amigos, mas uma namorada que fosse boa com ele — paciente, apoiadora, honesta e responsável — que era o que ele já tinha em sua namorada. Então, ele abandonou a expectativa de que ela falasse e entrou no Terceiro Passo (Quem é você?), no qual ele estava tentando melhorar a própria auto-estima mais diretamente, fazendo *ele mesmo* algo e, posteriormente, percebendo que, embora sua namorada não falasse muito em grupo, ela sempre tinha observações interessantes a fazer depois. Então, agora ele estava mais interessado nas observações do que no silêncio dela, vendo-a e apreciando-a pelo que ela era.

Como fica evidente em todos esses casos, o Terceiro Passo (Quem é você?), por definição, só pode ser plenamente implementado no contexto de um relacionamento. Contudo, mesmo na ausência de um relacionamento, há coisas que você pode fazer para lançar as bases para ele. No contexto do Amor Narcisista, o mais importante a fazer é se dedicar a algo em que você realmente se destaque. Pode ser o trabalho ou qualquer outro interesse pessoal — mas não interpessoal. Podem ser investimentos, jardinagem, decoração de interiores ou trabalho de caridade; descubra o que você pode obter e mergulhe nisso. Se seu histórico de relacionamento tem mais a ver com a personagem de Eco do que com Narciso, ou se seu trabalho é primeiramente uma maneira de ganhar dinheiro que não deixa muito espaço para a diversão, trate de iniciar e se dedicar a algo novo realmente egoísta, como pintura, redação, ioga, exercícios — qualquer coisa mesmo, desde que você o faça para você mesmo. Se você faz mais o tipo Narciso, deve fazer algo egoísta, mas algo que possa ser feito com paixão porque agrada a você, e não porque fica bem ou porque irá impressionar os outros.

CAPÍTULO

3

Amor virtual

Será que era carne ou apenas marfim?
Não, não podia ser marfim.

OVÍDIO

O PIGMALIÃO ORIGINAL — DO MITO GREGO — era um escultor famoso que rejeitava as mulheres porque as considerava todas vadias pouco confiáveis, porém ele precisava desesperadamente dos objetos de seu desdém e, certamente, queria que uma delas se deitasse em sua cama. Então, aproveitando-se de seus talentos criativos, ele produziu a estátua de uma mulher, fazendo-a mais bonita do que qualquer mulher jamais poderia ser. E, é claro, Pigmalião acabou se apaixonando por sua própria escultura.

Ele a chamou Galatéia e a cobria de flores, pedras preciosas, passarinhos e roupas. Ele falava com ela, a abraçava e a beijava. E o que mais? Ele a levou para a cama. Não sabemos exatamente o que aconteceu depois, a não ser que Pigmalião estava profundamente apaixonado e pediu a Vênus uma esposa que fosse igual à sua garota de marfim. Uma noite, enquanto acariciava o seu seio, o marfim se tornou macio, "tornou-se flexível de tanto ser manipulado". Ao beijar os seus lábios, Pigmalião sentiu que eles estavam ficando quentes. Depois, Galatéia enrubesceu, seus olhos se abriram e... um casamento abençoado logo aconteceu.

Ah, se a vida pudesse imitar o mito! Na verdade, ela imita, mas só até certo ponto. Na verdade, mesmo sob as circunstâncias mais extraordinárias, enamorar-se é um ato criativo, milagroso e, de certa forma, solipsístico. Como vimos no capítulo anterior, quando estamos apaixonados, achamos que essa outra pessoa é muito especial, mas o fato é que também criamos uma imagem dela em nossa mente para que ela nos dê exatamente aquilo de que precisamos. Nesse sentido, apaixonar-se significa não tomar conhecimento de imperfeições que, em outras situações, estamos dispostos a observar. Um nariz grande, cabelos raleando, coxas grossas, narinas grandes, um ego grande, seios pequenos ou pequenas bolsas sob os olhos são irrelevantes quando estamos apaixonados. Quando meus pacientes namoram e, depois, decidem que aquela não é a pessoa certa, muitas vezes eles explicam esse fato dizendo "Ela não é inteligente o bastante", ou "Ele é um pouco chato", ou "Ela não é tão atraente assim", ou "Ele não é suficientemente ambicioso". Eles se recusam obstinadamente a ignorar as deficiências da outra pessoa. Mas, quando se apaixonam, não apenas ignoram tais deficiências, mas exageram, elaboram e até inventam características e traços que existem somente aos olhos do observador.

Levada ao extremo, essa é a Síndrome de Pigmalião que muitas vezes é uma característica central do Amor Virtual. Estamos apaixonados por uma construção pré-fabricada de nossa própria autoria, que pouco tem a ver com a pessoa de verdade que estamos namorando. Infelizmente, nem sempre sabemos disso cedo o bastante no relacionamento porque, inconscientemente, escolhemos pessoas e situações que obscurecem a realidade. No caso do Amor Virtual, essas "pessoas e situações" geralmente costumam envolver um relacionamento a distância. Eu estou em Nova York, ela está em Boston. Nós nos conhecemos quando fui visitar um amigo de faculdade em Cambridge e estabelecemos uma conexão instantânea: conversa ótima, sexo incrível. Depois, comecei a ir para lá a cada dois fins de semana e ela também vinha para cá. Nunca nos cansamos um do outro e nossos fins de semana são cheios de atividades divertidas e de bons momentos. Depois, começamos a falar do próximo passo — o compromisso. Quem iria se mudar? Quem iria deixar o emprego? Será que dava para fazer uma tentativa? Quem vai pagar a mudança? E quanto a sustentar quem ficar desempregado? Devemos nos casar antes? E quanto ao irmão autista dela? Será que quero algo assim na conformação genética de meus filhos? E ela: "Como vamos lidar com a sua mãe indo nos visitar todo sábado para limpar seu apartamento e trocar os seus lençóis?" E, mais importante ainda: "E se eu pedir demissão de meu emprego, deixar minha família e meus amigos, me mudar para NY e, seis meses depois, você mudar de idéia?" "Sim", eu digo — ou pelo menos penso — "e se eu começar a ficar ressentido com você por depender tanto de mim? E se você começar a ficar ressentida comigo por ter aberto mão de tantas coisas e ter se mudado para cá por minha causa?"

Por motivos óbvios, na relação a distância esses tipos de problemas têm intensidade extra — não podemos testá-los em relação à realidade sem dar o grande passo. Claro, o grande passo pode dar certo, mas somente se ambas as partes estiverem preparadas para mandar a cautela às favas, assumir um compromisso e se manter fiéis a ele a despeito do que possa acontecer. Mas é um "se" muito grande, pois, hoje em dia, a maioria dos jovens praticamente exige provas empíricas de que "vai funcionar" antes de assumir tal compromisso. Além disso, o azar é que muitos relacionamentos a distância são um jogo marcado, ou seja, as preocupações reais mostram sua cara feia com especial ímpeto porque, em algum nível, sabemos o tempo todo que nossos fins de semana juntos — por mais maravilhosos e agridoces que sejam — são uma obra de ficção. O problema não é tanto o fato de termos ignorado nossa distância geográfica, mas o fato de ter usado isso para evitar que nos sentíssemos ambivalentes em relação à outra pessoa. Usamos isso para evitar que nos sentíssemos desencorajados pela carência dela ou pela minha indiferença, pelos genes defeituosos dela ou pela minha dependência de minha mãe etc.

À medida que O Grande Passo se torna mais provável, essas deficiências se tornam mais evidentes. "Será que quero mesmo alguém que não tem vida própria? Por qual outro motivo ela estaria disposta a abrir mão de tudo por minha causa?" E ela: "Por que devo me mudar por causa de uma pessoa que é tão egoísta e mimada?" Portanto, por mais que tenhamos tentado criar uma relação perfeita, esculpindo nossos fins de semana juntos com a espontaneidade consciente do romance mas com a precisão inconsciente de um projeto arquitetônico, nos aproximamos de forma lenta, mas inexorável, da hora da verdade, na qual a raiva, a culpa e a rejeição se insinuam ou às vezes explodem no relacionamento. Infelizmente, essa verdade também não é a verdade plena. Se a Síndrome de Pigmalião é um extremo, no seu devido tempo ela muitas vezes nos leva ao extremo oposto: a Síndrome de Frankenstein. Como Frankenstein no livro de Mary Shelley, acabamos por criar um monstro que se rebelará contra nós. Provavelmente, ela não é uma fracassada carente e defeituosa! A verdade mais equilibrada é o que inconscientemente queremos evitar sentir desde o início — amor a despeito da ambivalência.

Portanto, para não acabar caindo na Síndrome de Frankenstein, temos de lidar o quanto antes com a Síndrome de Pigmalião. Lidar logo com ela é o que sempre tentei fazer com meus pacientes — muitos dos quais, em vários momentos, lutam com a dinâmica de um relacionamento a distância. No entanto, como vimos no capítulo anterior, nem sempre é fácil identificar essas coisas cedo.

PRIMEIRO PASSO: O MOMENTO "LÁ VOU EU DE NOVO"

Assim como na bolsa de valores ou em jardinagem, quando o assunto é amor, temos sorte se cometemos o mesmo erro apenas duas vezes. Existe uma combinação mortal aqui: é muito importante para nós encontrar o amor e somos infinitamente capazes de nos enganarmos a respeito de nossas emoções. Em outras palavras, nossos erros se disfarçam, portanto, até sabermos como eles operam — ou, na verdade, nós operamos —, estamos fadados a repeti-los. Na terapia, assim como na vida, precisamos chegar àquele ponto frustrante e deprimente de "lá vou eu de novo", e, em algumas ocasiões, mais de uma vez, antes de estarmos realmente preparados para virar a página.

Um de meus pacientes, uma mulher que chamarei de Julie, era uma advogada de contencioso enérgica e inteligente. Sendo sócia sênior de um grande escritório de advocacia, ela era decidida e articulada. Ela me procurou logo após o seu 31º aniversário, quando já não podia mais acreditar que fosse só o azar que a estivesse impedindo de encontrar o homem certo. Assim, embora soubesse que estava fazendo algo errado, não conseguia identificar o quê. Por sorte, logo depois que começamos a trabalhar juntos, ela conheceu um homem, "Jeff", numa viagem de negócios a Los Angeles. Ela ficou imediatamente atraída por ele porque, como ela dizia, "ele encarava a vida de maneira descontraída e aberta". Ela também ficou empolgada porque ele estava planejando uma mudança de carreira que envolvia transferência para Nova York dali a alguns meses.

Durante um tempo, eles se falaram por telefone e trocaram e-mails. Depois, passaram alguns fins de semana juntos. Quando vi Julie na sessão após seu segundo fim de semana em Los Angeles com Jeff, ela estava obviamente prestes a se apaixonar. "Ele é emocionalmente muito generoso e muito receptivo. E é inteligente sem ser agressivo", ela disse. "E ele também não tem compulsão por trabalho — o que é ótimo para mim", concluiu. A partir daquele momento, Julie voava para a Califórnia toda sexta-feira à noite e passava os fins de semana com Jeff, até que, alguns meses depois, ele se mudou para Nova York. Julie ficou extasiada, e eles começaram a falar em noivado e casamento. A única coisa que a incomodava era que o emprego e o apartamento que ele havia conseguido em Nova York não eram tão bons assim, mas ela achava que ele progrediria quando estivesse mais estabelecido. Ao falar sobre isso com ele, ela percebeu que era a única que via aquela condição como problema. Jeff disse que gostava muito do emprego e que não estava interessado em mudar tão cedo. Ele também não se importava com o apartamento já que gostava de passar a maior parte de seu tempo livre fora e, certamente, gostava de sair mais do que ela.

Depois, chegou a hora de planejar as férias de verão. Ela queria ir a Paris e Roma, visitar museus e ruínas, tomar vinho e ir a jantares; ele só queria ir para a praia. Ele também estava começando a reclamar que ela trabalhava demais, não era suficientemente espiritual e era obstinada em excesso. Da mesma maneira, ela começou a vê-lo como uma pessoa passiva, lenta, indecisa e ingênua. Como muitas vezes acontece em relacionamentos, as qualidades dele que a atraíram de início, a sua "abordagem descontraída e aberta da vida", agora eram repugnantes. Então, com essa dinâmica a todo vapor, aproximadamente três meses depois de ele ter se mudado para Nova York, Julie se "desapaixonou" e terminou o relacionamento.

Julie foi a primeira a admitir que parte do problema em seu relacionamento com Jeff era que ele tinha começado a distância. "Olhando mais de perto", ela disse zombando do seu próprio jeito de advogada, "o suspeito simplesmente se revelou diferente de como eu achava que fosse. Do mesmo modo, quando o visitei em Los Angeles, minhas férias estavam próximas e entrei mais no clima relaxado da Califórnia do que normalmente entraria". Com essa análise rápida e buscando uma implementação prática e sensata da lição que havia aprendido, Julie jurou que "não teria mais relacionamentos a distância". Ela também jurou que "não queria mais homens gentis, delicados e passivos" e se preparou para novas experiências de namoro.

Depois de vários encontros que surgiram por intermédio do trabalho, da igreja e dos amigos, Julie começou a explorar os serviços de encontros via Internet, e, vejam só, por meio do namoro virtual, ela conheceu um homem que morava a três quarteirões dela e que descreveu a si mesmo na primeira comunicação on-line entre eles como "um cara que assume responsabilidades, firme e direto". Ele era um jovem corretor da bolsa, trabalhador e ambicioso. E ele disse que certamente iria a Paris e Roma nas férias. "A praia é chata — tranqüila demais para mim." Ele concordou com Julie quando ela descreveu seu último relacionamento. Durante esse período, Julie estava se preparando para um julgamento, o que, para um advogado de contencioso, corresponde a um período de estudo intensivo antes de uma prova final. Ela trabalhava à noite e durante fins de semana e estava sempre cansada, mas seu interesse pelo namoro estava crescendo, então ela sempre achava alguns minutos aqui e ali para mandar um e-mail e trocar mensagens instantâneas. Ele também estava ocupado, mas disse que gostaria muito de convidá-la para sair em breve. Julie aceitou, mas também queria esperar um pouco, não apenas porque o julgamento logo teria terminado, mas também porque ela achava que ali havia um forte potencial para um relacionamento e não queria precipitar as coisas como em seu relacionamento anterior. Foi necessário mais ou menos um mês de encontros virtuais antes que eles passassem para o encontro real.

O primeiro encontro correu muito bem e ambos ficaram fortemente atraídos um pelo outro. Agora, *ele* tinha um problema de trabalho que exigia que fizesse horas extras por algumas semanas. Então, passaram-se três semanas antes do segundo encontro, mas três semanas de mensagens instantâneas noturnas e amor virtual cada vez mais passionais. Finalmente, os compromissos de Jeff diminuíram e eles começaram a sair regularmente. Eles se deram muito bem, pois tinham interesses e valores semelhantes. Às vezes, porém, Julie o achava dominador demais — as coisas tinham de ser como ele queria. No início, ela aceitava porque achava que um homem forte "estava cuidando dela", mas, depois de alguns meses, ela começou a enfrentá-lo e eles começaram a discutir com mais freqüência: a que espetáculo ir, qual restaurante, se e quando visitar as famílias, quem deveria pedir desculpas antes, como e quando fazer sexo, e assim por diante. "Quero resolver as coisas com ele, eu o amo de verdade", Julie me disse numa sessão ao descrever essa dinâmica. "Apenas nós dois temos personalidades fortes e acho que estamos lutando pelo controle", ela analisou.

Mas não era assim que Jeff via a questão. Na sessão seguinte, Julie entrou e caiu em prantos. "Ele terminou o ralacionamento comigo", ela disse chorando. "Ele disse que eu era controladora e agressiva demais, que ele não ia passar o resto da vida em uma briga por poder e que não acreditava em 'trabalho' nos relacionamentos." Passamos algum tempo na terapia lamentando a perda, mas, com seu jeito sempre prático, Julie logo seguiu em frente, querendo saber onde errara e o que deveria mudar no próximo relacionamento. À medida que conversávamos, duas coisas emergiram. Primeiro, na recuperação do relacionamento anterior, Julie era como um general que estava travando a guerra anterior, uma receita certa para o fracasso. Depois do último relacionamento, ela jurou nunca mais sair com um "fraco". Portanto, é claro, ela terminou com um durão. (Este é um exemplo de como, na vida real, os padrões de amor fracassado se sobrepõem. Para mais discussões sobre fracos e durões, veja o Capítulo 8.)

Segundo, eu disse a Julie: "Mais uma vez você se envolveu em um relacionamento a distância." "*Como?*", ela me olhou surpresa. "Quem é o louco aqui, eu ou você? Jeff mora praticamente na minha esquina!" "Eu sei", eu disse, "minha memória não é *tão* ruim assim, mas, durante os primeiros meses, vocês tiveram um relacionamento virtual, você se lembra? Foi nesse período que você se apaixonou, exatamente como no caso do rapaz de Los Angeles e exatamente como Pigmalião", e continuei a explicar como, na ausência de contato físico regular, é fácil se apaixonar por nossa construção mental. "Não acredito que fiz isso de novo!", Julie exclamou, aproximando-se do *momento "lá vou eu de novo"*. Eu disse "aproximando-se" porque, como muitos de nós, Julie tinha de pegar a si mesma *em flagrante* para entender isso plenamente. O seu *momento "lá vou eu de novo"* aconteceu alguns meses mais tarde quando ela se sentiu tentada, mas acabou desistindo de um envolvimento com um europeu que estava em Nova York a trabalho por um período de um ano...

Embora em retrospecto seja fácil ver que a Síndrome de Pigmalião foi o denominador comum em ambos os relacionamentos de Julie, era difícil, e talvez até impossível, saber disso no momento em que os relacionamentos estavam acontecendo. Isso porque, na superfície, esses relacionamentos pareciam muito diferentes entre si. Um era com um homem "passivo", o outro com um homem "agressivo"; um Julie rompeu, no outro, ela é que foi "dispensada".

SEGUNDO PASSO: A QUE RESULTADO QUERO CHEGAR?

Este passo envolve, primeiramente e sobretudo, entender e aceitar a ambivalência subjacente à Síndrome de Pigmalião. Depois que a influência dissimuladora de seu namoro virtual se esgotou, Julie foi forçada a reconhecer sua própria ambivalência em relação a seus namorados. Ela era ambivalente em relação a seu primeiro namorado — adorava sua mente aberta e descontraída, mas odiava sua passividade; e era ambivalente em relação a seu segundo namorado — amava a sua atitude de tomar a frente das coisas, mas odiava sua agressividade, pelo menos na medida em que combatia essa situação. Ao perceber isso, ela agora tinha de decidir com que tipo de homem queria ficar. Embora o mundo dos homens dificilmente possa ser dividido em fracos e durões, percebemos que os homens que se dedicam agressivamente ao "sucesso" externo provavelmente são menos sensíveis ou dão menos apoio, e aqueles que gostam de falar sobre relacionamentos e ficar com as crianças serão menos agressivos no campo de batalhas profissional. É claro, como todos nós, Julie queria ter tudo. Por que ela não iria querer? O problema era que o tempo estava passando e ela não podia mais ficar esperando pelo homem perfeito. E, mais importante ainda, ela estava começando a elaborar uma estranha idéia de que o homem perfeito não existe.

Então, como escolher entre duas opções igualmente atraentes (e repulsivas)? A única resposta é *conhecer a si mesmo muito bem*. Para muitos de nós, isso significa mais terapia, mas, para muitos outros, significa simplesmente responder a pergunta *"A que resultado quero chegar"*? No caso de Julie, a pergunta podia se traduzir em: "É mais importante para mim ficar com um homem aberto e amparador ou com um homem que toma a frente das coisas e é bem-sucedido?" Ou, como eu disse a ela "Você será mais feliz se achar que seu marido é passivo e fraco ou se achar que ele é um viciado em trabalho que não presta atenção a seus sentimentos?" Como o pai dela era do último tipo, foi fácil para Julie, pelo menos teoricamente, escolher o primeiro tipo. Para muitos leitores, isso pode soar como um "acordo" ou uma concessão em relação ao amor, mas, como o Terceiro Passo irá demonstrar, não é isso que tenho em mente.

TERCEIRO PASSO: A TENDÊNCIA É SUA AMIGA

No mundo dos negócios, a frase "a tendência é sua amiga" significa que, se você está no ramo de carros puxados a cavalo e alguém inventa um carro motorizado, sem cavalos, em vez de tentar convencer as pessoas de que os carros motorizados não são bons, deve começar a fabricá-los. Assim, você acaba tendo mais, não menos, do que quando começou. Pode parecer simples, mas não é, não apenas porque você não sabe como fazer carros motorizados, mas também porque seu instinto natural é empurrar seu próprio produto contra a concorrência. De fato, a própria maneira como sua empresa está organizada — o modo como ela está no mundo — baseia-se nesse instinto. Para usar uma metáfora um pouco mais romântica, quando o assunto são relacionamentos, muitas vezes somos como um surfista que insiste em dominar as ondas não deslizando sobre elas, mas atravessando-as.

Depois de decidir que, no final das contas, ela preferiria ficar com um homem "mais meigo" do que com um homem "mais durão", minha paciente Julie teve de lidar com as conseqüências de sua escolha, ou seja, seus sentimentos negativos a respeito da meiguice de seu homem. Quando ela se apaixonou e ficou noiva de um homem que, de fato, era mais do tipo meigo, sua propensão natural foi lutar contra essa tendência. Como no caso de seu primeiro namorado, ela tentou "incentivar" o noivo a tomar iniciativas e a se tornar mais decidido e ambicioso. E ela lutou para que ele gostasse das coisas das quais ela gostava. Não foi uma luta muito árdua, porém, pois, por ser amparador, ele naturalmente tentou se adaptar a ela. De fato, ele era tão adaptável que até tentou ser mais agressivo e... menos adaptável. Obviamente, isso não funcionou, pois quanto mais ele aceitava as sugestões, mais fraco ele parecia aos olhos dela. E não podia ter funcionado mesmo porque é impossível mudar outra pessoa. Já é difícil o bastante mudar a si mesmo!

Portanto, no Terceiro Passo (A tendência é sua amiga), Julie tinha de aceitar o noivo como ele era. Em especial, tinha de aceitar o fato de que ele não era muito agressivo em relação às suas aspirações profissionais. Durante algum tempo, porém, por mais que tentasse, ela não conseguia dar conta disso porque achava que "ao aceitar as limitações dele", como ela dizia, estaria fazendo algo por *ele* e, de certa forma, *contra si mesma*. Foi só quando ela se lembrou e relembrou — com que rapidez nos esquecemos! — de que a razão por ela o ter escolhido em primeiro lugar era o fato de ela precisar de mais suavidade em sua vida que se tornou mais aberta em relação a quem o seu noivo era. Só depois, quando ela percebeu que ele representava uma parte insatisfeita dela mesma — a garota mais meiga, emotiva e sensível que ela nunca se permitiu ser porque queria desesperadamente agradar ao pai poderoso — é que Julie decidiu parar de tentar mudar o noivo e começar a mudar a si mesma.

Mas, mesmo com essa determinação nova e genuína, foi difícil para Julie mudar. Um dos motivos era porque Julie não queria fazer algumas das coisas de que seu noivo gostava, como sair, ir à praia ou alugar um vídeo. Ela queria "fazer" coisas: ir a palestras, filmes, museus etc. "A tendência é sua amiga", eu disse a essa altura, sabendo que a metáfora do mundo dos negócios agradaria à figura paterna ainda resistente e durona que ela trazia dentro de si. Também expliquei a ela o que chamei de O Princípio de Demóstenes.

Demóstenes era o maior orador da Grécia Antiga, mas ele não começou assim. De fato, quando criança, ele mal conseguia falar porque tinha um problema de fala. Como ele se tornou um grande orador? Como não havia fonoaudiólogos naquela época, Demóstenes, ainda criança, criou seu próprio tratamento: ele ficava praticando a fala por sobre o som das ondas do mar com seixos na boca, ou seja, mais do que tentar evitar sua dificuldade e tomar o caminho mais fácil, ele fez o oposto — tornou as coisas ainda mais difíceis para si mesmo. Foi assim que ele conseguiu.

Havia um conceito semelhante no tratamento comportamental de fobias chamado terapia de implosão. Se uma pessoa tem medo de voar, por exemplo, você a força a voar com tempo ruim num avião de quatro lugares. Você a expõe totalmente, com pouca preparação, ao estímulo gerador de ansiedade, mas, como qualquer pessoa que sofre de alguma fobia poderia ter dito, esse tipo de tratamento estava fadado ao fracasso desde o início. Provocava ansiedade demais em alguns pacientes, mas funcionou com Julie porque ir à praia ou sair dificilmente seria um estímulo assustador; tratava-se apenas de algo que ela não gostava de fazer. Ou era isso o que ela achava até começar.

Como ela começou? O princípio geral era de que ela *mudou se tornando mais ela mesma*. Mais especificamente, a primeira vez que foi com o noivo passar férias na praia, ela levou o escritório consigo — laptop, agenda, relatórios etc. — e se divertiu muito trabalhando na praia. Em outras palavras, ela achou um modo para que aquilo funcionasse para *ela*. Com o tempo, é claro, a brisa, a areia e o som das ondas a conquistaram e a afastaram daqueles empolgantes relatórios legais. É interessante, mas, quanto mais Julie saía, mais seu noivo queria *fazer* coisas. Da mesma maneira, quanto mais ela se permitia ter a suavidade de que precisava, mais seu noivo se permitia expressar a própria agressão até então reprimida. *Então, ao dar a si mesmos, eles estavam se dando um ao outro*. Foi assim que, em vez de se afastarem cada vez mais por causa de suas diferenças, eles acabaram chegando a um meio-termo desejável, apesar de muitas vezes ilusório.

É claro, Julie não seguiu plenamente o Princípio de Demóstenes. Ela não foi à praia sem nada para fazer, entregando-se completamente ao sol, à areia e ao sal. E, assim, suspeito que a maioria de nós se parece mais com Julie do que com Demóstenes. Tentamos fugir em vez de abraçar nossas limitações, e é por isso que, para a maioria das pessoas, o Princípio de Demóstenes pode se tornar útil apenas razoavelmente tarde em sua busca do amor. No início da vida, sonhamos com um amor distante enquanto rejeitamos o amor de nossos sonhos, que, na maioria das vezes, está bem perto de nós. Sem dúvida, foi por isso que Pigmalião prosseguiu lentamente com as mulheres, começando com uma estátua primeiro... A verdade é que você não pode esperar demais para lidar com sua ambivalência a respeito do amor porque, na maior parte das vezes, marfim não se torna carne.

A essa altura, já devia estar bastante claro que minha abordagem em Três Passos não é tão simples ou linear quanto eu a faço parecer. Os passos podem se sobrepor e sua implementação às vezes significa dar dois passos para frente e um para trás, mas, quanto mais conscientes desses passos estivermos, mais avançaremos. Para algumas pessoas, seguir esses passos é uma árdua batalha. Como um prisioneiro que teve uma pena de prisão perpétua perdoada mas volta à prisão porque não consegue se adaptar à liberdade, essas pessoas são atraídas e voltam a adotar seus antigos padrões autoderrotistas de relacionamento. Como discuti no Capítulo 1, a razão principal para essa atração é nosso medo da ambivalência, mas há outras causas que deveriam ser mencionadas, das quais a mais importante é o que conhecemos na teoria psicanalítica como compulsão repetitiva. Segundo esse princípio, inconscientemente nos sentimos obrigados a repetir algo de que sofremos para dominá-lo e sair por cima. Portanto, uma mulher que teve um pai emocional ou fisicamente ausente — com certeza uma ocorrência bastante comum em nossas vidas hoje em dia — pode de modo inconsciente optar por amar um homem que vive em outra cidade. Ela passa a repetir a experiência de desejo por um homem distante, mas, desta vez, com a esperança de que seu poder adulto torne o desfecho do relacionamento diferente.

Além da compulsão repetitiva — ou, como dizem alguns cientistas, em seu lugar — também há provas de que nossas experiências amorosas na primeira infância deixam marcas psicológicas em nosso cérebro que, posteriormente, se tornam caminhos perceptuais ou trilhas fáceis "predefinidas" para padrões comportamentais semelhantes. E, finalmente, existe o hábito, a familiaridade e o medo de mudar que nos acompanha e que talvez seja o mais poderoso motivador humano. Tudo isso explica por quê, para algumas pessoas, a abordagem em três passos é tão difícil de ser adotada mesmo na psicoterapia.

Muitas pessoas repetem esses padrões de uma maneira que lhes causa obstáculos, mas não os aprisiona. Nesses casos, os três passos podem ser usados como um processo introspectivo relativamente simples fora do contexto terapêutico. A questão é como saber a que "categoria" você pertence — quão séria é a sua repetição? Em retrospecto, é fácil dizer. Uma paciente de 32 anos encontrou um homem de outro estado com quem tinha namorado na faculdade. Depois de um mês de namoro, ela decidiu se mudar para o estado dele e se casar. Eles se casaram em seis meses e ainda estavam casados com filhos dez anos depois. Compare esse caso com o de outra paciente de idade semelhante que conheceu um homem que estava se inscrevendo num curso de pós-graduação. Ela o incentivou a se inscrever em uma escola de Michigan porque, na época, ela achava que iria se mudar para lá por causa de um trabalho acadêmico no ano seguinte. Bem, ele fez isso e ela acabou não indo para lá porque, entre outros motivos, depois de um ano de namoro a distância ela decidiu que ele não servia. Essa mulher continuou a adotar padrões de amor fracassado por muitos anos e, a essa altura, foi fazer terapia.

Essa, é claro, é uma comparação retrospectiva. Mas será que havia uma maneira de dizer naquela época, antes de essas mulheres se envolverem totalmente em um relacionamento a distância, qual delas estava destinada ao padrão fracassado de Amor Virtual e qual iria acabar convertendo o namoro a distância em verdadeiro relacionamento de longo prazo? Embora não possamos saber ao certo, acho que você pode deduzir esse tipo de coisa bem no início do processo de namoro.

A seguir, apresento várias situações, todas baseadas em fatos reais das vidas de meus pacientes; em cada uma identificarei os "sinais" que sugerem um desfecho autoderrotista. Embora possamos facilmente generalizar todas as situações de namoro do Amor Virtual a partir desses exemplos, é necessário usar de cautela. As "regras de namoro" apresentadas por alguns livros de auto-ajuda muitas vezes se baseiam no senso comum convencional e não são universalmente verdadeiras. Além disso, a vida é mais rica quando você segue sua própria intuição, seus próprios julgamento e experiência, ou quando você desenvolve suas próprias regras interpessoais. Por outro lado, não há necessidade de reinventar a roda e, até certo ponto, podemos aprender com a experiência alheia. Conclusão: use as situações e os sinais como guias, não como regras.

CENÁRIOS DE AMOR VIRTUAL

Namorar antes de se mudar

Três meses antes de se mudar para Nova York para fazer uma pós-graduação, você começa um relacionamento com um homem maravilhoso. Apesar de ambos saberem que você irá se mudar, vocês só discutem a questão uma semana antes de sua partida. Então, você decide que ele irá visitá-la dali a um mês. Ele acaba não podendo ir, mas você vai visitá-lo. Vocês se divertem muito e, nos seis meses seguintes, você vai visitá-lo mais algumas vezes. Vocês se falam por telefone algumas vezes por semana e, quando você pergunta "O que estamos fazendo?", ele diz "Não sei. Espero que consigamos fazer a coisa dar certo, talvez eu possa me mudar para Nova York". Mas, nas conversas seguintes, você sente que ele não quer falar a respeito e não se sente à vontade para tocar no assunto de novo. Quando você finalmente fala a respeito, ele diz: "Não sei bem o que dizer, vamos parar de falar sobre isso o tempo todo."

Sinais

- Vocês não reconhecem o significado do relacionamento logo de início, o que sugere que não estão se levando a sério e/ou dispostos a enfrentar a realidade.
- Ele não dá prosseguimento ao plano de visitar você em Nova York, o que indica que o relacionamento não é uma prioridade.
- Você faz todas as visitas, o que sugere falta de reciprocidade.
- Ele é indeciso e vago sobre a questão crítica do relacionamento — "talvez eu possa me mudar para Nova York" —, o que demonstra aceitação casual da condição básica.
- Ele não quer falar sobre "o relacionamento" e você não se sente à vontade para tocar no assunto.

Teria sido uma história diferente se vocês dois reconhecessem a "loucura" de se envolver quando você estava prestes a se mudar; se ele tivesse mantido a palavra e tivesse ido visitar você; se ele tivesse feito algumas das visitas, mostrando reciprocidade e compromisso; se ele estivesse fazendo um plano concreto e gradual para se mudar (em vez de não fazer plano algum ou pedir demissão impulsivamente e se mudar para Nova York); se ele também quisesse falar sobre o aspecto da distância no relacionamento, sugerindo que gostaria de transformá-lo de virtual em real tanto quanto você.

Uma voz (e-mail) do passado

No seu 34º aniversário você recebe um e-mail de uma pessoa com quem você teve um relacionamento de três semanas na época da faculdade. Naquela ocasião, ele estava visitando um amigo em comum antes de deixar o país por um ano como estudante de intercâmbio. Vocês dois gostaram um do outro e se sentiram atraídos. Ele convidou você para ir à Europa com ele, mas você estava se dedicando à faculdade. Vocês escreveram algumas cartas românticas durante aproximadamente seis meses e, naquela altura, você começou a sair com outra pessoa, falou com ele a respeito e perdeu o contato. Agora, 15 anos mais tarde, ele a localiza através da Internet, descobre seu e-mail e sugere um encontro quando ele for à sua cidade a negócios. Ele diz que está casado e tem dois filhos pequenos, mas que nunca parou de pensar no período em que vocês ficaram juntos na faculdade. Ele diz que você influenciou muito a vida dele, ajudando-o a entender o amor e a si próprio e que ele nunca amou mais ninguém daquela maneira.

Sinais

- O relacionamento no passado aconteceu na maior parte a distância e agora ele quer mais uma vez começar algo a distância.
- Sim, você gostou dele na época da faculdade, mas acha que não o conheceu realmente, ou que ele não conheceu você, ou que você não conhecia a si mesma naquela época; porém, você tinha influenciado profundamente a vida dele.
- Ele tem vivido uma realidade com a família, mas outra na própria cabeça.

Namoro on-line

Como milhões de homens e mulheres, você tenta encontrar a Pessoa Certa on-line. Você reage ao perfil de um homem que parece ter tudo — um bom currículo, a idade certa, um ótimo senso de humor e uma aparência agradável. O único problema é que você gradualmente descobre que ele quer continuar a trocar e-mails, depois, mensagens instantâneas, depois, falar ao telefone, por um tempo bastante longo. Durante um período de três meses de comunicações quase diárias, vocês dois se tornam cada vez mais abertos e íntimos. As ligações de "boa-noite" dele agora são parte reconfortante de sua rotina. Quando você sugere um encontro, ele nunca pode e tem sempre uma razão que parece muito boa (tem de fazer horas extras esta semana, uma viagem neste fim de semana, visita aos pais no fim de semana seguinte), e sempre diz a você que acha que o relacionamento tem um grande potencial e que ele mal pode esperar para vocês passarem algum tempo juntos.

Vocês devem achar que este caso é óbvio, mas, como eu disse antes, quando o assunto é amor, nossa capacidade de negação é ilimitada. Então, lá vamos nós.

Sinais

- A quantidade é importante. Essa situação já está durando tempo demais, o que demonstra um compromisso com o virtual em vez de se usar o virtual como portão ou caminho para o real. Não me pergunte quanto tempo é tempo demais — eu não sei. Só sei que alguma hora quantidade deve se tornar qualidade.
- Você está estabelecendo uma conexão íntima e uma dependência antes de vocês dois se conhecerem.
- Os *detalhes* fazem sentido (por exemplo, ele tem boas razões para vocês nunca se encontrarem), mas o *todo* não é sensato (quando se tem vontade, dá-se um jeito). Portanto, existe outra razão desconhecida e não mencionada para que ele deseje que o relacionamento continue a ser virtual. E, do seu lado, se você está buscando um relacionamento, por que se apegar a um relacionamento virtual? É verdade, trata-se de um intercâmbio emocional, mas se parece mais com a leitura de um bom romance do que um relacionamento com outra pessoa.
- Uma última coisa: você não sabe nada sobre essa pessoa — ele pode ser um assassino...

Em geral, pode ser útil fazer distinção entre conhecer alguém on-line (como no Match.com ou serviços de encontros semelhantes) e namorar on-line. No primeiro caso, a Internet funciona como meio para conhecer alguém e desenvolver um relacionamento. No segundo caso, ela serve para definir a dinâmica do relacionamento, com o padrão de Amor Virtual como provável resultado.

O que vem fácil vai fácil

Você é uma mulher de 48 anos, bem de vida, divorciada, que está procurando se casar de novo. Conhece um homem por intermédio da organização de ex-alunos de sua faculdade. Você mora em Nova Jersey, e ele, em Washington, mas isso não é um problema porque você está disposta a se mudar dadas as circunstâncias certas. Depois de dois encontros, você se apaixona loucamente e ele também. Em seu terceiro encontro, ele começa a falar em mudança — talvez ele pudesse se mudar ou talvez você pudesse. Seu filho único está na faculdade e ele tem dois filhos adolescentes de um casamento anterior, o que não é um problema porque você o ama muito e não se importaria em ser a madrasta deles. Nos dois meses seguintes, vocês se falam todo dia e viajam em fins de semana alternados para se verem. Depois, vocês passam uma semana no México em uma viagem romântica e, depois disso, você o convida para conhecer os seus amigos. Ele diz que não está preparado. Você fica perplexa. Você se sente tão à vontade com ele que insiste. Ele diz: "Não, ainda não estou preparado para fazer parte de sua comunidade."

É um golpe duro, pois seus sentimentos eram totalmente correspondidos, o que faz a magia do amor parecer real. Contudo, há razões para preocupação...

Sinais

- Decisões tão importantes quanto se mudar ou se tornar a madrasta são tomadas, ou pelo menos proclamadas, com base no amor romântico instantâneo.
- Grandes questões (geografia, filhos) não são problema, mas pequenos problemas (conhecer os seus amigos) são intransponíveis.
- O romance é maravilhoso, mas é excessivo, rápido e fácil demais.

Onde há fumaça há fogo

Você checa os e-mails que responderam seu perfil em um serviço de encontros on-line. Quase todos parecem maçantes e desarticulados ou estão acompanhados por uma foto pouco atraente. Apenas um a deixa intrigada: curioso, engraçado e cético, o e-mail faz você pensar que existe realmente uma pessoa de verdade ali. Você responde e há uma troca de e-mails. Você vem a saber que esse homem é um arquiteto solteiro que vive com os pais num bairro afluente a apenas meia hora de distância. Você pergunta por que ele vive com os pais e quer saber sobre seus relacionamentos anteriores. Recebe respostas engraçadas, mas não reais. Ele diz a você que sofre de "inferioridade em relação ao seu órgão" e, depois, escreve um longo e-mail sobre várias experiências e aventuras divertidas que ele teve no exterior. Depois, ele não responde a alguns dos seus e-mails. Depois, escreve outro longo e-mail, desta vez contando da namorada que ele teve na faculdade e de como ela cometeu suicídio enquanto eles estavam juntos. Aí, ele pergunta se você quer jantar ou talvez almoçar ou tomar café da manhã com ele.

Sinais

- Correndo o risco de parecer uma pessoa cautelosa, conservadora, chata, sabe-tudo, que defende uma vida sem diversão e sem riscos acima de tudo, as reações desse homem indicam que ele está totalmente fora do prumo: atitude evasiva, intimidade fragmentada e a inconsistência não são exatamente elementos certos para se construir um relacionamento.
- É verdade, as respostas dele podem ser uma função do meio — e-mails não têm timbre e, sem música, a letra pode ser enganadora — ou seja, pessoalmente, a esquisitice dele pode não ser tão esquisita assim. Todavia, a série de informações decididamente estranhas sobre ele levantam questões reais sobre sua viabilidade como candidato a um relacionamento. Quando a questão diz respeito a relacionamentos, em nove de cada dez casos, onde há fumaça há fogo.

Histórico: dele e seu

Você é uma mulher solteira de 31 anos que nunca teve um relacionamento sério. Tende a se sentir ansiosa quando está perto de homens de que você gosta e crítica e retraída quando está perto daqueles que gostam de você. Conhece alguém on-line que mora a aproximadamente uma hora e meia de distância e, depois de alguns e-mails, ele vai à sua cidade para um brunch de domingo e uma tarde no parque. É atraente, com jeito de garoto. É inteligente, sensível e sincero. E é um verdadeiro cavalheiro. Quando o encontro está chegando ao fim, ele diz que gostou muito de você e que gostaria de encontrá-la de novo. Você diz que sente a mesma coisa. Na verdade, você mal pode acreditar que está se sentindo tão bem. Você está se perguntando se finalmente conheceu a sua alma gêmea e está pensando: "Estou me apaixonando." Depois, ele se abre mais e diz que, embora realmente esteja procurando um relacionamento, se sente hesitante porque, em relacionamentos anteriores, ele sempre acabava perdendo o interesse, a despeito do quanto gostasse da namorada e do quanto tempo tentasse fazer com que o relacionamento funcionasse.

Sinais

- O seu histórico: não é coincidência o fato de você não ter tido nenhum relacionamento sério aos 31 anos. Alguma coisa a está impedindo e, portanto, é improvável que seja tão simples encontrar sua alma gêmea.
- O histórico dele: o problema com o histórico dele é evidente, pois ele mesmo o conta a você — geralmente, é uma boa idéia ouvir o que as pessoas têm a dizer e interpretar essas coisas literalmente.
- Posso ouvir você dizer: "Tudo bem, tenho um bloqueio e ele tem uma certa bagagem, portanto, não será tão fácil ou simples, mas as pessoas crescem e mudam; então, por que supor que não seremos capazes de fazer a coisa funcionar?" É muito justo, você pode tentar. O problema é que o aspecto da distância no relacionamento pode muito bem ser a razão pela qual você pode se apaixonar tão facilmente — você inconscientemente sabe que não terá de lidar com ele de modo continuado. E ele, por sua parte, pode manter o interesse em você por longo tempo pela mesma razão. Portanto, embora pareça que seu relacionamento esteja desafiando o seu histórico, na verdade ele apenas o reforçará; e você irá perceber isso apenas um ou dois anos mais tarde, ao tentar importar o relacionamento do mundo virtual para o mundo real.

Por causa da compulsão repetitiva, nunca conseguimos "superar" ou desafiar nosso histórico, mas podemos parar de repeti-lo se, e apenas se, estivermos dispostos a aprender com ele. Nesse sentido, a frase "aqueles que esquecem a própria história estão condenados a repeti-la" é verdade não apenas na vida das nações, mas também na dos indivíduos. Em nosso contexto, como os sete padrões de amor fracassado estão correlacionados, você precisa ter consciência não apenas do seu histórico de Amor Virtual, mas de todos os seus padrões de relacionamento.

As situações anteriores tratam todas do Primeiro Passo (O momento "lá vou eu de novo"), no qual percebemos que estamos novamente sendo tentados por nosso padrão. Muitos de nós permanecem em relacionamentos doentios racionalizando que algo é melhor do que nada e que permanecemos abertos para conhecer novas pessoas. O problema é que, se continuamos a operar dentro dos velhos padrões, não estamos apenas passando tempo. Na verdade, reforçamos esses padrões, de modo comportamental, emocional e até bioquímico — reforçando as conexões neuronais existentes que guiam esses padrões. Embora no fundo saibamos que esse padrão "não é bom para nós", é difícil abrir mão dele porque, em parte, aceitar verdadeiramente o Primeiro Passo pode significar que talvez não tenhamos qualquer relacionamento por algum tempo, ou que talvez tenhamos de explorar relacionamentos que inicialmente pareçam totalmente errados.

É exatamente por isso que precisamos do Segundo Passo (A que resultado quero chegar?). Antes de podermos passar ao território inexplorado de novos comportamentos amorosos, precisamos saber mais a respeito de nossas necessidades emocionais. Vimos anteriormente como a minha paciente Julie — depois de implementar o Primeiro Passo e eliminar os relacionamentos virtuais de sua vida — pôde identificar o que era mais importante para ela em um homem. Como você talvez se lembre, a paciente conseguiu fazer isso quando se tornou consciente de sua ambivalência a respeito do tipo de homem com o qual ela queria ficar e refletindo sobre sua família de origem, em especial seu relacionamento com o pai. Essa é a idéia geral e pode ser realizada também fora da terapia. Portanto, se, por exemplo, você terminou alguns relacionamentos virtuais e resolveu que quer evitá-los no futuro, não pare por aqui. Pense sobre todos os seus relacionamentos anteriores, inclusive sobre a sua família, seus namorados, amigos íntimos e conhecidos.

Agora, quais são as sensibilidades ou características básicas que deixavam você atraído por essas pessoas? Era a inteligência ou a bondade? A criatividade ou a sinceridade? A ambição ou a beleza? O arrojo ou a introspecção? A decisão ou a paciência? A empatia ou o senso de humor? Você também pode colocar a pergunta na negativa, listando as características que magoavam ou incomodavam mais você, por exemplo, a geniosidade *versus* a passividade, a imprevisibilidade *versus* o tédio, a carência *versus* a indiferença, e assim por diante.

Na verdade, esses atributos não têm de ser excludentes, mas eu os coloco dessa maneira para forçar você a escolher entre duas características igualmente atraentes (ou repulsivas) para que sua preferência final possa emergir. Esta é uma técnica usada em alguns testes psicológicos para superar o que os psicólogos sociais chamam de "o efeito de desejabilidade social" — nossa tendência a mentir em testes de personalidade para nos sairmos bem. Como ambas as respostas são igualmente desejáveis de maneira abstrata, o fato de você se forçar a realmente pensar e fazer uma escolha irá nos dizer algo a respeito de quem você realmente é. É claro, escolher de maneira abstrata nem sempre pode corresponder à realidade. Por exemplo, você pode *pensar* que precisa de alguém que seja intelectualmente instigante, mas, na verdade, pode acabar descobrindo que ser amparado emocionalmente é muito mais importante para você. É por isso que você deve tirar essa lista de atributos de pessoas reais que foram importantes em sua vida.

Além de ajudar a conhecer melhor aonde você realmente quer chegar, este exercício de escolha forçada também irá prepará-lo para o fato de que muitos atributos pessoais importantes *realmente* são de certa forma dicotômicos, ou mesmo diametralmente opostos. Se você quer alguém que tenha tanto uma boa mente quanto um bom corpo, as probabilidades de achar essa pessoa são menores, não apenas porque todas as coisas ótimas, especialmente quando combinadas, são extremos estatísticos, mas também porque, até certo ponto, no seu desenvolvimento, as grandes mentes se tornaram assim porque precisavam fugir do aspecto físico, e os grandes corpos se tornaram assim porque precisavam evitar o aspecto cerebral. Da mesma maneira, é menos provável que homens decididos e ambiciosos sejam amparadores e sensíveis, assim como é menos provável que louras sensuais — para confirmar parcialmente um estereótipo tosco — sejam professoras de matemática.

Portanto, ninguém é perfeito e você tem de saber o que realmente quer. Mas se o Amor Virtual foi um de seus padrões amorosos primários, no Segundo Passo (A que resultado quero chegar?) você precisa levar em conta não apenas sua ambivalência a respeito da imperfeição dos seus objetos de amor, mas também sua ambivalência a respeito do próprio amor. Em outras palavras, é bem provável que você tenha escolhido o Amor Virtual não apenas para evitar ter de lidar com as imperfeições das pessoas que você pode vir a amar, mas também para evitar proximidade ou intimidade demais. Então, pergunte a você mesmo quanto espaço e distância dentro da relação você de fato precisa — ou pode tolerar. Se você é o tipo de pessoa que gosta de ficar sozinha — lendo, viajando sozinha, sendo extrovertida em meio a um grupo de estranhos — você pode se sair bem em um relacionamento "paralelo" no qual você ou o seu parceiro viaja a trabalho ou mora em mais de um lugar. Se, por outro lado, você precisa de proximidade constante, diária e dá valor a decisões tomadas em conjunto, você vai se dar melhor em um relacionamento "comunitário", no qual você mal tem tempo para si mesmo.

Considerando que o ideal pode estar no meio-termo, entre esses dois modelos, aqueles que repetidamente caem no Amor Virtual talvez não sejam capazes de encontrar o amor. Um relacionamento a distância reforça muito o prazer da separação ou o anseio pela proximidade e, portanto, impede que você saiba qual é a sua posição nesse processo. Assim, no Segundo Passo (A que resultado quero chegar?) tente resolver na sua cabeça quanta intimidade você realmente quer. Agora que você não está mais envolvido em relacionamentos virtuais, você está numa posição melhor para saber. É claro, se você não tem relacionamento algum, pode se sentir sozinho e isso irá influenciar o seu julgamento. Como são as suas amizades, a sua relação com os seus irmãos e pais? Você fala com eles e está envolvido em suas vidas diárias regularmente ou só de vez em quando?

O fato de iniciar o trabalho de auto-reflexão do Segundo Passo (A que resultado quero chegar?) — um processo que, dependendo de circunstâncias individuais, pode levar de alguns dias a alguns anos — irá resultar num grau de autoconhecimento suficiente para tentar o Terceiro Passo (A tendência é sua amiga). Já que o Terceiro Passo envolve a aceitação de sua ambivalência e das "limitações" de seu parceiro, você precisa estar num relacionamento para passar por ele. Como vimos, minha paciente Julie implementou esse passo ao adotar a lógica do Princípio de Demóstenes. Primeiro, ela tentou "melhorar" o seu parceiro para não ficar incomodada por suas limitações, mas esse tiro saiu pela culatra, fazendo com que ele parecesse ainda mais limitado. Então, ela achou depois uma maneira de aceitar as limitações dele — não por uma atitude caridosa como a de um assistente social de bom coração ou de um psicólogo — mas por seu próprio egoísmo, fazendo com que aquilo funcionasse para ela.

O REVERSO POSITIVO

Como vimos no capítulo anterior, "ter vida própria" e, portanto, não se concentrar excessivamente na vida de seu parceiro é um modo certeiro para reduzir a ambivalência. Se você tem de se concentrar no seu parceiro, porém, pelo menos tenha cuidado. Não seja como o gerente que, ao analisar o desempenho de trabalho de seu empregado, marca na coluna pontos fortes o item "detalhista" e, na coluna pontos fracos, "perde uma floresta por causa de algumas árvores" sem perceber que as pessoas vêm em pacotes fechados e que seu empregado não seria detalhista se não perdesse uma floresta por causa de uma árvore.

Portanto, se tiver de "analisar" o seu parceiro, faça uma lista dos atributos negativos que incomodam você e, depois, liste o reverso positivo desses atributos. Por exemplo, se o fato de seu parceiro ser pouco emotivo e pouco comunicativo incomoda você — como incomoda à maior parte das mulheres —, pense que ele é lógico e sóbrio. Talvez, ao contrário do seu pai ou de você mesma, ele não seja genioso, o que, provavelmente, chamou a sua atenção logo de cara. Você pode ser muito emotiva — se sentir magoada ou com raiva — e ele não vai surtar por causa disso. Ele também pode ser calmo e tranqüilizador quando você está ansiosa a respeito da sua saúde ou de um problema no trabalho. Tudo isso é o reverso positivo do torpor emocional dele.

Embora o fato de se concentrar nos reversos positivos dele ajude você a aceitar seu parceiro como ele é, isso pode ser prejudicial para o relacionamento de outra maneira. Se, para aceitar um ao outro, você rotula o seu parceiro de "insensível" e a si mesma de "emotiva", você define suas diferenças como pólos opostos, o que significa que vocês acabarão tendo pouco em comum e muitos conflitos. Para se auto-satisfazer, você pode se tornar a parte do casal que quer ter conversas íntimas, e ele, a que quer ler as páginas sobre finanças do jornal. Ou você pode se tornar a parte do casal que sempre quer sair, festejar e gastar dinheiro, e ele, a pessoa que gosta de ficar em casa, assistir à televisão e fazer um orçamento. Ou você pode ficar obcecada por compras, e ele, por religião. Dá para ver o quadro.

Para evitar esse tipo de polarização, você não deveria, como diz o senso comum, simplesmente abrir mão das coisas (como em "Tudo bem, vou ver aquele filme de ação idiota desta vez se você for ver uma comédia romântica comigo da próxima vez"). Em vez disso, deve trabalhar para integrar essas polaridades dentro de você. Em termos práticos, isso significa que você deveria não apenas reconhecer e se lembrar dos reversos positivos nos seus parceiros, mas também participar deles. Por exemplo, se o seu namorado "insensível" e "pouco comunicativo" fala de um revés ou de um problema no trabalho, em vez de perguntar a ele "Como você se sente a respeito?" e fazer com que ele responda de maneira telegráfica, rápida ou mínima, e certamente sem sentimentos, tente tomar emprestado uma atitude tipicamente *dele*. Trate a situação como um problema que tem de ser consertado: pergunte qual é a estratégia dele para lidar com o problema, qual é o seu objetivo a longo prazo, a sua tática a curto prazo, quais são as suas opções de ação e que meios ele tem a seu dispor.

Se você tratar seu namorado dessa maneira lógica e racional, ele provavelmente irá estabelecer um contato com os próprios sentimentos. Isso porque você não o assustou com os seus sentimentos. A primeira razão para ele ser geralmente tão calmo e sóbrio é que, por algum motivo, ele tem medo das emoções — talvez ele tenha tido uma mãe emotiva demais, sufocante, ou talvez ele associe emoções a fraqueza. Portanto, quanto mais emotiva você for, mais o estará forçando a "pensar e a não sentir". Se, por outro lado, você tentar pensar mais e sentir menos, as emoções dele irão emergir sozinhas — porque elas existem.

O propósito desta técnica — interagir com os reversos positivos de seu parceiro — não é manipular ou induzir uma mudança nele. Isso é simplesmente um subproduto provável. O propósito é estimular uma mudança dentro de você mesma; pegar o reverso positivo dele e tentar aprender com isso, imitá-lo e apoderar-se dele. Isso fará de você uma pessoa mais equilibrada e, por fim, irá facilitar uma mudança paralela em seu parceiro. Se você parar de gastar tanto dinheiro, ele vai parar de ficar fazendo contas o tempo todo; se você começar a gostar de sair mais, ele vai começar a querer ficar mais em casa; se você desenvolver um interesse por política, ele vai se interessar pelo seu relacionamento com a sua irmã...

Resumindo, no Terceiro Passo (A tendência é sua amiga), você identifica o reverso positivo do atributo negativo que não lhe agrada em seu parceiro. Isso ajuda você a aceitá-lo como ele é, e também a aprender com ele adotando para si mesma o reverso positivo dele, o que, por fim, leva a uma atenuação do atributo negativo dele. Portanto, paradoxalmente, ao aceitar as limitações dele, você acaba o ajudando a superá-las, o que reduz mais ainda a sua ambivalência. Voltarei a esta técnica — com mais sugestões práticas sobre como usá-la — quando discutirmos o Terceiro Passo (A tabela de conversão dos reversos) no Capítulo 4.

AMOR VIRTUAL EM RELACIONAMENTOS DE LONGA DURAÇÃO

Em relacionamentos de longa duração ou casamentos, estamos mais propensos a ter consciência de nossa ambivalência. Ser capaz de tolerar a ambivalência é pré-requisito para permanecer empenhado em um relacionamento. Por isso muitas vezes você ouve pessoas casadas zombando uma das outras sobre traços ridículos, rígidos ou irritantes de suas personalidades. Às vezes, é apenas uma brincadeira bem-intencionada, mas em outras vezes reflete a amargura e a infelicidade de viver com a ambivalência não resolvida. Ficar parado nessa fase é uma forma comum de infelicidade que gera parte da má reputação do casamento. Nesse tipo de casamento ou relacionamento, o fato de usar a técnica do reverso positivo de maneira consistente e diligente pode fazer enorme diferença.

Vamos tomar como exemplo um típico casal quarentão de Nova York com um aspecto significativo de Amor Virtual no casamento. Ele é um bem-sucedido banqueiro de investimentos com um emprego que exige que ele viaje durante 25 a 50% do tempo. Ela é dona de casa e mãe. Ele gosta da carreira e ela gosta dos filhos, da administração da casa, de jogar tênis e de fazer trabalho voluntário. Ele também gosta de jogar golfe e esquiar, o que ele faz sempre que pode durante as viagens de trabalho e também quando está em casa, com amigos, nos fins de semana. Esse estilo de vida evoluiu gradativamente ao longo dos anos, e o casal sempre o considerou temporário. "Não vou conseguir trabalhar assim para sempre", o marido dizia, e acrescentava: "Vou ganhar dinheiro suficiente para que possamos viver com conforto e, depois, vou me aposentar ou achar um trabalho mais tranqüilo." A esposa aceitava isso e pensava: "Mais um ou dois anos desta vida não vão me matar." Mas, à medida que um ano se torna cinco e cinco se tornam dez, essa forma de aceitação se transforma em frustração, raiva, e, por fim, em resignação amarga. Ao longo dos anos, podemos ouvir repetidamente a esposa reclamando para a família e para os amigos que "Ele nunca está em casa", ou que "Ele deveria estar aqui pelo menos nos fins de semana", ou que "Ele faltou ao recital de nosso filho outra vez", ou que "Ele nunca fica com os filhos". E o marido se lamenta com os amigos ou os colegas que a mulher está sempre em cima dele, que ele não pode sair nos fins de semana, que tem de ligar para ela 12 vezes por dia quando está viajando e assim por diante.

Mas, se a essa altura a esposa reconhece que esse estilo de vida não é coincidência, mas algo que ela escolheu e continua a escolher todos os dias, ela pode começar a identificar o reverso positivo da fuga do marido em relação à intimidade. Ele é independente, não interfere na maneira como ela administra a casa e não espera que ela esteja com o jantar na mesa toda noite. Tendo sido negligenciada, carente, solitária e crítica a respeito da ausência dele até essa altura, ela agora pode aprender algo com ele. Ela pode começar a ser mais independente — talvez voltar a estudar ou fazer novas amizades, mais intensas, fora do casamento ou talvez até viajar para a Ásia sozinha. Se ela seguisse esse caminho, acabaria precisando de menos tempo e energia do marido e de menos intimidade no relacionamento deles. Isso, por sua vez, faria com que o marido sentisse mais a sua falta e quisesse mais intimidade com ela, o que, mais cedo ou mais tarde, o levaria a fazer ajustes em seu horário de trabalho ou em seu estilo de vida.

O resultado desse realinhamento na dinâmica do casal será o de um casamento "paralelo", no qual tanto o marido quanto a mulher aceitam — talvez até adotem — o nível de Amor Virtual que existe em seu relacionamento. Para esses indivíduos, limitar o nível de intimidade no relacionamento pode ser o ideal. Uma complicação, que talvez você queira levar em consideração se planeja ter uma família, é que esse estilo de vida não é o ideal para crianças. Outra questão é se esse tipo de relacionamento pode sobreviver ao tipo de mudança ocasionado por uma perda de emprego, por problemas de saúde ou pela aposentadoria. Será que esse casal terá êxito se for forçado pelas circunstâncias a ficar junto diariamente? Não há como prever, é claro, mas minha experiência com os pacientes sugere que muito depende de até que ponto o estilo de vida do casal reflete uma estrutura psicológica profunda em um ou em ambos os indivíduos. Por exemplo, se você foi uma pianista de sucesso, com uma carreira que exigia viagens constantes, é provável que você tenha podido se dedicar a essa carreira antes de qualquer coisa *porque*, psicologicamente falando, você não precisava ou, de fato, não conseguia lidar com os eventos diários da intimidade. Nesse caso, uma mudança externa de estilo de vida que exija que você passe a maior parte do tempo em casa com o seu parceiro colocaria, de fato, o relacionamento em risco.

Comparativamente, se você é um executivo de médio escalão em uma grande empresa e, depois de cinco anos no emprego, lhe oferecem uma oportunidade única de promoção que exige que você viaje durante 50% do tempo, e você está dividido porque não quer ficar longe da sua família, mas, depois de muita agonia acaba aceitando o emprego, provavelmente está em outra categoria. Mesmo que essa nova oportunidade faça você viajar muito nos dez anos seguintes e torne o seu casamento cada vez mais virtual, uma mudança de emprego que exija que você fique em casa o tempo todo provavelmente não será tão ameaçadora para você. Isso porque sua escolha profissional foi ditada menos por uma necessidade profunda de espaço interpessoal e mais por circunstâncias externas.

Na verdade, é claro, as coisas não são tão bem-definidas. Por exemplo, um paciente, um ator, acabou tendo duas residências, uma em Nova York, onde trabalhava na Broadway, e outra em Los Angeles, onde ele fazia televisão. Será que ele foi atraído por uma carreira que envolvia viagens transnacionais freqüentes ou por uma carreira que envolvia interpretação, na qual viajar era um mal necessário? Depois de trabalhar essa questão por algum tempo, percebemos que, de fato, os dois motivos eram válidos. Havia, porém, uma indicação inicial de sua forte necessidade de espaço interpessoal quando lhe perguntei em nossa primeira sessão quantas vezes ele via o homem com quem estava namorando há um ano e meio. "Na verdade, só o vi duas vezes no ano passado", ele disse casualmente, sem revelar dissonância cognitiva nem infelicidade palpável em relação ao fato.

Embora o conflito entre nossas necessidades de intimidade e de solidão seja tão antigo quanto o próprio amor, parece que a vida moderna tornou mais possível do que nunca os relacionamentos duradouros a distância. Um de meus exemplos favoritos é a história de uma paciente cuja vida demonstrou, entre outras coisas, que nunca é tarde demais para mudar os padrões de amor fracassado. A paciente, "Elisabeth", me procurou aos 52 anos em meio a uma grave depressão, que, em seu caso, foi gerada não por um problema físico, nem tanto pela traição e pela perda que ela havia sofrido, mas pela morte de uma ilusão.

Elisabeth cresceu em uma cidadezinha rural no norte de Wisconsin. Seus pais tinham um pequeno armazém, e a família, que incluía Elisabeth, suas duas irmãs mais velhas e sua avó materna, vivia em um pequeno apartamento de dois quartos em cima da loja. Tudo isso, e a falta de noção de limite da família — as crianças podiam ouvir e ver quando os pais faziam sexo ou discutiam a respeito, a mãe discutia em voz alta com as filhas na loja em presença de clientes, apenas para citar dois exemplos — fizeram com que Elisabeth, quando criança, fantasiasse sobre ir embora. Na adolescência, ela sonhava em viajar e, por fim, na faculdade, decidiu se tornar comissária de bordo. Por ser bonita, inteligente e aventureira, não foi difícil para Elisabeth alcançar seu objetivo. Dois anos depois, ela se tornou comissária de bordo em tempo integral, em uma grande companhia aérea, na rota Nova York–Paris.

Então, foi em seu local de trabalho — em um avião — que ela conheceu Jean-Paul, o homem que se tornaria seu marido. Ele era um banqueiro internacional francês voltando para casa de uma viagem de negócios e começou a flertar com ela. "Uma coisa leva a outra", e eles começaram a namorar nos fins de semana, quando ela folgava. Depois de muitos meses, Elisabeth descobriu que Jean-Paul era casado, porém ele era infeliz no casamento e estava apaixonado por Elisabeth; portanto, logo depois, ele se divorciou da esposa e se casou com Elisabeth.

Durante um tempo eles "viveram" em Paris — ainda durante os fins de semana, quando ela folgava. Quando eles decidiram ter filhos, Elisabeth quis que as crianças crescessem nos Estados Unidos; então, decidiram se mudar para Nova York. Agora, era a vez de ele ficar viajando, o que fez durante os vinte anos seguintes, enquanto criavam dois filhos e continuavam a ter um estilo de vida ativo, mas estável. Os dois gostavam de esquiar, viajar e socializar e, a certa altura, quando Elisabeth sentiu que as crianças precisavam de uma mãe em tempo integral, ela largou o trabalho e ficou com eles em Nova York, enfrentando os desafios da maternidade. Como o bem-remunerado emprego de Jean-Paul exigia que ele ficasse em Paris e Elisabeth não queria que seus filhos se mudassem para a Europa, eles decidiram continuar com o estilo de vida paralelo.

Para Elisabeth, o desejo de se afastar da família havia influenciado sua escolha profissional. Mas também afetou a escolha do marido. Ela escolheu algüem que estava envolvido com outra mulher e que morava em um país diferente. Em outras palavras, para contrabalançar sua experiência de sufocamento interpessoal da infância, ela optou por se proteger de uma intimidade excessiva. Embora ela nunca tenha verbalizado dessa maneira, Elisabeth sabia que esse estilo de vida funcionava para si mesma, e ela era feliz em geral. Algumas vezes ao longo dos anos, ela ficou perturbada quando o marido não estava onde deveria estar e não podia ser encontrado por telefone e quando uma amiga disse a ela que o tinha visto com outra mulher. Mas, como ela não queria brigar, aceitou as explicações de Jean-Paul e seguiu em frente.

Todavia, tudo isso parou abruptamente — depois de aproximadamente 25 anos de casamento — quando Elisabeth, numa visita à sua casa de Paris, encontrou um carta escrita a Jean-Paul por outra mulher, Simone, discutindo a... convivência deles! Ela descobriu que, nos últimos 19 anos, Jean-Paul tinha tido outra vida. Ele tinha outra casa na periferia de Paris, onde ele "vivia" com outra mulher de segunda a sexta-feira. Ao longo dos anos, ele também fazia pequenas viagens "a negócios", isto é, férias com essa mulher.

Quando confrontado a respeito dessa descoberta, Jean-Paul não negou. Ele explicou sua perspectiva e disse a Elisabeth que ficaria feliz em dar continuidade ao arranjo existente, mas que, se ela quisesse um divórcio, ele seria financeiramente generoso.

Foi então que Elisabeth me procurou. Ela se sentiu traída, rejeitada e humilhada; mais do que tudo, estava arrasada pela descoberta que seu marido não era a pessoa que ela pensava que fosse. Claro, ela sabia que ele era independente e até podia entender se ele tivesse tido "algo casual" em uma viagem de negócios. Mas o fato de ele a ter envolvido em uma mentira daquela magnitude — em uma vida dupla — só podia significar que ela realmente não sabia quem ele era e que o relacionamento deles era uma ilusão. Obviamente, em retrospecto, os sinais eram claros, como sempre são, mas Elisabeth optou por ignorá-los *para evitar ter de encarar a verdade a respeito do marido*. A verdade era que, além de ser um homem generoso, hedonista e gentil, ele também era desonesto, manipulador e hostil.

Então, embora durante muitos anos o estilo de vida deles tenha alimentado a ilusão de Elisabeth sobre quem o seu marido realmente era, agora ela havia mergulhado em uma crise de ambivalência. "Devo continuar casada ou devo ir embora?", ela me perguntou na primeira sessão.

Pela primeira vez em 25 anos, Elisabeth tinha consciência de sua ambivalência a respeito do marido e do relacionamento deles. Em termos dos nossos Três Passos, podemos dizer que Elisabeth demorou todos esses anos para chegar ao Primeiro Passo (O momento "Lá vou eu de novo").

Naturalmente, não respondi a pergunta de Elisabeth, e ela demorou quase um ano para chegar a uma decisão. Elisabeth sabia que se ajustava bem ao estilo de vida paralelo que havia escolhido e que não daria conta de um homem carente e exigente, mas, ao nos aprofundarmos em sua história, descobrimos que boa parte de seu desejo de se afastar da família tinha uma natureza defensiva e secundária. Como toda criança, ela *no fundo* queria a intimidade de ser conhecida e aceita pelos pais, mas, já que sua intimidade familiar era exercida de maneira oprimente e sufocante, ela adotou o outro extremo. No fundo — exatamente porque suas necessidades emocionais não foram satisfeitas na infância — ela era mais carente do que a maioria das pessoas. Ao perceber isso na terapia, Elisabeth finalmente pôde chegar ao Segundo Passo (A que resultado quero chegar?): ela decidiu pôr fim ao seu casamento virtual e procurar relacionamentos com uma intimidade verdadeira.

Nos cinco anos seguintes, continuei a ver Elisabeth na terapia, mas, apesar de todo esse trabalho, ela não conseguiu encontrar um homem de que gostasse. Apesar dos muitos encontros, quase sempre eles não a inspiravam. De fato, comparado a seu estilo de vida precedente, o fato de namorar e conhecer "os rapazes locais", como ela costumava dizer, era um proposta bastante monótona. Contudo, Elisabeth permaneceu inabalável em relação a seu objetivo final: chega de Jean-Pauls. E ela também progrediu na terapia, aprendendo a ser mais íntima e verdadeira — pelo menos com o seu terapeuta. Então, a essa altura, ela decidiu encerrar a terapia e tentar implementar sozinha o que havia aprendido.

Não é incomum o fato de pacientes abandonarem o tratamento antes de o terapeuta achar que devam fazê-lo ou antes de o terapeuta conhecer "o final" da história. Portanto, gosto de ter notícias desses pacientes depois. A carta dela chegou muitos anos mais tarde, aproximadamente dez anos depois de ela ter se separado de Jean-Paul. Depois de abandonar o tratamento, ela se mudou para ficar perto da filha, que estava criando sua própria família em uma cidadezinha de Minnesota.

Lá, Elisabeth conheceu, se apaixonou e se casou com um homem divorciado que também tinha sessenta e poucos anos e que ela achava que era a sua verdadeira alma gêmea. O mais interessante é que esse homem — embora também estrangeiro, nascido na Suécia — era o oposto de Jean-Paul. Fazendeiro aposentado e "caseiro", muito envolvido com seus filhos adultos, ele tinha interesse em passar a maior parte possível de seu tempo com Elisabeth e em trabalhar com ela na nova casa deles.

Portanto, Elisabeth fechou um círculo. Tendo primeiramente fugido da família e da intimidade para o mundo do jet-set internacional e de um casamento virtual, ela acabou no Meio-Oeste, em um estilo de vida mais semelhante ao da sua juventude. Ao fazer isso, ela alcançou o Terceiro Passo (A tendência é sua amiga) sozinha. Aceitou agora uma parte de si mesma — suas necessidades de dependência — que ela anteriormente negava. Ao mesmo tempo, não se arrependia de seu relacionamento anterior, sabendo perfeitamente que ele também representava uma parte dela mesma. E ela também sabia que, quando a idealização inicial de seu novo marido desaparecesse, iria ter sentimentos ambivalentes, esperando que às vezes ele pudesse ser mais parecido com Jean-Paul.

CAPÍTULO

4

Amor de mão única

Ele pousou a mão onde havia esperado e sentiu o coração ainda pulsando sob o córtex da árvore

OVÍDIO

A CISÃO DE CUPIDO

Em um ato típico de vingança e travessura, Cupido, o infame deus menino do amor, atingiu Apolo com uma flecha fazendo com que ele se apaixonasse, e Dafne com uma seta que a afastava do amor. Então, naturalmente, quando Apolo, deus da música e da poesia, aproximou-se de Dafne, a bela ninfa começou a correr dele. Enquanto corria atrás de Dafne, Apolo implorou, adulou-a e prometeu-lhe o mundo, mas Dafne só reagia correndo mais rápido. Depois de longa perseguição, ao perceber que estava prestes a ser capturada, a ninfa rezou para que o corpo que tanto atraía Apolo fosse modificado e destruído para sempre. E o seu desejo foi atendido: suas pernas ficaram entorpecidas e pesadas, seus braços se tornaram galhos, seus cabelos se tornaram folhas e seus seios foram "enclausurados" dentro de uma delicada casca de árvore. Naquele instante, enquanto Dafne se transformava num loureiro, Apolo a alcançou. Ele a abraçou ardorosamente, ainda amando-a e sentindo as pulsações de seu coração desaparecerem sob a casca da árvore.

A dor do Amor de Mão Única alcança todos os que já tiveram uma desilusão amorosa. De fato, por ser a dor do amor grande parte até do chamado amor saudável, tendemos a nos identificar instintivamente com a vítima do amor e ter mais simpatia pelo enjeitado do que pelo enjeitador. Esse tipo de identificação é uma das razões pelas quais *Os Sofrimentos do Jovem Werther* — o romance de Goethe do século XIX sobre um jovem que se mata por causa de um Amor de Mão Única — desencadeou uma série de suicídios em toda a Europa.

Mas o fato de nos identificarmos e termos empatia com a dor do Amor de Mão Única — que é o termo que uso para a propensão a se apaixonar ou se sentir atraído por pessoas emocionalmente indisponíveis — é apenas um aspecto de nossa reação a ale. Também nos perguntamos por que alguém que repetidamente se apaixona por pessoas indisponíveis também está repetidamente indisponível para as pessoas que estão interessadas por ele. Mal posso contar o número de pacientes que, ao longo dos anos, lamentaram-se de seu aparente destino a se sentir atraídos por pessoas que não correspondiam a seus sentimentos enquanto, ao mesmo tempo, eles próprios eram incapazes de corresponder aos sentimentos das pessoas que se sentiam atraídas por eles. Essa é a experiência universal da Cisão de Cupido, na qual tentamos enfrentar nossa ambivalência em relação ao amor dividindo o mundo dos objetos de nosso amor em extremos de atração e repulsão. Ao fazermos isso, podemos nos agarrar à fantasia da beleza, inteligência e espiritualidade perfeitas e, assim, nos prender à ilusão do amor puro.

Mas, por mais universal que seja, o nível da fissura que A Cisão do Cupido cria em nossos relacionamentos depende de nossa história individual e de nossa personalidade. Por exemplo, o pai de uma paciente abandonou a família quando ela era criança e seu padrasto — a mãe se casou alguns anos mais tarde — insistia que ela imediatamente o aceitasse como pai. Na idade adulta, essa mulher se apaixonava profundamente por homens indisponíveis — um homem noivo, um gay e outros que simplesmente não estavam interessados nela — enquanto sempre rejeitava outros homens que, como ela mesma dizia, "impunham" sua presença a ela.

Apesar de isso ilustrar como a história particular de vida de uma pessoa — nesse caso, o desejo inconsciente da paciente de alcançar o pai há muito ansiado e de descartar o pai indesejado — pode contribuir para a formação de um padrão repetitivo de amor, essa paciente não foi nem a primeira nem a última mulher a dividir os homens nas categorias de "perfeitos, mas não disponíveis" *versus* "disponíveis, mas não bons o bastante". Ao mesmo tempo, a maior parte dos homens (e mulheres) não é nem perfeita nem totalmente inaceitável (para alguém). Quem tem inclinação para o Amor de Mão Única cria essa divisão em sua mente a fim de criar uma base para a ilusão de que o próprio amor pode ser perfeito. Embora algumas pessoas, como a paciente citada, terem de enfrentar na terapia o trauma familiar original, outros podem lidar mais diretamente com o seu padrão de Amor de Mão Única — na terapia ou fora dela.

PRIMEIRO PASSO: É O CUPIDO, BOBO

Devido ao fato de a pessoa pela qual nos sentimos atraídos nesse padrão estar fisicamente disponível — às vezes, ela na verdade está namorando você — pode ser difícil identificar o padrão no início. Se, como muitas das minhas pacientes, você está num relacionamento duradouro com um homem que não assume compromisso, é fácil *vê-lo* como o problema, racionalizando que *ele* não está preparado ainda ou que *ele* tem "fobia de compromisso". E se você se sente continuamente atraída por homens ou mulheres indisponíveis, é tentador ver a si mesmo como a azarada vítima da coincidência; ou, se você não acredita em sorte e vive numa cidade grande, culpar as estatísticas — mais mulheres solteiras do que homens; ou, se você tem uma preocupação mais psicológica, achar que "existe algo errado comigo".

Contudo, seria mais útil, nesses casos, examinar a maneira como *você*, e não o objeto do seu amor, está indisponível. Isso porque a quantidade de energia psíquica que você gasta com pessoas indisponíveis é igual à quantidade de energia psíquica que gasta tentando evitar pessoas disponíveis. Em outras palavras, no Primeiro Passo (É o Cupido, bobo), você precisa entender e aceitar sua própria Cisão de Cupido.

Os pacientes em psicoterapia muitas vezes resistem a essa idéia. Para começar, eles nem percebem os movimentos ou gestos de interesse por parte das pessoas pelas quais elas não se sentem atraídas. Então, ao reconhecerem que algumas pessoas às vezes estão interessadas nelas, insistem que essas pessoas são "fracassadas" ou que são de alguma forma inferiores às pessoas indisponíveis. Mas a minha teoria da Cisão de Cupido costuma ser provada quando descobrimos que o paciente aplica sua divisão a uma única pessoa. Esse foi o caso de uma advogada que, usando o seu treinamento e sua inclinação natural, conseguiu criar uma dúvida razoável até mesmo na minha cabeça sobre o fato de o seu histórico de buscar homens indisponíveis ser ou não um padrão. Quando eu estava quase pronto para considerar sua explicação detalhada e lógica de como cada um de seus relacionamentos amorosos tinham um conjunto único de circunstâncias, ela "tropeçou" e revelou que seu relacionamento mais significativo, que durou cerca de um ano e meio, podia fornecer provas relevantes.

"Tudo começou com ele me procurando, e eu não estava realmente interessada. Saímos algumas vezes e até fizemos sexo, mas, basicamente, eu dei uma esfriada e comecei a sair com outro homem. Depois, ele parou de me ligar e eu telefonei para ele algumas vezes. Ele finalmente retornou a minha ligação e começamos a sair de novo, só que, agora, os papéis estavam trocados. Eu realmente estava a fim dele e ele não parecia estar nem um pouco interessado. Decidimos apenas sair juntos, mas, depois de um tempo, percebi que ele não era a pessoa certa para mim e terminei tudo. Na época, é claro, ele começou mais uma vez a me procurar."

Portanto, primeiro, a paciente não estava interessada porque a outra pessoa *estava*, e, depois, ela *estava* porque a outra pessoa *não estava*. Em outras palavras, o relacionamento duradouro da paciente possuía ambos os lados da Cisão de Cupido, que, infelizmente, era a principal razão para ele ter durado tanto tempo. Um caso mais extremo era o de uma mulher que terminou o noivado com um homem que ela namorava havia dois anos porque se sentia sufocada por ele. Depois, ela se mudou da sua casa na Califórnia para Nova York e me procurou para fazer terapia. Após um ano de terapia, no qual ela insistiu que não se sentia de maneira alguma atraída por homens indisponíveis, ela soube por um amigo em comum que o seu ex-noivo — que nesse ínterim havia se casado — talvez estivesse se divorciando. Minha paciente fez com que o seu ex-noivo soubesse, por um amigo em comum, que ela havia repensado o relacionamento deles e gostaria que ele entrasse em contato com ela. Apesar de ele não a ter procurado, ela estava convencida de que ele a queria de volta, e, em parte por esse motivo, decidiu voltar para a Califórnia. Quando exploramos esse assunto antes de ela partir, a paciente racionalizou que, quando terminou o noivado anos antes, ela não estava preparada para se comprometer com um homem que, de fato, lhe oferecia um relacionamento realmente íntimo. "Mas agora estou preparada", ela disse. "E simplesmente sei que ele está pensando em mim." O que ela não estava disposta a admitir, porém, era que o passar do tempo, a magnitude da separação geográfica e o fato de ele não ter respondido à sua mensagem tornavam mais fácil esquecer o impacto emocional de sua carência sufocante. Ao deixar Nova York, a paciente prometeu que me informaria se algo acontecesse com esse homem em Los Angeles Mas só fui ter notícias dela aproximadamente dois anos mais tarde quando ela se casou... com outro homem.

Outra variação sobre o mesmo tema: um homem de trinta anos me procura após perceber que havia cometido um "erro terrível" alguns anos antes ao terminar um relacionamento de dez anos quando a namorada lhe deu um ultimato relativo a casamento. O relacionamento, ele explicou, tinha tudo — compatibilidade, paixão, comunicação. Só que ele não estava preparado na época. Desde então, havia saído com mulheres que não o excitavam realmente ou havia tentado sair com mulheres que não correspondiam. Um questionamento mais detalhado revelou que o relacionamento antigo, ideal, passou por vários períodos difíceis e por duas separações, tudo isso desencadeado pelo fato de ele e a namorada literalmente alternarem períodos de perda de interesse.

Esse tipo de relacionamento torna impossível dizer que é alguma coisa na outra pessoa que atrai ou repele você. É claro, sempre existe algo na outra pessoa a que precisamos reagir, mas, no caso do Amor de Mão Única, a cola do relacionamento é a vaga idéia de indisponibilidade. Em termos práticos, isso significa que, se além de ser atraído por pessoas indisponíveis, você também teve um relacionamento desse tipo, pode ter quase certeza de que está sob a "maldição" da Cisão de Cupido.

Se você não teve um relacionamento assim, ainda pode diagnosticar a própria Cisão de Cupido aplicando (vagamente) certas análises quantitativas e qualitativas de suas experiências. Na parte quantitativa: se você teve vários relacionamentos ou tentativas de relacionamento com pessoas indisponíveis e está perto dos trinta anos, deveria se preocupar; faça uma lista das pessoas que se interessaram por você ao longo dos anos e prepare-se para aceitar que está nas presas do padrão de Amor de Mão Única; se estiver na casa dos trinta anos com um histórico desses, você deveria fazer mais do que só se preocupar — talvez devesse pular diretamente para o Segundo Passo a seguir; se está com vinte e poucos anos, porém, ainda não precisa se preocupar, a menos que a sua intuição diga o contrário. Uma advertência: como algumas vezes é necessário muito tempo para corrigir os padrões de amor fracassado — e para as mulheres em particular, devido ao relógio biológico que paira sobre elas aos trinta anos — preocupar-se um pouco aos vinte e poucos anos pode não ser de todo uma má idéia.

Na parte qualitativa: note se você volta a telefonar quando um namorado ou namorada em potencial não retorna a sua ligação ou se você telefona quando ele/ela diz que vai ligar, mas não liga; note se discute obsessivamente com amigos o sentido de ele/ela não reagir; note se você propõe mais um encontro quando encontra com ele/ela; e note se não acredita na palavra dele/dela quando ele/ela diz que relacionamentos não são prioridade. Se você fez alguma dessas coisas mais de uma ou duas vezes, é provável que esteja encrencado. Você provavelmente também participou da criação do outro lado da Cisão de Cupido, apesar de isso poder ser mais difícil de diagnosticar. Deixe-me exemplificar.

Um homem solteiro na casa dos trinta anos está namorando uma mulher há alguns meses. "Gosto mesmo dela", ele diz, "e não quero estragar tudo". Ele explica que está preocupado com a possibilidade de logo perder interesse e começar a se sentir obrigado ou sobrecarregado, que é o que geralmente acontece com ele. "Espero que funcione porque essa garota não é do tipo carente — ela é independente e não se importa por eu ter atividades externas." Mas, na sessão seguinte, o paciente relata a primeira briga do relacionamento, que surgiu porque ele não ligou quando disse que ligaria. Ele estava jantando com um amigo que mora em outra cidade e disse à namorada que ligaria quando eles tivessem terminado de jantar para que ela fosse tomar um drinque com eles. Mas, em vez disso, sem conseguir dar um motivo, ele só ligou às 23h. A namorada ficou esperando a ligação, não pôde fazer outros planos para a noite e ficou com raiva quando ele ligou, portanto, apesar de ele ter dito que gostava do fato de ela não ser carente ou dependente, ao não ligar na hora marcada, ele criou esses estados emocionais nela. Previsivelmente, a reação dela fez com que ele se sentisse obrigado e sobrecarregado, o que, por sua vez, fez com que ela se sentisse mais carente, o que, é claro, fez com que ele quisesse terminar o relacionamento. Resumindo, ao contrário de sua intenção consciente, ele havia criado a sua própria indisponibilidade.

Outra paciente, uma mulher bastante atraente e agradável, disse que absolutamente nada acontecia durante os seus encontros. Quando examinamos os detalhes de seu comportamento ao sair com alguém, ficou claro que, na verdade, ela "trabalhava" para que nada acontecesse. Por exemplo, um homem começou a falar sobre um antigo relacionamento no segundo encontro com ela. Isso fez com que a paciente concluísse que ele "tinha bagagem" e "precisava" que ela o ouvisse. Por não querer um relacionamento com uma pessoa carente, ela não reagiu, o que, obviamente, só gerou mais carência nele.

Da mesma maneira, quando outro homem disse, no terceiro encontro, que "tinha medo de afeto", ela pensou: "Ele tem problemas", e ignorou sua afirmação, fazendo apenas com que os "problemas" dele se tornassem mais sérios para ele e, talvez, na mente dela também. Por fim, quando um homem de quem ela gostava bastante tentou segurar a sua mão no primeiro encontro, ela deixou, apesar de não se sentir à vontade. Nesse último exemplo, ela achou que estava "dando uma chance", mas, de fato, compactuando com algo de que ela não gostava, estava fazendo exatamente o oposto, criando uma obrigação e um desejo de se afastar e, por fim, sua própria indisponibilidade. Se ela tivesse tirado a mão ou dito não, talvez tivesse descoberto se aquele homem era de fato carente ou só um pouco ousado.

Esses são exemplos pequenos, cotidianos, que, quando acumulados, colocam suas experiências de relacionamento ou namoro na trajetória do Amor de Mão Única. Analisar e interromper tais comportamentos é uma das marcas registradas da psicoterapia, mas isso também pode ser feito fora da terapia, e deve ser feito se você quer mudar o seu padrão. Para fazer isso sozinho, você precisa refletir sobre seus relacionamentos com o seguinte mantra em mente: *o que eu sinto/penso/digo é apenas metade da história; a outra metade deve ser encontrada na conseqüência interpessoal do que eu faço.* Portanto, se você acha que quer um relacionamento mas está atrás de alguém que parece não corresponder, pense outra vez: já que o resultado da sua ação é afastá-lo ainda mais, isso sugere que você não quer realmente um relacionamento; talvez você queira sentir vontade de ter um relacionamento, mas não quer. E, inversamente, se você acha que "está dando uma chance a alguém" ao beijar essa pessoa mesmo sem sentir vontade, pense sobre como você irá se sentir depois do beijo.

SEGUNDO PASSO: SIMPLESMENTE DIGA SIM

Como vimos anteriormente e veremos novamente nos capítulos seguintes, no Segundo Passo você precisa descobrir o que realmente quer de um relacionamento e de um parceiro — a que resultado quer chegar. Além disso, você tem de aceitar o óbvio — apesar de você ter dado tanto duro para negá-lo anteriormente —, ou seja, você terá apenas um relacionamento com um desses tipos disponíveis que, até agora, rejeitou ou nem notou. Na verdade, desse grupo de candidatos ou tipos temos de subtrair aqueles que, em uma imagem como a de um espelho, só estavam interessados em você porque você estava indisponível para eles, portanto, o número de "indesejáveis" entre os quais você terá de escolher é, na verdade, menor do que imagina. Para tornar esse quadro lúgubre realmente deprimente, quanto mais velho você fica — entrando na casa dos trinta e dos quarenta — mais se reduz o número de candidatos que pode considerar aceitáveis. Talvez seja duro falar do amor como uma função da economia de mercado, mas, na realidade, infelizmente é assim, isto é, os melhores candidatos são escolhidos primeiro. Isso significa que, a partir de certo ponto — digamos por volta dos 32 a 35 anos — quanto mais você esperar, mais imperfeitos os parceiros em potencial serão e, portanto, você se sentirá mais ambivalente em cada situação de namoro. A difícil condição de mercado é pior para as mulheres, pois, em nossa cultura, é mais aceitável e plausível que um homem se case com uma mulher mais jovem, o que limita ainda mais o número de homens adequados. Se essa análise faz você ficar ansioso, use essa ansiedade para entrar em ação. Se ela o faz ficar com raiva, talvez ainda esteja negando os fatos, mas a boa notícia é que essas tristes condições de mercado podem servir para nos lembrar do fato central sobre o amor, ou seja, *de qualquer forma, está tudo na nossa cabeça*. Apesar de nossa capacidade para amar estar localizada no fundo da parte mais primitiva de nosso cérebro e, portanto, ser ilógica, ela ainda pode ser sutilmente influenciada por suas interações com a parte mais avançada e cognitiva do cérebro. Assim como as outras emoções, o amor não pode ser comandado; porém, ele pode ser convidado para uma visita. Ao dizer sim ao amor, nos comprometemos cognitivamente a criar as condições para que um novo tipo de relacionamento surja. Não se trata de agarrar a primeira pessoa disponível que passa na nossa frente, mas sim de saber que iremos nos sentir ambivalentes de qualquer jeito e, portanto, parar de buscar razões para fugir e começar a buscar razões para ficar.

Dizer sim ao amor não é tão simples, admito, mas há um grau surpreendentemente simples de tomada de decisão envolvido. Considere os exemplos a seguir. Um de meus pacientes sempre se sentia pressionado a passar mais tempo do que desejava com a namorada. A certa altura, ele concordou em sair de férias e fazer um cruzeiro de uma semana com ela. Chegado o momento, ele estava apreensivo por terem de passar tanto tempo juntos e preocupado com a possibilidade de se sentir sufocado. "Não vou ficar surpreso se terminar com ela quando voltarmos", ele disse antes de sair de férias. Mas, na primeira sessão após sua volta, seu discurso era completamente diferente: "Nós nos divertimos muito juntos. Quando percebi que não tinha saída, relaxei e, depois de uns dias, senti que poderia ficar com ela para sempre."

Bem, se fosse tão simples assim, recomendaria um cruzeiro a todos os meus pacientes ambivalentes e... fecharia as portas. Na verdade, esse paciente não acabou assumindo um compromisso com a namorada. Todavia, por mais temporária que tenha sido, a mudança em sua atitude — especialmente a natureza contra-intuitiva da mudança — foi reveladora.

Outro paciente revelou à sua mulher grávida que tinha dúvidas sobre o casamento. Apontando para a barriga, a mulher disse: "Bem, azar o seu, pois agora você não tem saída." Como o paciente anterior, esse paciente também reagiu contra-intuitivamente — com uma sensação de alívio. Como ela confirmou o que ele de certa forma já sabia — que ele não a abandonaria agora que ela estava grávida — ele pôde aceitar sua ambivalência, pelo menos por enquanto. Afinal, qual é o sentido de se agarrar à ambivalência se ela não é "acionável"? Uma dinâmica semelhante acontece algumas vezes com casais que engravidam "acidentalmente", no início do relacionamento. Se eles têm dificuldade em assumir compromissos, irão usar a gravidez como desculpa para se casarem antes mesmo de estarem "plenamente preparados". Obviamente, em alguns casos, isso pode significar problemas no futuro, mas não se o casal aceitar o princípio psicológico subjacente a todos esses exemplos.

Embora muitos de nós pensem que só possamos assumir um compromisso quando encontramos "a pessoa certa", isto é, uma pessoa a respeito da qual não somos ambivalentes, a verdade é que só podemos resolver nossa ambivalência *depois* de assumirmos um compromisso. Funciona assim porque, enquanto acharmos que existe uma saída, não teremos incentivo para resolver nossa ambivalência. Se meu namorado é baixo demais, vou procurar um homem mais alto da próxima vez; se ele é passivo demais, vou procurar alguém mais decidido; se ele é meio chato, vou encontrar alguém mais instigante; se ele é agressivo demais, vou substituí-lo por alguém mais doce; se ele não é inteligente o bastante... bem, você já entendeu.

Se, por outro lado, acredito que estou preso a essa pessoa imperfeita, vou assumir a tarefa de aceitar suas limitações. Esse princípio pode ser aplicado de maneira mais geral a muitas decisões importantes, portanto, embora muitas pessoas lutem com a indecisão a respeito de importantes decisões sobre o rumo de suas carreiras ou sobre uma oferta de trabalho porque acham que existe uma decisão certa e uma errada a serem tomadas, acredito que isso muitas vezes é falso. Uma tomada de decisão difícil pode indicar que *não existe* decisão certa ou errada. Cabe a nós, portanto, não tomar a decisão certa, mas fazer com que a decisão se torne certa — *depois* de a termos tomado.

Esse princípio, em um certo sentido, é a racionalização da noção de casamentos arranjados. Embora eu não esteja recomendando isso como solução, parece que as sociedades em que casamentos arranjados são a norma funcionam tão bem quanto a nossa, se não melhor, no que diz respeito ao amor. Isso é mostrado de uma maneira muito bonita no filme *Um Casamento à Indiana*, no qual uma garota indiana está dividida entre seu caso passional com um homem indisponível (casado) e os planos da família para o seu casamento. Por achar que está apaixonada pelo homem casado, ela continua sentindo que não pode ir adiante com os planos de casamento, mas, ao desistir finalmente do caso, ela permite a si mesma "se deixar levar" por sua família e por sua cultura opressoras. Ela conhece o noivo prometido e acaba se apaixonando por ele também.

É importante notar que, em um casamento arranjado, os pais ou o casamenteiro escolhem cuidadosamente o candidato que eles acham apropriado. Mais uma vez, sem defender essa noção, há algo a se aprender com ela. Antes de dizer sim ao amor, você quer saber que os ingredientes básicos de compatibilidade existem. Para mim, isso significa que, seja lá quais forem as diferenças de personalidades existentes, elas devem ser consideradas por uma semelhança de filosofias, valores e sensibilidades. Nesse sentido, não é tão diferente de um amigo íntimo. Tal tipo de semelhança não garante o amor, não cria as condições para que o amor ocorra, mas cria as condições para que o amor seja bem-sucedido se ocorrer. Pelo menos nos protege de nos apaixonarmos ou de assumirmos um compromisso com a pessoa errada, portanto, de certa forma, temos de refinar o processo de tomada de decisão discutido: não existe uma Pessoa Certa e uma Pessoa Errada, simplesmente existe mais de uma Pessoa Certa e nenhuma Pessoa Perfeita; e, sim, existem de fato muitas Pessoas Erradas.

Em outro enfoque desse princípio — na verdade um reverso completo, mas que, de qualquer forma, fornece mais provas de que está "tudo na nossa cabeça" — também podemos dizer sim ao amor "fingindo" que *não* estamos assumindo um compromisso. Em vez de cair numa armadilha e, depois, achar que você tem de resolver sua ambivalência, você pode assumir um compromisso com seu parceiro nas ações, mas continuar a achar que sempre existe uma saída; assim, você não tem de largar tudo *hoje*. Isso pode soar leviano, mas acreditem em mim — existe um conceito filosófico e psicológico em ação aqui, e alguns de meus pacientes o usaram com bastante sucesso.

Um paciente me procurou depois de ter ficado arrasado pela ruptura de um relacionamento com uma mulher que nunca estava totalmente disponível. Ele a conheceu em um avião, ficou no seu encalço a distância e, finalmente, cruzou metade do país para ficar com ela. Mas ela continuou não querendo assumir um compromisso mesmo vivendo com ele, até que finalmente terminou a relação e partiu o seu coração. Algum tempo mais tarde, o paciente iniciou um relacionamento no qual ele era a parte indisponível, e que terminou depois de dois anos. Esse último relacionamento era mais típico para ele: envolver-se com uma mulher, mas, com o passar do tempo, se sentir sufocado e querer ir embora.

Após explorar esse padrão de Amor de Mão Única e ver que a sua Cisão de Cupido era uma repetição histórica de seu relacionamento com sua mãe — ele era muito apegado a ela nos primeiros anos de vida, porém, mais tarde, praticamente a descartou — o paciente decidiu que estava farto desse padrão, portanto ele finalmente pôde se apaixonar por uma mulher disponível e também reconhecer que, mais cedo ou mais tarde, iria começar a se sentir sufocado e iria querer se afastar. Assim, ele disse à namorada e a si mesmo: "Quero que continuemos a nos ver e a fazer todas as coisas que fazemos, mas não vamos chamar isso de relacionamento." Eles continuaram, então, a se ver e, no final, acabaram indo morar juntos sem nunca falar de seu "relacionamento". Eles nunca conversaram sobre o fato de deverem morar juntos ou não ou o que isso significaria em termos de compromisso entre eles. Eles simplesmente fizeram. Depois, pararam de usar contraceptivos e ela ficou grávida. De novo, não conversaram realmente sobre o assunto, apesar de saberem exatamente o que significava. Depois, eles se casaram numa cerimônia íntima, sem muito alarde, mais uma vez, na verdade não por causa deles mesmos, mas por causa de suas famílias.

Isso pode parecer bobagem e pode levantar objeções quanto ao fato de ser bom um casal nunca conversar sobre essas questões, mas, para esse paciente, foi um modo eficaz e bem-sucedido de lidar com a própria ambivalência. Como o paciente demonstrava suas decisões por atos, a namorada não tinha motivo para questionar seu compromisso. E, ao não rotular o seu grau cada vez maior de compromisso, o paciente pôde preservar a noção de que estava apenas assumindo um compromisso diário e que poderia sempre sair daquela situação no dia seguinte. Obviamente, essa é a verdade a respeito de nossos compromissos, como pode ser dolorosamente constatado pela prevalência do divórcio. Pode ser tolo, profundo ou ambos, mas "fingir" que nosso compromisso é temporário pode funcionar.

O caso citado deve ser diferenciado da situação muito comum na qual desfrutar e não falar sobre o relacionamento é um sinal de que um dos parceiros, em geral o homem, está disponível agora, mas não está disposto a assumir um compromisso, e o outro parceiro, em geral a mulher, compactua com o silêncio por não querer ouvir a verdade. Talvez, assim como meu paciente, o homem também esteja tentando administrar a própria ambivalência nesse tipo de relacionamento, mas, ao contrário de meu paciente, ele não o faz conscientemente. O seu jogo é tentar ganhar dos dois lados sem fazer uma escolha.

Já que esses dois tipos de homens não falam, a questão para suas parceiras em potencial é saber como diferenciá-los. O princípio geral é observar o que o seu homem *faz*, não o que ele diz ou não diz. Acredito que isso seja especialmente útil ao lidarmos com os homens, cuja maioria ainda concorda com a filosofia inconsciente de que falar é fácil e que ações contam mais do que palavras.

Um exemplo mais universal de "fingimento" era evidente em uma paciente que, após reconhecer o seu padrão de Amor de Mão Única, ficou noiva e se casou após alguns meses de um novo relacionamento. A paciente teve um bom casamento durante vários anos, mas, depois, ela e o marido começaram a brigar. As brigas, que diziam respeito ao que cada um deles não obtinha do relacionamento, tornaram-se mais violentas e aumentaram de freqüência por uns dois anos. Finalmente, ambos acharam que não agüentavam mais e decidiram se separar, mas, assim que tomaram a decisão, abandonaram a raiva e começaram a se divertir juntos, relaxando e rindo de maneira agradavelmente reminiscente das fases iniciais do relacionamento. A essa altura, todas as brigas sobre as necessidades mútuas pareceram perder a relevância — era como se nunca tivessem acontecido. Então, a paciente e o marido simplesmente ficaram juntos.

Isso é um pouco exagerado, pois, embora eles não discutissem sobre as brigas na época, cada um a seu modo trabalhou para acomodar as necessidades do outro, mas a questão é, quando eles "fingiram" que estavam se separando — lembrando a si mesmos, digamos, que estavam livres para ir embora — puderam ficar juntos. Essa, de fato, é uma das funções produtivas das brigas "bobas" que são tão comuns mesmo no melhor dos relacionamentos — restabelecer uma noção de afastamento e independência para que possamos continuar juntos.

Portanto, ao dizer sim para o amor, podemos assumir um compromisso, fingindo que estamos presos ou fingindo que estamos livres. Estranhamente, em cada uma dessas estratégias, o que estamos "fingindo" é verdade: estamos compromissados *e* estamos livres, mas, quando nossa ambivalência nos tortura, parecemos esquecer — e é aí que realmente fingimos — uma coisa ou outra. Portanto, se você está atormentado pela perspectiva de uma Pessoa Certa melhor, você precisa se lembrar de que está comprometido e se esquecer de que está livre; mas, se está atormentado pelo medo de ficar aprisionado, você precisa se lembrar de que é livre e se esquecer de que está comprometido.

Como em muitos aspectos do padrão de Amor Virtual, sua Cisão de Cupido indica que você tem um conflito a respeito da intimidade. É importante ter consciência disso mesmo depois de ter assumido um compromisso em um relacionamento. Você deve reivindicar o seu direito à solidão, ao espaço e ao afastamento *logo de início* para que não acabe exagerando mais tarde. E você também deveria dar esse espaço a seu parceiro. Em minha experiência, muitos homens casados que desenvolvem vidas secretas longe de casa o fazem, em parte, porque se sentem controlados por sua esposa ou não suficientemente afastados dela. Porém um afastamento grande demais também pode acarretar o mesmo resultado.

Em muitos relacionamentos, um parceiro é cronicamente carente e acha que o outro está mais interessado em trabalhar, jogar golfe, ficar com os amigos ou sozinho, enquanto o outro parceiro luta com seu desejo de ficar longe e se sente culpado e obrigado. Essa dinâmica se autoperpetuará enquanto você esperar que o seu parceiro mude. Dizer a seu parceiro "Você deveria passar menos tempo com os amigos e mais comigo" só vai fazer com que ele se sinta mais obrigado e culpado e, portanto, com ainda mais vontade de ficar longe de você. Da mesma maneira, dizer à sua parceira "Você precisa ser mais independente e fazer mais as suas próprias coisas" só reforça o sentimento de que você não quer ficar com ela e, portanto, a necessidade que ela sente de mais proximidade. Se, por outro lado, você tem consciência de seu próprio conflito relativo à intimidade — sua própria necessidade de proximidade assim como de afastamento — pode simplesmente mudar a si próprio, o que também irá mudar o relacionamento.

Se você é o parceiro "carente", arrume o que fazer e tenha vida própria — isso irá ajudar a entrar em contato com a necessidade que seu parceiro tem de você. E se você é o parceiro "independente", pare de viver por obrigação e comece a passar tempo com sua parceira quando você realmente *quiser* e a fazer com ela coisas que você *quer* fazer, e tudo isso fará com que ela se sinta mais amada e menos carente. Mas esse tipo de integração e seu impacto sobre o relacionamento nos faz entrar no território do Terceiro Passo.

TERCEIRO PASSO: A TABELA DE CONVERSÃO DOS REVERSOS

Como vimos no capítulo precedente, o Terceiro Passo envolve (1) identificar o reverso positivo do atributo que você não gosta em seu parceiro, (2) aceitá-lo como ele é, e (3) adotar para si mesmo seu reverso positivo, cujo subproduto é a diminuição, ao longo do tempo, do atributo negativo dele. O mesmo Terceiro Passo se aplica aqui e, para ajudar a usá-lo em seus relacionamentos, criei a Tabela de Conversão de Reversos. Da esquerda para a direita, a tabela lista atributos negativos comuns; o reverso de cada um deles; e a vantagem que ele reserva para você. Ler a tabela por inteiro pode ajudá-lo a ter uma perspectiva melhor do que incomoda você a respeito de seu parceiro, potencial ou verdadeiro. Depois, encontre o(s) atributo(s) negativo(s) que pode(m) incomodar você em relação a seu parceiro e identifique o(s) seu(s) reverso(s) positivo(s) e o que você pode lucrar com ele(s). Lembre-se disso cada vez que estiver chateado por um dos traços da personalidade do seu parceiro.

O trabalho restante do Terceiro Passo (A tabela de conversão dos reversos) está representado na tabela a seguir, na qual você pode relacionar o número do atributo negativo de seu parceiro designado na tabela com um exemplo da vida real e com uma diretriz recomendada. Embora você deva se concentrar nos atributos relevantes para seus relacionamentos, ler todos os exemplos e sugestões irá ajudá-lo a entender como, ao aprender com o reverso positivo de seu parceiro, você poderá resolver sua ambivalência e mudar a dinâmica de seu relacionamento.

A TABELA DE CONVERSÃO DOS REVERSOS

ATRIBUTO NEGATIVO	REVERSO POSITIVO	O QUE VOCÊ GANHA COM ISSO
1. Não expressa emoções.	Lógico e calmo.	Ele não é nervoso. Ele pensa com clareza sobre os problemas. Você pode expressar as *suas* emoções.
2. Mau planejador, irresponsável com horários e detalhes, perde e esquece coisas.	Espontâneo. Flexível. Gosta de se divertir.	Você controla os horários. A vida não é monótona. Ele surpreende você com presentes ou idéias.
3. Maníaco por organização, rígido, obsessivo.	Organizado e disciplinado. Atento aos detalhes. Atencioso.	Ele tira o pó. Você não precisa se preocupar com detalhes maçantes.

ATRIBUTO NEGATIVO	REVERSO POSITIVO	O QUE VOCÊ GANHA COM ISSO
4. Veste-se mal.	Não é vaidoso.	Você pode relaxar a respeito da *sua* aparência. Você pode ser você mesmo.
5. Um pouco chato.	Confiável.	Ele sempre estará a seu lado. Ele sempre achará *você* interessante.
6. Introvertido, calado, não sociável.	Um bom ouvinte. Atencioso. Paciente.	Você é ouvido. Você acaba sendo a alma da festa. Você acaba escolhendo amigos e eventos.
7. Crítico, exigente, zangado, genioso.	Autocrítico, empenhado, expressa as emoções, não é apático/deprimido.	Você pode criticá-*lo*, expressar *suas* frustrações, ficar com raiva de forma direta e aberta.
8. Inquieto, precisa de estímulo constante, quer discutir política, negócios ou filosofia o tempo todo.	Culto, interessante, recreativo.	Ele faz com que você faça coisas. Você se instrui.
9. Assiste telejornais e futebol o tempo todo.	Não fica em cima de você.	Você pode falar ao telefone, ler, visitar sua mãe.
10. Não ganha dinheiro suficiente.	Passa mais tempo em casa.	Vocês têm mais intimidade, são mais iguais.
11. Trabalha compulsivamente.	Faz coisas. Bom mantenedor.	Você tem tempo, independência, mais dinheiro.
12. Fisicamente fora de forma.	Uma pessoa cerebral.	Você não precisa estar em perfeita forma, se sente atraente e forte, pode falar sobre idéias.
13. Intelectualmente limitado.	Realista, prático. Talvez tenha o corpo em forma ou atlético.	Você não precisa ler Nietzsche, *The Harvard Business Review, The New Yorker* ou *The History of the Federal Reserve Bank.*

ACEITAR E APRENDER COM O REVERSO POSITIVO DE SEU PARCEIRO

1. *Não expressa emoções.* Essa é a reclamação mais comum que as mulheres fazem a respeito de seus parceiros. É claro, os homens rebatem dizendo que suas parceiras são emotivas demais. Ambos podem estar certos e errados ao mesmo tempo. Certos porque, incrivelmente, esses estereótipos homem/mulher continuam a se basear na realidade, e errados porque, como vimos, reclamar de seu parceiro e tentar mudá-lo só reforça a polarização, portanto, se seu parceiro não expressa os próprios sentimentos, em vez de ficar resmungando para que ele se comunique mais, aprenda com sua calma e seu raciocínio lógico. Por exemplo, quando você discute com ele uma questão sobre o relacionamento, coloque as emoções de lado e tente construir um argumento lógico, mostrando intelectualmente, não emocionalmente, por que ele deveria levar em consideração sua posição. Tente ser como ele quando ele fala sobre "consertar" um problema, usando palavras como estratégias, táticas e ferramentas.

Ao tomar a frente com emoções, você desencadeia nele o medo de sua própria vulnerabilidade emocional, portanto, é provável que ele a rotule de "histérica" ou "neurótica" e se retraia ainda mais em sua posição de insensibilidade. Mas, quando você é mais cognitiva ou intelectual, ele se sente menos ameaçado e, portanto, tem maior capacidade de se emocionar. Por sua parte, ele deve ficar menos preocupado com a sua "emotividade excessiva" e mais preocupado em expressar os seus sentimentos, para que você tenha mais espaço para articular os pensamentos relevantes à situação. Dessa maneira, você integra mais raciocínio aos seus sentimentos e ele, mais sentimentos ao raciocínio. O resultado é que você não sente mais que ele é tão incomunicativo emotivamente — e, pronto, sua ambivalência não é mais um problema.

2. *Mau planejador, irresponsável com horários e detalhes, perde e esquece coisas.* Outra reclamação comum nos relacionamentos feita por pacientes (em sua maioria do sexo feminino) que não reconhecem como elas mesmas compactuam ou criam diretamente esse comportamento em seus parceiros. A melhor metáfora para esse caso (mas um exemplo concreto) é o passageiro que acha que sabe dirigir melhor do que o motorista. Se seu parceiro corre demais ao dirigir ou erra as saídas na estrada e você sempre o corrige, guia e perturba, você está apenas reforçando sua dependência e irresponsabilidade. Em vez disso, o que você tem de fazer é deixar que ele lide com as conseqüências dos próprios erros. É verdade, durante algum tempo, vocês irão receber multas por excesso de velocidade, acabar nas estradas erradas ou em ruas sem saídas, e, estendendo a metáfora, sem leite na casa, sem dinheiro vivo, com o lixo que se acumula ou sempre atrasados para os compromissos. Mas, no final, ele irá aprender com as conseqüências da própria irresponsabilidade. Enquanto isso, em vez de tentar controlar tudo, você deve aprender com a habilidade dele de colocar as pernas para o alto e relaxar. Por exemplo, deixe algumas coisas que não sejam essenciais para o último minuto e dê algumas sugestões despreocupadas, espontâneas de atividades. Com o tempo, você irá desenvolver um equilíbrio interno melhor e, conseqüentemente, ele será forçado a correr atrás de alguns de seus descuidos ou, pelo menos, será mais responsável em relação a seus próprios horários e planos. Isso não é fácil, eu sei, mas, se você o fizer, irá acabar se sentindo menos irritada e, portanto, menos ambivalente.

3. *Maníaco por organização, rígido, obsessivo.* Trata-se quase que o oposto do ponto número 2 anterior, portanto, para tentar superá-lo em seu próprio jogo, você deve tentar ser o mais obsessiva, organizada e detalhista possível. Se você geralmente é um tipo espontâneo, sem planos, pode realmente aprender alguma coisa com a atenção meticulosa em relação a detalhes de seu parceiro. Você se tornará mais organizada e, portanto, mais eficiente, o que irá impedir que ele ocupe todo o território do controle obsessivo-compulsivo. Quanto mais controle você exercer sobre os detalhes de suas vidas, mais espontâneo e relaxado ele será. É claro, isso irá significar mais trabalho para você e, às vezes, poderá dar margem a brigas; mas sua recompensa será se sentir mais feliz com seu parceiro.

4. *Veste-se mal.* Surpreendentemente, esse pode ser um grande motivo de infelicidade nos relacionamentos. Quando esse é o caso, em geral significa que um dos parceiros está inconscientemente inclinado a parecer pouco atraente enquanto o outro se dedica demais às aparências superficiais. Para alcançar um equilíbrio melhor, o primeiro precisa prestar mais atenção à sua aparência enquanto o segundo deve relaxar em relação à sua noção de estilo e concentrar a própria energia em metas internas, intelectuais ou espirituais. Quando este é um pequeno problema no relacionamento, os parceiros podem se ajudar a se vestir melhor ou a pensar com mais profundidade, sem ter, primeiro, de enfrentar o problema de falta de equilíbrio interno de cada um.

5. *Um pouco chato.* Muitos de meus pacientes solteiros detestam essa fonte de ambivalência. Sem perceber que todo mundo se torna um pouco chato depois de um tempo, eles ficam aterrorizados quando estão namorando alguém que não seja "intelectualmente estimulante". Mas, em muitos relacionamentos de longa duração, isso pode se tornar um verdadeiro problema, especialmente se um dos parceiros é um tipo calado, não intelectual, e o outro é um tipo excessivamente cerebral, cuja mente não pára de gerar idéias e pensamentos. Em congruência com o princípio geral que estou descrevendo, se você é do tipo chato, precisa desenvolver a sua mente — não para agradar o seu parceiro, mas para que você mesmo cresça. Portanto, leia mais, filie-se a um clube de leitura ou faça um curso de história da arte — só por diversão. Por outro lado, se você está com alguém que é um pouco chato, deveria aprender com a estabilidade, confiabilidade e contentamento do seu parceiro. De vez em quando, deixe a sua mente (e a sua boca) parada e pare de fantasiar sobre outros mundos. Concentre-se nas preocupações mais imediatas, concretas e fundamentais da sua vida. E, mais uma vez, como subproduto desse equilíbrio interno maior, seu parceiro se sentirá menos intimidado por seu intelecto e mais interessado em desenvolver a própria cultura.

6. *Introvertido, calado, não sociável.* Algumas vezes, essas características acompanham as do ponto número 5. Se, mesmo após perceber que isso permite que você seja o centro das atenções, o fato de seu parceiro ser calado ou não tão sociável quanto você ainda incomodar, você terá de aprender o valor do silêncio — o seu próprio silêncio. Trata-se de algo simples, mas que, para uma pessoa sociável e conversadeira, é difícil. Se você falar menos, ele irá falar mais e isso irá funcionar especialmente bem quando vocês estiverem com outras pessoas. Dizer para seu parceiro falar mais acabará causando o efeito oposto e ele apenas sentirá mais ansiedade por causa do próprio desempenho, o que pode muito bem ser a razão original pela qual ele é calado. Mas, se você for menos sociável e se tornar melhor ouvinte, ou pelo menos se calar por algum tempo, irá criar um equilíbrio melhor entre vocês dois.

7. *Crítico, exigente, zangado, genioso.* O espectro do homem explosivo, zangado e da mulher chorosa, derrotada infelizmente é familiar a todo terapeuta matrimonial ou de casais. Se seu parceiro é crítico e zangado, você precisa aprender com ele como ser decidida e até agressiva. Sentir-se magoada, tornar-se chorosa ou até mesmo fechar-se no silêncio apenas reforça a raiva dele — mesmo se, no fim, isso leva a um pedido de desculpas. As coisas funcionam assim porque, inconscientemente, ele se sente poderoso com sua vulnerabilidade. Suas lágrimas ou mesmo a raiva silenciosa fazem com que ele sinta que foi ouvido, ou pelo menos, que surtiu algum impacto e, portanto, estará mais propenso a repetir o comportamento. Se, por outro lado, a agressividade dele for confrontada pela sua, ele se verá na mesma posição desagradável em que a colocou e, portanto, terá menos razões para repetir tal comportamento. Fale agressivamente, grite e seja crítico a respeito dele. Você verá que, quando você parar de ser a vítima, ele irá parar de ser o atormentador. Devo dizer que esse conselho não se aplica a relacionamentos com agressão física. Embora as dinâmicas do abuso doméstico apresentem certa semelhança com o que descrevemos, a violência envolvida no conflito físico torna o uso dessa estratégia bastante perigoso.

8. *Inquieto, precisa constantemente de estímulos, idéias etc.* Quase o oposto dos pontos números 5 e 6, em casos extremos como os de indivíduos com transtorno de déficit de atenção/hiperatividade, essa dinâmica não irá ceder ao princípio psicológico de adotar o reverso positivo de seu parceiro. Ainda será bom para você pegar um pouco da energia dele e juntar-se a ele em algumas atividades e no incitamento que ele tanto deseja. Se você fizer isso, terá mais prazer com seu parceiro e irá apreciá-lo mais. Na medida em que sua inquietação é causada por um temperamento inato, a habilidade de seu parceiro de reagir a seu melhor equilíbrio, tornando-se ele mesmo mais equilibrado, é limitada.

9. *Assiste a telejornais e futebol o tempo todo.* É muito desagradável quando somos controlados por mais um clichê! Mas a despeito de como você os chame, esses estereótipos de papéis de gênero — que irei discutir mais detalhadamente no Capítulo 8 — ainda são uma fonte de ambivalência irresolvida em muitos relacionamentos. Ao tentar superar essa ambivalência, que tal, em vez de pedir que ele seja mais feminino, assumir você mesma a tarefa de ser mais masculina? Você verá que, se começar a assistir a jogos esportivos com ele, mais cedo ou mais tarde ele irá sugerir uma visita à sua família ou um jantar com os amigos — não para retribuir simplesmente, mas porque ele precisa dessas atividades também, e, se você se torna mais integrada, ele também se tornará. Se você não consegue assistir a futebol e a telejornais com ele, aprenda a fazer algo para você mesma sozinha. No final, isso irá fazer com que ele inicie alguma atividade conjunta de interesse mútuo.

10. *Não ganha dinheiro suficiente.* Em nossa sociedade, dizer a seu parceiro — especialmente se for um homem — que ele não ganha dinheiro suficiente pode causar sérios danos a seu relacionamento. Se dinheiro é importante para você, ganhe-o sozinho ou não assuma um compromisso com alguém que não é tão financeiramente estimulado. Mas, se assumiu um compromisso com alguém que não ganha muito dinheiro e quer ser feliz com essa pessoa, você precisa adotar os valores dela: estilo de vida simples, muito tempo passado em casa com a família, desfrutar das coisas básicas da vida e rejeitar preocupações relacionadas a status. Se você realmente renunciar ao seu interesse por coisas materiais, ele se ligará mais nelas porque você não irá mais demonstrar interesse suficiente nesse sentido por ambos. Se você não pode — na verdade, não quer — adotar tais valores, procure ganhar dinheiro por conta própria. Em ambos os casos, ao não esperar mais que ele lhe proporcione certo estilo de vida, você irá parar de desvalorizá-lo por não ter bom desempenho.

11. *Trabalha compulsivamente.* Se seu parceiro trabalha compulsivamente, você provavelmente está se perguntando se o motivo é porque ele não quer passar muito tempo com você — a menos que você também trabalhe compulsivamente, e, nesse caso, você precisa questionar a si mesma também. Na minha cabeça, uma pessoa que trabalha compulsivamente é alguém que não dá valor à intimidade e a evita. Embora duas pessoas que trabalham compulsivamente possam ter vidas paralelas com pouca ambivalência a respeito desse aspecto de seu relacionamento, são mais comuns os casos em que um dos parceiros está infeliz a respeito da compulsão por trabalho do outro. Se esta é a sua situação, reclamar e resmungar só fará com que ele passe ainda mais tempo no escritório. Todavia, se você aprender com ele e aplicar a seu trabalho ou a suas atividades o mesmo tipo de determinação e dedicação, ele pode notar que você foi embora e sair à sua procura. Mas, como mencionei anteriormente, isso não pode ser uma manipulação porque, além da desonestidade envolvida, até o mais ausente dos parceiros pode detectar uma manobra desse tipo. Deve ser uma tentativa de entrar em contato com sua própria necessidade de trabalhar com afinco ou de se refugiar em um esforço compulsivo.

12. *Fisicamente fora de forma.* A atração física faz uma grande diferença e é difícil reconhecê-lo porque não queremos admitir que somos superficiais e porque não queremos nos sentir limitados por nosso corpo. A despeito de como você define estar "em boa forma", tente primeiro certificar-se de que *você* está em boa forma. Não deveria ser necessário dizer que você não pode esperar de seu parceiro o que não espera de si mesmo, mas não é o que acontece — como muitas vezes fica evidente em homens que exigem a perfeição física de sua parceira apesar das suas limitações óbvias nesse quesito. Mas, presumindo que você esteja em boa forma e o seu parceiro não, o que deve fazer é não pressioná-lo a se exercitar ou perder peso, mas aprender com ele como ter uma atitude mais relaxada em relação a seu próprio corpo. Aceite mais suas imperfeições corporais e seja menos determinado ou rígido a respeito do valor da forma e da beleza física. A motivação para se ficar em forma ou se ter boa aparência tem de vir de *dentro* do seu parceiro, e pode ser que venha se você der um exemplo de relaxamento e diversão e não de treinamento do tipo militar.

13. *Intelectualmente limitado.* Parceiros íntimos algumas vezes têm níveis de QI, assim como estilos cognitivos, diferentes — um pode ser mais conceitual, o outro, mais matemático, ou um pode ter uma inclinação intelectual maior do que a do outro. Se incomoda o fato de seu parceiro não ser tão inteligente/culto/articulado quanto você, aprenda com o reverso positivo da limitação dele a ser mais pé no chão, a apreciar as coisas simples (todas as verdades universais no fundo são simples), ou a desenvolver outras partes de sua personalidade ou de seu corpo. Pare de ser tão cerebral e entre em forma ou aprenda a ser gentil. Isso irá tornar sua apresentação intelectual mais agradável e é mais provável que seu parceiro se sinta convidado a imitar você. Se você estabelece uma conexão com seu parceiro de modo simples, ele pode parar de ver seu intelecto como arma ou divisor, e pode começar a considerá-lo um convite a explorar o mundo das idéias. O princípio aqui, como em todos os exemplos citados, é que, *se você apreciar seu parceiro pelo que ele é, é mais provável que ele seja influenciado positivamente por quem você é.*

AS LETRAS PEQUENAS

Há uma importante advertência a ser feita com respeito à técnica de Adotar e Aprender com o Reverso Positivo do Seu Parceiro. A técnica baseia-se na suposição de que um relacionamento é como uma equação algébrica, ou seja, se você muda o valor de um lado da equação, o outro lado também terá de mudar. Deixando de lado o fato de os relacionamentos não serem uma ciência exata e que, portanto, a analogia é imperfeita já de início, quando essa suposição é correta — e muitas vezes é

— o uso dessa técnica comporta um risco importante. Em termos algébricos, quando um lado da equação muda mas o outro não, a equação pára de funcionar. Em termos psicológicos, se você se torna mais integrado mas seu parceiro não reage, o seu relacionamento — que anteriormente era ambivalente mas funcional — provavelmente chegará ao fim. A título de exemplo, considere o caso de uma paciente que era uma executiva de marketing bem-sucedida, casada, mãe de duas crianças pequenas. O marido foi despedido de um emprego em Wall Street muitos anos antes e, como não conseguia achar outro trabalho, acabou ficando em casa e cuidando dos filhos. Apesar de minha paciente ter um ótimo padrão de vida, um relacionamento decente e dois filhos saudáveis, como muitas mulheres em sua posição, ela se sentia dividida. Ela amava seu emprego, mas odiava as longas jornadas e as freqüentes viagens a trabalho que a afastavam dos filhos. Embora o marido se saísse muito bem com as crianças, depois de algum tempo a paciente começou a desrespeitar sua passividade e falta de motivação para voltar a trabalhar e a ficar ressentida com o fato de ele depender financeiramente dela.

Quando a filha mais velha completou cinco anos, a paciente decidiu que precisava fazer uma mudança. Primeiro, ela conversou com o marido sobre "trocar de papéis", mas ele se recusou a considerar qualquer emprego que não fosse comparável ao que tinha antes, o que, depois de anos de desemprego, tornava sua busca por trabalho um fracasso antes mesmo de começar. Tendo chegado a um impasse e se sentindo magoada e deprimida, a mulher começou a fazer terapia. Após algum tempo de tratamento, ela percebeu que o marido não iria mudar e que ela só podia mudar a si mesma. Então, começou a tomar providências para mudar de carreira e se tornar uma consultora em meio expediente, o que lhe permitiria um salário decente e mais tempo em casa. Já que o marido continuava se recusando a se adaptar às suas novas prioridades e a procurar um emprego, a mudança significava que eles teriam de vender a casa de campo, eliminar as férias caras e ter um padrão de vida mais modesto em geral. Para minha surpresa, o marido da paciente — sem chegar a verbalizar — se sentia no direito de ter aquele padrão de vida, mesmo sem contribuir para tanto. Conseqüentemente, ele combateu com veemência a decisão da paciente e suas brigas amargas acabaram resultando em separação e divórcio.

Portanto, ao tentar alcançar mais equilíbrio (em certo sentido, se tornar mais como o seu "marido-mãe das crianças") — a paciente desencadeou um processo de mudança que, no final, rompeu o casamento. É fácil defender a perspectiva, tanto do ponto de vista das crianças quanto da paciente, de que esse foi um desfecho negativo e que a paciente estaria melhor se não tivesse decidido mudar o seu lado da equação. Embora esse argumento possa ser verdade em relação à perspectiva das crianças, o contrário é que o desfecho sugere que havia um problema sério no relacionamento já de início e que a paciente ficaria melhor sem o marido ou com outro parceiro. Mas, a despeito de como você julgue o desfecho, esse caso demonstra o risco para um relacionamento quando uma das partes resolve mudar a si mesma.

Portanto, antes de implementar o Terceiro Passo (A tabela de conversão dos reversos), você talvez queira avaliar o risco. Embora você tenha, em último caso, que confiar no seu instinto para saber se acha que seu parceiro vai se ajustar ou não, há vários indicadores que podem ajudar. Primeiro, quanto mais rígidos, arraigados ou polarizados forem os papéis dentro do relacionamento, maior será o risco. No caso, a paciente estava muito envolvida com o trabalho enquanto o marido era completamente passivo em relação à própria carreira. Segundo, quanto maiores as diferenças de valores entre os parceiros — o marido valorizava um padrão de vida alto muito mais do que a esposa — maior será também o risco. Terceiro, se a mudança individual requer mudanças financeiras ou geográficas significativas, o risco aumenta. Quarto, se há um caso de abuso de substâncias envolvido — o marido bebe toda noite — o risco é potencialmente maior. Apesar desses fatores, na minha experiência, o risco diminui bastante se os parceiros têm um processo de comunicação intrínseco, contínuo e aberto, assim como uma forte convicção em relação ao valor do compromisso.

Apesar disso, sempre há risco e, por causa desse risco, muitos casais permanecem entrincheirados no Segundo Passo (Diga sim ao amor). Conscientes de sua ambivalência e se sentindo moderadamente infelizes, eles não querem virar a mesa. Ao se manterem acomodados, eles não desafiam a si próprios ou aos seus parceiros e nunca conseguem resolver sua ambivalência. Esse é o tipo de casal cujas discussões em público têm um sabor especialmente amargo e tenso, junto com a falta absoluta de humor autodesaprovador.

CAPÍTULO

5

Amor triangular

...ela sabia das suas traições!
Então, quando ela não o encontrava no paraíso
Ela dizia: "Ou estou enganada ou estou sendo enganada."

OVÍDIO

NA HISTÓRIA DE JÚPITER E IO, JÚPITER só ficava com sua amante, Io, quando sua esposa, Juno, estava dormindo. Mas, como uma proteção extra, ele também espalhava uma nuvem sobre o local de encontro na Terra para que não pudessem ser vistos desde o Monte Olimpo. Um dia, Juno acordou do cochilo vespertino e estava admirando o belo céu azul. De repente, ela percebeu lá em baixo uma nuvem pesada, que, claramente, não combinava com aquele tipo de tempo. Suspeitando que o marido estivesse aprontando, ela correu para inspecionar o local, mas, sentindo o que estava para acontecer, Júpiter conseguiu esconder sua atividade no último minuto transformando a bela Io em uma novilha. Juno, sabendo das artimanhas do marido, começou a interrogá-lo sobre o motivo da presença daquela linda novilha branca ali. Quando ele respondeu "ela simplesmente apareceu", Juno desarmou o seu blefe pedindo para ficar com ela de presente. Dividido entre o desejo de provar sua fidelidade e seu amor por Io disfarçada, Júpiter dolorosamente aceitou abrir mão da novilha, mas, desnecessário dizer, isso não mitigou as suspeitas de Juno. Então, ela pediu a Argo, o gigante de cem olhos, para tomar conta da novilha. Enquanto isso, Io estava sofrendo com seu disfarce secreto e isolado, e Júpiter também mal podia suportar a dor de ver o sofrimento dela. No final, Io foi mandada para uma terra estrangeira, e só quando Juno finalmente a perdoou, ela pôde voltar à sua forma original. Depois, ela deu à luz o filho de Júpiter, que, mais tarde, deu continuidade à tentativa fracassada da mãe de obter legitimidade.

É evidente que esta história tem uma trama universal e atemporal. De fato, ela é recorrente no consultório de qualquer terapeuta, mas a grandiosidade da história não está na trama, mas na sutil dinâmica psicológica que ela revela. Por exemplo, muitas vezes é a maneira como tentamos esconder um caso — a única nuvem no céu claro — que dá a pista de sua existência a nosso parceiro. Muitas vezes isso acontece porque, inconscientemente, sentimos culpa e vontade de sermos pegos, que é outra maneira de dizer que o motivo para se ter um caso, pelo menos inconscientemente, é triangular. Como logo veremos, o cônjuge traído geralmente compactua com isso porque suas suspeitas não têm por objetivo somente esclarecer os fatos, mas sim — inconscientemente, mais uma vez — trazer a outra pessoa, a novilha, para o casamento.

A razão pela qual os casais triangulam — e você já deve ter adivinhado — é porque eles não querem lidar com a própria ambivalência. O marido, digamos, descobre na amante o que ele não consegue encontrar na esposa, e, na esposa, o que ele sabe que não vai encontrar na amante. E a esposa pode dizer a si mesma que, se não fosse pelo caso extraconjugal, tudo estaria ótimo, ou seja, ela não teria de lidar com o quadro completo de quem é o marido — alguém que ela acha ser plenamente capaz de mentir, trapacear e trair. Além disso, por causa da rivalidade com a outra mulher ou a ameaça de perder o marido, o desejo da esposa pelo marido aumenta, assim como ela passa a valorizá-lo mais, o que serve para suprimir ainda mais sua ambivalência.

Levar uma novilha para um relacionamento — triangular — nem sempre envolve um relacionamento sexual com a terceira pessoa. De fato, o terceiro elemento do Amor Triangular pode ser um amigo íntimo, uma sogra ou qualquer atividade "extracurricular" que parece se interpor entre o casal. Qualquer terceiro elemento pode fornecer ao casal um alvo externo de culpa, desviando a atenção da ambivalência interna de cada um deles a respeito do outro.

PRIMEIRO PASSO: MEU TRIÂNGULO FAVORITO

Por causa de nossa história de desenvolvimento, emocionalmente falando, nunca nos afastamos de triângulos. Como vimos no Capítulo 1, tudo começa antes mesmo de termos um verdadeiro triângulo — uma mãe, um pai e eu — em nossas vidas (se, de fato, o temos). Em sua mente, o bebê cria um triângulo mesmo quando só tem um relacionamento diádico com um genitor, geralmente a mãe. Quando o bebê obtém o que precisa dela, ela é "a mãe boa"; quando não, ela é "a mãe má". Como o bebê é cognitivamente incapaz de perceber a complexidade e tem medo de que a mãe má suplante a mãe boa, ele divide a mãe em sua mente em duas, literalmente vivenciando-a como duas pessoas. Isso, de acordo com a teoria psicanalítica atual, se torna parte de nossa conformação psicológica e, a despeito de quanto crescemos e nos desenvolvemos, sempre irá nos predispor à triangulação. Se não conseguimos o que queremos de nosso parceiro, ele se torna "o amante mau", e outra pessoa, real ou potencial, temporariamente assume o papel de "o amante bom".

Além disso, embora haja muitas variações e novos tipos de famílias, a maior parte de nós penetra no mundo do amor com pelo menos a idéia de uma mãe e um pai. Nesse triângulo, a criança se vê competindo com um genitor pela atenção do outro. Na psicologia freudiana, isso tem um componente romântico e resulta no fato de a criança vivenciar sentimentos de raiva, culpa e medo em relação a seu rival, geralmente o pai no caso de um menino e a mãe no caso de uma menina. Além disso, esse triângulo oferece mais uma "oportunidade" de dividir as pessoas em boas e más ou, em uma forma mais benigna dessa cisão, a aprender a conseguir algumas coisas da mãe e outras do pai. Uma menina pode receber empatia da mãe e conselhos sobre futebol do pai — ou vice-versa; ou ela pode aprender o prazer dos jogos de mesa com um genitor e o amor pelos livros com o outro.

Entender as origens do desenvolvimento da triangulação nos ajuda a analisar o apelo universal do Amor Triangular e também conduz a uma das duas características básicas de todos os triângulos humanos: divisão e rivalidade. No primeiro caso, dividimos nosso próprio amor em dois e, no segundo, competimos com um terceiro elemento pelo amor de nosso parceiro. Ao passo que, dentro de certos parâmetros, esses dois aspectos podem ter um impacto positivo em um relacionamento, quando o assunto é o padrão de Amor Triangular eles são freqüentemente bastante destrutivos, cada um à sua maneira. Apesar de eles certamente poderem se sobrepor e em geral coexistirem em qualquer triângulo, a maioria de nós está propensa a demonstrar principalmente um ou outro. Isso não quer dizer que a divisão e a rivalidade são mutuamente exclusivas em uma pessoa e, como veremos, um aspecto também pode desencadear o outro. Contudo, a maioria das pessoas é, naturalmente, atraída mais por um do que por outro. Portanto, se você quer parar de repetir ou evitar formar esse doloroso padrão, sua tarefa principal no Primeiro Passo (Meu triângulo favorito) é identificar o tipo de triangulação a que, provavelmente, está mais suscetível.

Para o observador externo ou em retrospecto, nosso papel como "divisor" ou "rival" em um triângulo não é totalmente evidente. Mas, enquanto estamos envolvidos nessa dinâmica, muitas vezes estamos num momento de negação. Dizemos a nós mesmos: "Isso não tem nada a ver comigo — não acredito que estou fazendo isso", ou "Não acredito que isso esteja acontecendo comigo". E, muitas vezes, negligenciamos o fato de que é o próprio triângulo, não nossos sentimentos por nosso objeto de amor, que alimenta boa parte da nossa paixão.

"Nunca pensei que seria uma dessas pessoas", foi a primeira frase que meu paciente "Jeff", um dentista de Manhattan com 38 anos, pronunciou ao se sentar em meu consultório. "Você sabe", ele continuou, "tive um casamento feliz durante quinze anos, ou pelo menos é o que eu pensava. Tenho dois filhos maravilhosos e minha esposa tem sido a minha melhor amiga desde que nos apaixonamos, logo depois da faculdade. Quando conheci Ellen — acho que ela é minha namorada ou amante, detesto essa palavra — ela estava flertando comigo e eu não dei atenção — ela era a higienista dental da clínica da qual sou sócio, apesar de ela ter saído há um ano e conseguido outro emprego. E, quando nos envolvemos sexualmente pela primeira vez, disse a mim mesmo que era só sexo, que não iria fazer aquilo de novo e que, definitivamente, não iria me envolver emocionalmente. Mas, seis meses depois, me apaixonei por ela. Eu me vi incapaz de parar de pensar nela e queria ficar com ela o tempo todo. Isso, é claro, significava que eu estava tentando me afastar mais da minha casa, mentindo para Jenna — a minha esposa — sobre onde eu estava e o que eu estava fazendo. Também perdi interesse sexual por Jenna e comecei a ter fantasias sobre deixá-la, o que realmente me assustava. Eu me sentia incrivelmente culpado, estava sempre preocupado com os sentimentos de Jenna se ela descobrisse, e estava sempre me perguntando se ela sabia. Jenna me conhece muito bem, começou a me fazer muitas perguntas e por vezes me perguntou, tipo de brincadeira, se eu estava tendo um caso. Claro que menti. Ao mesmo tempo, também prometi a Ellen que teríamos um futuro juntos, apesar de eu realmente não saber como — não podia me imaginar deixando minha mulher e meus filhos.

"De qualquer maneira, semana passada, acho que depois de um ano e meio, finalmente contei a Jenna. É claro, ela ficou arrasada, deprimida, furiosa, você sabe, todas essas coisas. E eu não a culpo — ela tem toda a razão, eu agi de maneira irresponsável e desonesta e nunca deveria ter começado isso. Mas comecei, meus sentimentos por Ellen existem e não posso mudá-los. Não sei se vai dar, mas eu e Jenna queremos continuar casados. Procuramos um conselheiro matrimonial e ele achou que eu deveria me consultar com alguém por minha conta, e é por isso que estou aqui."

Na sessão seguinte, Jeff me disse que sua mulher havia insistido, e ele havia aceitado, para que ele interrompesse qualquer contato com Ellen. Mas ele me disse abertamente que não tinha certeza se conseguiria. "Vou tentar, mas a verdade é que não consigo parar de pensar nela e, por duas vezes, peguei o telefone para ligar para ela. Uma vez, telefonei e desliguei." Na sessão seguinte, Jeff pareceu bastante deprimido, rosto fechado, bolsas sob os olhos e um discurso repetitivo, entrecortado. Ele disse que tinha ficado esperando uma manhã embaixo do prédio de Ellen e a havia seguido até o trabalho. "Eu não queria falar com ela, mas tinha de, pelo menos, vê-la", ele explicou. "Ela não me viu."

Uma semana mais tarde, três semanas depois de ter rompido com Ellen, Jeff estava às voltas com uma grave crise de depressão — sem comer, sem dormir, incapaz de achar graça em qualquer coisa, nem mesmo nos filhos. Essa depressão demonstrou a Jeff que o seu amor por Ellen era mais forte e mais verdadeiro do que sua decisão de ficar com a esposa. Cerca de duas semanas mais tarde — depois de ter perdido nove quilos e parecer uma sombra do homem que era, Jeff falou com Jenna e os filhos, saiu de casa e começou a ver Ellen de novo. Sua depressão desapareceu instantaneamente.

Durante algum tempo o relacionamento de Jeff com Ellen manteve toda sua vitalidade e empolgação, mas, pouco depois, a realidade deles erodiu uma parte do romance. A situação financeira dele estava pior, ele precisava dividir o próprio tempo entre os filhos — a quem era muito apegado — e Ellen. E, mais do que tudo, ao passo que Ellen queria ter seus próprios filhos, Jeff ficava relutante em começar uma segunda família. Obviamente, eles sabiam que tudo isso iria acontecer quando Jeff deixasse a família, mas os sentimentos mútuos eram tão fortes que eles achavam que o amor ia triunfar. Mas não triunfou. Eles começaram a discutir, depois a brigar, depois a desenvolver ressentimentos e, finalmente, a questionar seu futuro juntos. E, então, Jeff se viu atraído por outra mulher.

Foi nesse período da terapia que a noção de triangulação começou a ressoar para Jeff. Antes, ele pensava que seu casamento tinha acabado porque ele simplesmente tinha se apaixonado por outra mulher, mas, agora, havia mais dados a serem considerados. Além disso, revendo o seu histórico de relacionamentos, ele "se lembrou" repentinamente de algo que não havia me dito anteriormente. Um pouco antes de se casar com Jenna, ele teve "uma paixão" por outra mulher, uma conhecida deles. Embora ele nunca tivesse transformado os seus sentimentos em atos, a paixão durou certo tempo, sumindo apenas quando essa mulher se mudou. E foi só então que Jeff e Jenna começaram uma família, o que sugou toda a sua energia extra — ou extraconjugal. Essa revelação tornou evidente, tanto para Jeff quando para mim, que ele estava lutando com o padrão de Amor Triangular. Também notamos que o seu "triângulo favorito", ou o seu modelo, ou o seu papel triangular preferido, era o de divisor, a pessoa que divide o seu amor em dois.

Ao contrário de Jeff, algumas pessoas nunca percebem que triangulam. Elas simplesmente pensam que continuam a se apaixonar por mais uma pessoa. Depois, racionalizam: no primeiro casamento, eu era jovem demais e não sabia o que queria; no segundo, minha mulher perdeu interesse pelo sexo; no terceiro, me casei enquanto me recuperava do segundo e, então, quando realmente conheci a mulher certa — ela me deixou... Elas podem não perceber que estão triangulando porque aconteceu uma vez só, então atribuem o fato a circunstâncias externas e a uma sincronia ruim — conhecer a pessoa certa no momento errado, quando já estão casadas.

Se esse é o seu caso, você precisa se reorientar para pensar mais sobre sua parte interna e menos sobre seu mundo externo. Examine ou analise se alguma coisa em seu histórico singular o predispôs a triangular. Um paciente na casa dos cinqüenta anos me disse que tinha tido três casos extraconjugais. O primeiro começou aos 46 anos, depois de 20 anos de total fidelidade. Embora na época ele pensasse que seu casamento tivesse envelhecido, ele também tinha consciência de que tinha a mesma idade do pai quando o caso *dele*, que acarretou o divórcio do casal, foi revelado, exatamente 32 anos antes — inclusive no mesmo mês. O paciente se lembrava do mês porque foi logo depois do Dia do Trabalho, no começo de um novo ano escolar, no qual, como ele dizia, o seu mundo desmoronou, aos 14 anos. Mas se isso havia sido tão traumático para ele quando criança, por que repetia um comportamento do pai que podia fazer com que seus próprios filhos tivessem o mesmo tipo de trauma de divórcio?

A resposta surgiu quando o paciente explicou que ele sempre tinha culpado o pai pelo divórcio — por causa do caso — mas que, analisando o fato como adulto, estava claro para ele que a mãe era depressiva, chata e, portanto, inerte e inacessível. Em outras palavras, quando criança, ele nunca teve consciência da raiva em relação à mãe e do amor pelo pai. Ele havia aceitado a versão da mãe para o divórcio de que o pai era o vilão, e ela, a mocinha. Mas, ao começar a sentir no próprio casamento o mesmo tipo de estagnação que o pai deve ter sentido, ele começou a ter um caso, agindo e expressando indiretamente compreensão, amor e identificação em relação ao pai. Ao mesmo tempo, o caso também expressava sua raiva inconsciente em relação à mãe, cuja apatia e inacessibilidade, nem é preciso dizer, também haviam causado um impacto nele durante a infância. Em outras palavras, era o apego do paciente ao trauma do passado — que se tornou palpável quando ele iniciou seu caso na mesma idade e mês em que o pai — que o cegou em relação ao trauma do futuro.

Para muitos "divisores" — especialmente aqueles que são casados e têm filhos — as conseqüências de um triângulo amoroso são tão dolorosas e destrutivas que eles não conseguem deixar de reconhecê-lo e, portanto, assumir o compromisso de "nunca mais" repeti-lo. Os vários casamentos ou relacionamentos duradouros que sobrevivem a um caso entram nessa categoria. Mas, embora os "divisores" possam algumas vezes "cortar o mal pela raiz" depois de um amor triangular desse tipo, é geralmente mais difícil para os "rivais" reconhecer o padrão logo de início. Apesar de as conseqüências para os "rivais" serem igualmente devastadoras, é muito mais fácil para eles negar que desempenham um papel em um triângulo. Afinal, se o seu parceiro teve um caso, você não o *obrigou* a isso. E você não escolheu fazer parte de um triângulo. Na pior das hipóteses, você confiou demais e acreditou em suas mentiras mesmo se, no fundo, sempre suspeitou que algo estivesse acontecendo. Tudo isso é verdade e você certamente não deveria assumir responsabilidade alguma pelas ações dele. Mas essa não é toda a verdade.

O protótipo da "rival" — historicamente, mais provável que seja uma mulher do que um homem — diz ao terapeuta, a uma amiga, à mãe ou ao redator de uma coluna de conselhos sobre relacionamentos que o seu namorado flerta com outras mulheres; que ele recebe telefonemas de outra mulher e fala com ela em código ou sai do recinto com o telefone; que o marido não se interessa por sexo e tem trabalhado até tarde; que o marido disse que gostava de uma nova "amiga" e insiste em continuar a vê-la apesar de ser evasivo sobre o que eles fazem juntos; que ela abriu o e-mail do marido e encontrou uma correspondência pessoal com outra mulher; que ela viu no celular dele certo número repetido e, quando ligou, uma mulher respondeu; que ela descobriu na carteira dele o nome de uma mulher com um número de telefone; que, ao perguntar ao marido se ele estava tendo um caso, ele simplesmente disse "não" e mudou de assunto, sem demonstrar preocupação ou raiva por ela ter suspeitado dele; que ela está pensando em contratar um detetive para descobrir se o marido a está traindo...

As versões são infinitas, mas o denominador comum é que, na grande maioria dos casos, a pessoa não quer acreditar naquilo que já sabe, e que, ao menos para mim como terapeuta, parece óbvio: o seu parceiro está envolvido com outra pessoa. Em um nível, essa negação serve para adiar o fato de lidar com a dor e as conseqüências de uma traição. Mas, além disso, a negação "ajuda" a "rival" a evitar enfrentar sua ambivalência em relação a seu parceiro — de duas maneiras importantes. Primeiro, ao não concluir que ele tem um caso, você evita ver algo "negativo" a respeito dele: o fato de ele ser alguém que mentiria, iludiria, manipularia e trairia.

Segundo, a suspeita de que seu parceiro a está traindo evoca fortes sentimentos de ciúme, rejeição e abandono, que destacam ou alimentam sua paixão por ele. De fato, é uma característica comum do triângulo o fato de os "rivais" — as duas mulheres ou os dois homens que estão envolvidos com a mesma pessoa — se agarrarem a seu objeto de amor, querendo conquistá-lo desesperadamente, como se ele fosse a pessoa mais valorosa da Terra. Se ele fosse seu, só seu novamente, você seria feliz outra vez. Não importa o fato de que você não era tão feliz assim com ele antes do caso, e isso foi exatamente uma das razões para que tudo começasse. Embora seja de magnitude suficiente para permitir que a "rival" evite encarar a traição, a negação não é forte o bastante para tranqüilizá-la quanto ao fato de que nada está acontecendo. Esse equilíbrio paradoxal, que é propriedade geral da negação, é o mecanismo psicológico pelo qual a "rival" mantém papel ativo no triângulo.

Se a "rival" reconhecer que faz parte de um triângulo, esse equilíbrio irá se romper. Infelizmente, como há muito em jogo, às vezes são necessários meses ou mesmo anos para que isso ocorra. Uma paciente suspeitava que o marido estava envolvido com uma colega de trabalho havia aproximadamente uns dois anos. Ele ficava fora até tarde, evitava o sexo com ela e recebia longas ligações "de negócios" durante os fins de semana, atividades para as quais ele dava explicações evasivas. Quando ela perguntou à queima-roupa se ele estava tendo um caso — o que ela fez três vezes — ele disse não casualmente, sem acrescentar nada ou estender o assunto. Ela aceitou as respostas sem perguntar a si mesma como era possível que um marido carinhoso não ficasse preocupado com os sentimentos por trás daquela pergunta e ficasse bem com um simples "não". E ela não ligou os pontos entre isso e suas explicações evasivas sobre suas atividades. Somente quando ele deixou o laptop ligado e ela abriu um e-mail suspeito e leu uma inequívoca carta de amor erótico com referências a uma relação sexual verdadeira, a negação foi interrompida. Isso levou à separação e ao divórcio, o que causou uma ulterior ruptura da sua negação, já que agora ela podia reconstruir o fato de o marido ter tido dois outros casos longos durante o casamento de dez anos.

Como dissemos antes, "divisores" e "rivais" nem sempre são mutuamente excludentes. De fato, não é raro um "rival" se tornar um "divisor" em uma reação à experiência da traição. Por exemplo, um homem com quase trinta anos ficou tão arrasado quando descobriu que a namorada o havia traído que foi a uma boate, se embebedou e fez sexo com outra mulher. Nesse caso, apesar de a namorada ter "confessado" e pedido desculpas, o paciente não conseguiu conter a sua raiva. Então, ele agiu por "vingança" para fazer com que a namorada sentisse o que ela o tinha feito sentir. Outra paciente, uma mulher de quase cinqüenta anos cujo marido confessou que havia recentemente terminado um caso de dois anos, ficou clinicamente deprimida. Apesar de o marido ter sentido grande remorso e ter sido muito carinhoso, ela não conseguiu superar a traição e, por muito tempo, pensou em terminar o casamento. Depois, aproximadamente um ano mais tarde, ela conheceu um homem em um bar e eles trocaram e-mails. No final, acabaram se encontrando para um drinque e "uma coisa leva a outra". Em alguns meses, a paciente — que estava casada havia 21 anos e nunca havia sido infiel — se apaixonou loucamente por esse homem. Ao contrário do paciente citado, essa mulher — apesar de ter reconhecido que o caso do marido tornou mais fácil para ela o fato de dormir com outro homem — insistiu que não se tratava de um ato de vingança. Mas, com o tempo, ela percebeu que essa era a sua maneira de sair da depressão e que, inconscientemente, havia tentado inverter o próprio papel e o do marido dentro do triângulo para ficar por cima.

Outra versão da vingança triangulada ocorreu com uma paciente que descobriu que o homem com quem ela namorava há seis meses estava tendo conversas telefônicas longas e cheias de emoção com a ex-namorada dele. Ao falar a respeito, o namorado, relutante, admitiu que sim, ele ainda sentia algo pela ex. A paciente ficou muito aborrecida, mas o namorado a tranqüilizou dizendo que seu relacionamento anterior estava terminado e que ele havia assumido um compromisso com ela. A paciente aceitou e a crise foi contornada. Mas, algumas semanas depois, ela me disse que decidiu não revelar ao namorado que um amigo íntimo dela havia sido seu amante no passado. Sua explicação racional consciente era que ela sabia que o namorado era possessivo e ela não queria que ele ficasse com ciúme. Inconscientemente, porém, ela estava criando exatamente o que disse que não queria: quando ela encontrava o ex-namorado ou quando seu nome era citado, o namorado percebia o desconforto dela e sentia que ela estava escondendo alguma coisa. Na verdade, ela não tinha nada a esconder, pois o relacionamento com aquele homem havia acontecido muitos anos antes, havia sido breve e, mais tarde, resultou numa amizade completamente platônica. Mas ela triangulava em uma vingança inconsciente, criando uma terceira pessoa que não era realmente uma ameaça. Quando o namorado ficou com ciúme, ela percebeu que nunca havia superado o próprio ciúme e que, para "ajudá-la" a superá-lo, fez com que ele provasse do mesmo remédio.

Entre outras coisas, esse caso também mostra que a triangulação não necessariamente envolve sexo ou romance. Em muitos relacionamentos, o Amor Triangular assume a forma de um conflito a respeito de um melhor amigo. Seu namorado pode achar que você passa tempo demais com sua melhor amiga e que ela está se interpondo entre vocês dois. Se a reclamação dele tiver algo de verdade, é provável que você esteja usando esse terceiro elemento para satisfazer algumas de suas necessidades emocionais que não são satisfeitas por seu namorado.

Não há nada de errado com isso, é claro, a não ser que se torne extremo: você se comunica com seu namorado apenas factual ou sexualmente e limita toda sua comunicação emocional ao relacionamento com a sua amiga; ou você faz confidências à sua amiga sobre seu relacionamento principal, contando a ela coisas que não dirá a seu namorado. Apesar de, na sua percepção, você estar fazendo isso porque seu namorado é pouco comunicativo, na minha cabeça você também está compactuando com o problema e exacerbando-o. Em vez de encarar a imperfeição dele, você está procurando o parceiro perfeito em duas pessoas e, antes que perceba, está em um triângulo.

Outra versão desse padrão, e talvez um dos triângulos mais comuns, é o que você forma ao discutir as imperfeições de seu parceiro com a sua mãe. Ao lutar para lidar com sua ambivalência a respeito de seu parceiro, você acaba criando um desacordo entre ele e sua mãe. Esse tipo de triangulação muitas vezes é o resultado de uma separação psicológica insuficiente de um dos genitores — no caso, você não aceita que seu relacionamento principal é com seu parceiro, não com sua mãe. Obviamente, seu parceiro pode resistir a passar muito tempo com os seus pais e, assim, compactuar sem perceber com a formação de um triângulo. Uma dinâmica comum, mas não muito bem compreendida neste caso, é quando você fica com raiva, tece críticas ou desdenha os pais de seu parceiro por causa de algumas características da personalidade deles, sem perceber que seu parceiro possui as mesmas características. Trata-se de um deslocamento inconsciente cujo propósito é exatamente esse — não perceber que seu parceiro tem características das quais você não gosta.

Como mencionei antes, o Amor Triangular também pode envolver um terceiro elemento "não humano". Se seu namorado ou marido é alcoólatra, é provável que ele esteja dividindo o próprio amor entre você e a bebida e que, apesar de poder negar o alcoolismo dele, você tem raiva de ter de competir por atenção com os amigos de bebedeira ou com as noites que ele passa fora. Se seu marido insiste em jogar golfe todo fim de semana no inverno, é provável que ele esteja evitando lidar com o que vê como uma mulher chata. Apesar de você resmungar e insistir para que ele fique mais em casa, você tem a "vantagem" de sentir que quer e precisa dele — o que provavelmente não sentiria se ele estivesse em casa.

Uma triangulação semelhante acontece quando um dos parceiros — geralmente o homem — gosta de pornografia. Um jovem casal trouxe essa discussão em sua sessão de terapia matrimonial. A mulher disse que não se opunha à pornografia, e sua única preocupação era que o marido passava tempo demais vendo pornografia na Internet e não cuidava suficientemente da própria carreira. "Só quero falar a respeito disso para ajudá-lo a se controlar mais porque ele mesmo admite que pode sair de controle." Ela era uma mulher adorável e de mente aberta, com um marido igualmente agradável e honesto, mas, apesar da franqueza da discussão, quando pressionei a mulher sobre o motivo pelo qual ela precisava ajudá-lo a controlar o próprio comportamento, ela admitiu que ficava chateada por ele ficar tão excitado com outras mulheres; que ela se sentia ameaçada e até temia não ser boa o bastante para ele. O marido, por sua vez, disse que se sentia culpado a respeito de seu interesse por pornografia e que, portanto, era difícil para ele falar sobre o assunto. Em outras palavras, embaixo da superfície, os dois viviam aquela realidade como uma versão de um caso. Voltarei a essa questão — a sexualização da ambivalência — no Capítulo 7.

NAMORAR SEM TRIANGULAR

Às vezes, um triângulo é apenas um triângulo — três pessoas ou duas pessoas mais uma atividade — que se vêem juntas mais devido a circunstâncias do que a um plano inconsciente. Nesses casos, não podemos falar de Amor Triangular e, mais cedo ou mais tarde, o triângulo se dissolverá no relacionamento bem-sucedido de duas pessoas. Na maioria das vezes, porém, o que começa com uma triangulação indica a trajetória futura do relacionamento. Por isso, ao namorar, como parte do Primeiro Passo (Meu triângulo favorito), tente reconhecer sinais iniciais de triangulação para poder fazer a escolha consciente de ficar fora desse padrão — antes mesmo de ele começar. A seguir, veremos alguns exemplos comuns desses sinais iniciais:

- O homem que você começou a namorar diz que está saindo com alguém há vários meses, mas que não acha que o relacionamento "vai necessariamente dar em alguma coisa" e que gostaria de continuar a ver você. Você sente que tem uma ótima ligação e uma boa comunicação com esse homem e a honestidade dele reforça esses sentimentos. Você está tentada.

- Você conhece um homem maravilhoso, ligeiramente mais velho, que diz logo de cara que é casado. Ele diz que o casamento está morto, que eles nem fazem mais sexo e que só ficarão juntos por mais alguns poucos anos até os filhos irem para a faculdade.
- O seu namorado viaja a trabalho o tempo todo e você se sente sempre frustrada e infeliz por causa disso. Ele fica fora durante uma semana e você conhece alguém em um bar que realmente a atrai. Você diz a si mesma: "Por que devo me sentir sozinha como um eremita quando ele não está?" e começa a flertar com esse cara, achando que vai acabar passando a noite, talvez a semana toda, com ele.
- O namorado com quem você está saindo há dois meses parece que quer sempre fumar maconha à noite. Ele está planejando longos fins de semana fora com os amigos da faculdade. Ele acabou de "confessar" que pagou por uma dança exclusiva em um clube de strip tease, depois de beber demais. Você não se importa com nenhuma dessas atividades separadamente, mas seu instinto diz que o total é maior do que a soma das partes.
- Você está saindo com um cara que acha legal, mas não maravilhoso. Então, você conhece o irmão dele, que é muito mais bonito, e começa a fantasiar a respeito de terminar com seu namorado e sair com o irmão dele.
- Você dá de cara com um homem que a convidou para sair no passado, mas que você dispensou. De repente, ele parece legal e você fica a fim de flertar com ele para fazer com que ele a convide para sair de novo.
- O seu terapeuta acha que você está zangada com sua mãe. Você diz isso a ela. A sua mãe diz que terapia não é a solução. O seu terapeuta diz que sua mãe está atrapalhando a sua vida.

O último item não significa que você tem de se livrar do seu terapeuta — ou da sua mãe. Significa, porém, que você está criando um triângulo e que deveria tentar entender por quê. A explicação mais provável: você está externalizando sua ambivalência sobre sua mãe e sobre o terapeuta, deixando que eles lutem por você. Para pôr um fim ao triângulo, pare de usar o seu terapeuta para expressar raiva em relação à sua mãe e vice-versa. E assim chegamos ao Segundo Passo.

SEGUNDO PASSO: A DISTÂNCIA MAIS CURTA

A distância mais curta entre dois pontos é uma reta, não um triângulo. Então, o lugar de seu diálogo emocional com seu parceiro — todos os seus sentimentos recíprocos, bons e ruins — é dentro do relacionamento. Se você diz à sua amiga coisas "ruins" sobre seu namorado que você não diz a ele, e se ela acaba achando que ele é um idiota enquanto você se agarra à noção de que o ama tanto que não pode viver sem ele, acorde — o seu relacionamento está com problemas. E, para generalizar: um triângulo quase sempre significa que o relacionamento está com problemas. Então, para identificar o seu "triângulo favorito" e decidir romper o padrão de Amor Triangular, tudo o que precisa fazer é curvar o seu triângulo até ele formar novamente uma reta, ou seja, você precisa trabalhar para redirecionar e, depois, conter e reter sua ambivalência dentro de seu relacionamento principal ou em sua relação com seu namorado.

Para fazer isso de modo construtivo, você precisa conhecer e entender melhor sua ambivalência. De acordo com minha experiência, há certos tipos de ambivalência que colocam as pessoas em risco de Amor Triangular. Essas não são as causas verdadeiras da triangulação, mas sim o que você pode *perceber ou vivenciar* como a causa. Lembre-se, a causa é sua relutância em tolerar a ambivalência, não os conteúdos específicos de sua ambivalência, mas conhecer melhor esses tipos específicos irá ajudá-lo a saber quais sentimentos e pensamentos você precisa segurar dentro de seu relacionamento.

Tipo 1: Falta ou perda de interesse sexual

"David" era um advogado de 36 anos que estava casado havia dez anos quando me procurou. Ele buscou a terapia porque estava se apaixonando por uma colega de trabalho, uma jovem assistente da sua firma. Ele estava decidido a não terminar o casamento, então, apesar de a colega de trabalho também estar se apaixonando por ele, ele decidiu não ter um caso com ela. Mas ele continuava a fantasiar a respeito dela, a passar tempo com ela e a falar com ela sobre quanto eles gostavam um do outro. Resumindo, ele estava às voltas com o Amor Triangular. Quando ele falou do relacionamento com a esposa, revelou que, depois dos primeiros dois anos juntos, ele havia perdido boa parte do desejo sexual por ela. Por sua vez, a esposa não parecia ter notado ou reclamado do declínio gradual na vida sexual deles. Como era de se esperar, a vida sexual deles piorou ainda mais depois do nascimento dos dois filhos, então com 4 e 6 anos. Nos últimos anos, eles tiveram pouco contato sexual e David começou a se sentir sem vida e entorpecido dentro do casamento. Obviamente, a colega de David havia despertado sua sexualidade suprimida e adormecida, fazendo com que ele se sentisse mais uma vez desejável, desejoso e vivo.

Depois de algumas sessões de terapia, David contou à esposa sobre mim e sobre o que ele sentia pela colega de trabalho. A esposa ficou muito aborrecida e exigiu que ele interrompesse todos os contatos com a outra mulher. Na ilusão de que ele poderia ser "apenas amigo" da colega, David primeiramente insistiu em poder falar com ela de vez em quando, mas, depois de algumas semanas, percebeu que aquilo não era o que ele queria e que seus sentimentos sexuais em relação à mulher tornava a amizade deles insustentável. Então, ele interrompeu todos os contatos com ela e concentrou a própria energia em tentar melhorar o casamento. Ele entrou então no Segundo Passo (A distância mais curta), que foi muito doloroso porque ele teve de lidar com seus sentimentos sexuais reduzidos em relação à esposa.

Os pais de David se divorciaram quando ele tinha dez anos. Atipicamente, a mãe é que foi embora e se mudou para outro estado durante um tempo. A atitude do pai na época foi: "É uma pena, mas as crianças vão se acostumar." Então, David não pôde processar ou viver o luto da perda e, em vez disso, assumiu a estratégia prática, direta do pai de "seguir em frente". Estudando esse fato na terapia, David e eu pudemos ver que ele havia basicamente reprimido seus sentimentos de mágoa e raiva em relação à mãe, mas eles haviam voltado mais tarde de uma maneira modificada em seus relacionamentos com mulheres. Em dois relacionamentos breves antes do casamento, ele passou pelo mesmo ciclo de apaixonamento e perda da atração sexual. Assim como no casamento, a dinâmica do ciclo consistia em se aproximar de uma mulher, sentir medo ou ficar magoado e com raiva a respeito daquela possibilidade, e se afastar através da perda de interesse sexual.

Mas, além de entender essa história, nos concentramos em mapear como o interesse sexual dele pela esposa se reduziu como reação ao fato de ela assumir uma postura e agir mais como mãe e menos como um objeto sexual, assim como ao fato de ela dar mais atenção aos filhos, à casa e à mãe dela do que a ele — todos fatores que, como você deve ter imaginado, reduziram o interesse sexual dele. Quando identificamos isso, David começou a agir de maneira diferente, implementando o Segundo Passo (A distância mais curta). Ele disse à esposa que achava que a maternidade havia sufocado a sua sexualidade e expressou mais diretamente sua raiva por ela não prestar atenção suficiente nele. Como era de se esperar, a esposa de David ficou magoada e com raiva, o que resultou em muitos conflitos no casamento. Se isso soa doloroso, saiba que foi mesmo, mas o conflito agora estava *dentro* do casamento e não sendo travado *fora* dele por meio da triangulação com um terceiro elemento jovem, sexy e que não fazia o tipo mãe. Considere também o que aconteceu a seguir. Primeiro, assim que David expressava a sua raiva em relação à esposa — discutindo, ficando amuado e até mesmo perdendo a cabeça — sentia uma onda de sentimentos sexuais em relação a ela. Isso faz sentido, pois ele não precisava mais se distanciar para expressar raiva. Segundo, com o tempo, apesar da mágoa e da raiva, a esposa de David realmente o *ouviu* e decidiu fazer algo a respeito. Ela começou a fazer exercícios, perdeu peso, comprou roupas mais sensuais e contratou uma baby-sitter para as noites de sábado. Tudo isso reforçou a atração de David e ajudou a recarregar a vida sexual deles, fechando ainda mais a porta para uma triangulação em potencial.

Tipo 2: A Síndrome do cochilo

Um paciente uma vez reclamou dizendo que discordar do próprio terapeuta era uma proposta sem possibilidade de vitória, igual a quando ele discutia com a mãe sobre tirar um cochilo. "Está na hora de tirar um cochilo", a mãe dizia. "Não estou cansado", ele respondia. "Acho que você está, querido, mas não sabe disso." "*Não estou cansado, mãe!*", ele dizia irritado, e a mãe respondia: "Viu, está ficando irritado e isso é sem dúvida um sinal de cansaço!" A partir de minha perspectiva, foi o paciente, e não eu, que trouxe a dinâmica para nosso relacionamento, me "transformando" em sua mãe e me dando motivos para fazer uma observação e, depois, a rejeitando enquanto sem perceber — ou inconscientemente — fornecia mais provas para corroborar a observação.

Mas não era só eu que o paciente inconscientemente ligava à sua Síndrome do Cochilo. Ele fazia o mesmo com a namorada, o que o colocava em risco de triangulação. Nessa dinâmica comum, a namorada ou esposa assume a posição da mãe resmungona, controladora e intrometida, enquanto o namorado ou marido se torna o garotinho irresponsável, passivo e inconsciente. Um homem foi fazer terapia quando estava prestes de ter um caso após nove anos de casamento. "Nesses nove anos, ela tem reclamado sobre o fato de eu não fazer isso ou aquilo, não telefonar, não me comunicar, esquecer coisas, assistir a futebol demais, sair com os amigos... o que você quiser. Ela provavelmente está certa a respeito de algumas dessas coisas, mas estou realmente cansado e isso está matando meus sentimentos por ela. E, agora, existe uma mulher que é realmente muito legal comigo, que está fazendo com que eu me sinta um homem de novo e acho que não vai dar para fugir."

"Então, você vai embora?", eu perguntei. "Não", ele disse. "Não tenho intenção alguma de terminar meu casamento e deixar minha família. Simplesmente, acho que não vai dar para fugir dos meus sentimentos. E sei que deveria contar para minha mulher, mas acho que não consigo porque ela vai ficar muito chateada e não vai suportar nada desse gênero."

Como esse homem nunca estava disposto a enfrentar a esposa, ele se predispôs a finalmente dar vazão à sua raiva através da triangulação.

Nem é preciso dizer que ele também não contaria à esposa do triângulo — isso só provaria que ela sempre tivera razão em relação a ele. E, é claro, ele não ia deixar a outra mulher porque não estava preparado para "agir como um homem". Então, esse paciente escolheu abandonar o Segundo Passo (A distância mais curta) e terminou o tratamento depois de algumas sessões. Sua relutância nos ensina algo sobre o risco dessa dinâmica e como reduzi-lo.

Se você for o homem nesse tipo de relacionamento, tire um cochilo quando estiver cansado, ou seja, aja com responsabilidade por sua própria iniciativa; assim, se a sua parceira continuar resmungando, você poderá ficar zangado com ela. Se você for a mulher, pare de dizer a ele para tirar um cochilo para que ele tenha a oportunidade de fazê-lo por si mesmo. Em outras palavras, se você quer que o seu parceiro seja um homem, não o trate como um menino. E não fique arrasada se ele se zangar com você. Você também pode ficar zangada em contrapartida. Se você não quer triângulos, tem de tolerar algum conflito *dentro* do relacionamento.

Tipo 3: A divisão masculino-feminina

No mundo tradicional, pré-feminista, o namoro e os relacionamentos eram polarizados por papéis de gênero convencionais e rígidos. No pior dos casos, o homem era frio, calmo e lógico; se interessava por esportes, carros, política, filmes de ação e beber com os amigos. A mulher era calorosa, emotiva e irracional; e seus interesses eram roupas, comédias românticas, livros e fofocas com as amigas. Hoje, embora ainda haja muitos casais assim, homens e mulheres muitas vezes lutam com dinâmicas opostas: a mulher é um tipo decidido, responsável e voltada para a ação enquanto o homem é sensível, amparador e emotivo. Quando essas diferenças se tornam polarizadas, a mais nova versão do que eu chamo de A Divisão Masculino-Feminina é tão insustentável quanto as antigas: a mulher acha que o seu parceiro ou namorado é um capacho passivo e submisso, e o homem acha que sua parceira é uma guerreira agressiva e fria.

Ironicamente, mas de maneira bastante lógica, as versões nova e antiga da Divisão Masculino-Feminina criam o mesmo problema duplo em relacionamentos e namoros. Primeiro, existe uma profunda divisão nos interesses do casal e, portanto, uma falta de denominador comum para um diálogo contínuo. Segundo, há brigas e discussões constantes sobre o que fazer e como fazê-lo. Isso pode preparar o quadro para que um dos parceiros olhe para fora do relacionamento em busca de alguém mais compatível com esses papéis básicos de gênero. Uma mulher na divisão tradicional pode se sentir isolada e irritada e pode, em última instância, procurar um amante que seja mais como uma amiga — compreensivo, emotivo e vulnerável. Ou um homem na divisão mais nova e invertida pode se sentir fraco e sem poder e, por fim, encontrar uma amante mais gentil, carinhosa e submissa.

De acordo com minha experiência, a Divisão Masculino-Feminina é um grande problema universal nos relacionamentos que discuti de maneira abrangente em *Se os Homens Falassem* (Rio de Janeiro: Elsevier Editora, 2001). Eu o discutirei novamente em mais detalhes no Capítulo 8.

Tipo 4: O parceiro bissexual

Todos os homens e mulheres são emocionalmente bissexuais, ou seja, eles precisam de um equilíbrio de características femininas e masculinas em seu parceiro, mas, ao passo que na Divisão Masculino-Feminina o seu parceiro pode procurar fora da relação uma mulher que seja mais feminina (ou masculina) porque você é masculina ou feminina demais, o Parceiro Bissexual procura fora do relacionamento alguém do seu mesmo sexo. O homem ou mulher bissexual se sente atraído tanto por homens quanto por mulheres e sente a necessidade de ambos. Embora esse tipo de triangulação não seja tão comum quanto os outros que discutimos aqui, é de qualquer modo muito mais comum do que geralmente se supõe. Em alguns casos, trata-se de homens ou mulheres homossexuais que defensivamente refugiaram-se de sua sexualidade em um relacionamento heterossexual, que, no fim das contas, não funcionou porque os sentimentos homossexuais da pessoa constituíam uma parte mais intrínseca e autêntica de sua identidade. Em outros caos, a pessoa pode ser mais genuinamente bissexual e triangular porque sente a necessidade de ficar com ambos os sexos.

Nos dois casos, o outro parceiro tem suas próprias razões para triangular — razões que podem ou não apontar para sua bissexualidade. Da mesma maneira, nos dois casos, para dissolver o triângulo, você tem de lidar com a ambivalência em relação a seu parceiro principal primeiro. A bissexualidade é muitas vezes considerada um tormento porque você não consegue manter um relacionamento amoroso com os dois sexos, que é o que você sente que precisa. Por outro lado, você tem a vantagem de escolher entre duas opções atraentes.

Tipo 5: O parceiro petrificado

Algumas pessoas se sentem atraídas por um objeto externo de amor porque seu parceiro principal está "petrificado", uma palavra que uso aqui com dois sentidos: *fossilizado* e *amedrontado*. Um parceiro que é psicologicamente subdesenvolvido está "parado" em uma idade emocional mais baixa. Ele tem poucos interesses, conflitos ou motivações pessoais. Pode se tratar de uma pessoa que assiste distraidamente a horas de televisão todo dia, não é bem articulada, fisicamente inativa e emocionalmente superficial — tanto entorpecida quanto histérica. Trata-se também de alguém que tem tanto medo de mudar a ponto de não ter a mínima idéia de que pode crescer.

Como mudanças, desafios e até mesmo crises são inevitáveis ao longo da vida, o crescimento pessoal é essencial para qualquer relacionamento duradouro. Em relacionamentos bem-sucedidos, os dois parceiros aceitam o desafio e crescem separadamente e, portanto, juntos, mas quando um parceiro desenvolve novos interesses, amizades ou objetivos profissionais e o outro está petrificado em uma rotina tediosa, o casamento é facilmente ameaçado por elementos externos. Aqui também, se você é o "divisor", precisa voltar para seu parceiro e desafiá-lo a crescer — confrontando-o com sua ambivalência diretamente e proporcionando a vocês dois a chance de resolver essa dinâmica. Se você é o parceiro "petrificado", tem de exigir que seu cônjuge aceite você do seu jeito. Afinal, é mais fácil crescer em um ambiente sem julgamentos, estimulante e amparador.

TRIANGULAÇÕES NÃO ROMÂNTICAS

Como vimos, um casal pode triangular com um amigo, uma mãe, com drogas, álcool, jogos de azar ou golfe, para citar apenas algumas das possibilidades não românticas mais comuns. Embora eu não possa tratar de todas essas contingências tão complexas — o abuso de substâncias, por exemplo, envolve dinâmicas próprias de autodestruição —, quando o assunto é a vida de um casal, o princípio da destriangulação é o mesmo em todos os casos. Para achar seu caminho para um relacionamento em "linha reta", o "divisor", como por exemplo o alcoólatra, tem de abandonar o seu objeto externo de atenção e entregar-se por inteiro ao relacionamento. Assim que ele parar de beber, talvez descubra que tem uma parceira deprimida ou de algum modo distante, ou que ele mesmo está lutando com a depressão, a ansiedade ou com conflitos sexuais. Com a rota de fuga em direção ao terceiro elemento bloqueada, sua única opção agora é encarar todas essas questões dentro do relacionamento.

Enquanto isso, a outra parceira, a "rival" — que sempre reclamou das atividades causadoras de dependência ou compulsivas do parceiro, mas que também as permitia para que ela pudesse evitar lidar com sua própria ambivalência — se encontra em uma nova dinâmica igualmente desafiadora. Ela agora tem de enfrentar verdades como a raiva do parceiro, o problema dele em relação à monogamia ou à heterossexualidade, suas mentiras ou até mesmo sua vida dupla. E, como ele agora está mais presente no relacionamento, ela pode ser confrontada por seus próprios sentimentos negativos a respeito dele. Talvez ela nunca tenha sentido uma atração sexual verdadeira por ele, ou talvez ela o ache um fracassado, ou desagradável, ou baixo demais, qualquer coisa. E ela também terá de expressar seus sentimentos e pensamentos a respeito dessas questões dentro do relacionamento.

Obviamente, tanto no Amor Triangular romântico quanto no não romântico, "fechar" o triângulo e transformá-lo em uma linha reta pode levar um novo tipo de conflito e de tumulto à vida de um casal. Alguns relacionamentos, aqueles rigidamente baseados em um *status quo* insustentável mas imutável, não sobrevivem a essa mudança drástica, o que talvez não seja ruim. Aqueles relacionamentos que sobrevivem, invariavelmente o fazem aventurando-se pelo território do Terceiro Passo.

TERCEIRO PASSO: UMA LINHA TÊNUE

Tolstoi escreveu que todas as famílias felizes se parecem, mas que cada família infeliz é infeliz à sua maneira. Isso também pode ser verdade a respeito de casais, mas, seja como for, não é sempre fácil distinguir entre relacionamentos felizes e infelizes. Isso porque a linha entre ambivalência não resolvida, que é a marca registrada de relacionamentos infelizes, e ambivalência resolvida é realmente muito tênue.

Contudo, e para estender minha metáfora geométrica até o seu limite, a fim de superar o Amor Triangular temos de resolver nossa ambivalência, e temos de fazê-lo dentro da linha reta que nos conecta com nosso parceiro. Portanto, o trabalho do Terceiro Passo (Uma linha tênue) consiste em fortalecer essa linha até que ela seja suficientemente forte para agüentar todas as ameaças de terceiros elementos ao relacionamento.

Aqui, de acordo com o descrito sobre como utilizar o reverso positivo, tanto o "divisor" quanto o "rival" enfrentam o mesmo desafio, embora separadamente:

- Se você é um "divisor" que "perdeu" parte da sua atração sexual por sua parceira e que, subseqüentemente, expressou isso por meio de palavras e não por distanciamento sexual, como exigido no Segundo Passo anterior, você precisa agora se reorientar para se concentrar no que *é* atraente, e não no que *não* é atraente, nela. Mas não caia na armadilha do artefato. Por exemplo, comprar lingerie sexy só iria destacar aquilo que *não* o excita. Em vez disso, deixe a sua mente viajar na direção do que naturalmente o excita quando vocês estão juntos.

- Se você fosse uma "rival" que desistiu da própria sexualidade e sensualidade, agora que parou de dar margem às atividades extracurriculares do seu parceiro, volte a concentrar a sua atenção naquilo que é físico, sensual e sexual. Mas faça isso *por você mesma, para que você se sinta mais à vontade com seu próprio corpo*.
- Se você não conseguia enfrentar sua parceira e dizer para ela parar de resmungar, importunar e controlar você a ponto de não ter conseguido deixar de "se apaixonar (ou se sentir sexualmente atraído)" por uma terceira pessoa: está na hora de crescer e começar a dizer a si mesmo "Acho que consigo, acho que consigo, acho que consigo", até finalmente conseguir. Depois do caso extraconjugal, não se comporte como um menino que foi pego e que precisa ser punido ou que precisa pôr a culpa em outra pessoa por sua transgressão. Aja como um homem que cometeu um erro, mas que ainda tem o direito de ser tratado como um homem. Confronte sua parceira quando ela menosprezar você, mas assuma a responsabilidade quando você periodicamente voltar a se comportar como um menino.
- Em vez de acreditar que seu homem é "simplesmente outra criança para cuidar", como muitas mulheres falam de seus maridos, pergunte a si mesma por que você estrutura a sua vida dessa maneira, tomando conta de alguém que pode tomar conta de si mesmo. É exatamente por ele não ser uma criança que você não o poupa de sua raiva, de sua frustração, de suas reclamações, de suas importunações e de seu controle. Se você não quer que ele interprete o papel do menininho, não interprete o papel da mãe.
- Se o pano de fundo da sua triangulação tem sido uma Divisão Masculino-Feminina polarizada, trabalhe para corrigir seu próprio desequilíbrio de gênero, não o do seu parceiro. Veja o Capítulo 8 para mais informações.
- Se o pano de fundo de sua triangulação é seu sentimento de que "superou" seu parceiro, considere a possibilidade de que você não o conhece de verdade. Se ele está "petrificado", é provável que não esteja exportando para o mundo o que está dentro dele, portanto, tente se tornar mais tolerante e disponível para descobrir mais a respeito do mundo interior dele.

- Se você é "O Parceiro Petrificado", desafie a si mesmo a crescer para que sua resistência à vida pare de ser um cúmplice, ou até mesmo um incentivo, das aventuras triangulares de seu parceiro.
- No que diz respeito às triangulações não românticas, depois de reconhecer mutuamente os sentimentos ambivalentes em relação às imperfeições e os problemas do outro, tanto você quanto ele precisarão se voltar para dentro de si mesmos para trabalharem as próprias questões — e não a do outro. Na maioria dos casos que envolvem dependências e compulsões, ajuda profissional é provavelmente a melhor solução.

Antes tarde do que nunca: do primeiro ao terceiro passo em 35 anos

Para demonstrar quão persistente o Amor Triangular pode ser e como os três passos se integram à vida real, e talvez para incentivar você a confrontar o seu próprio padrão mais cedo, analise rapidamente o caso de um paciente que me procurou aos 61 anos, depois de 28 anos de casamento. "Arthur" era um bem-sucedido sócio sênior de um grande escritório de advocacia de Nova York. Alto, bonito, muito prático e sempre charmoso, ele estava casado com uma mulher que era professora titular de Literatura Clássica em uma universidade de prestígio. Juntos, eles criaram três filhos, todos então já formados e seguindo diferentes caminhos profissionais e pessoais. Arthur adorava viajar e sua mulher era uma cozinheira maravilhosa e ótima interlocutora. Eles sempre se divertiram muito juntos. Porém, de anos em anos, esse estilo de vida ativo, alegre e aparentemente tranqüilo entrava em períodos obscuros devido ao mau humor sem explicação de Arthur, aos hábitos profissionais obsessivos de sua mulher ou ao mau comportamento dos filhos adolescentes.

Tudo desmoronou depois do 60º aniversário do paciente, que foi um evento agradável e de grandes proporções em um restaurante elegante de Nova York. Foi durante essa festa, quando as luzes estavam apagadas por causa do bolo, que Arthur começou a questionar o relacionamento da mulher com um de seus colegas de trabalho. Isso desencadeou certas lembranças de anos anteriores, por exemplo, quando eles deram uma festa para comemorar o primeiro livro acadêmico da esposa aproximadamente quinze anos antes. Durante aquela festa, a filha de Arthur, que então tinha 12 anos, chegou perto dele e disse: "Mamãe está beijando outro homem no banheiro". Na época, ajudado por um drinque, Arthur desconsiderou o fato como um erro de interpretação da criança em relação a uma manifestação de congratulação.

Mas, desde a festa do seu 60º aniversário, suas suspeitas a respeito da esposa e de seu sócio continuaram a crescer. Ele tentou confrontar a esposa, mas ela fez com que ele sentisse que questioná-la a esse respeito era ridículo e fora de propósito, porém ele não conseguia parar de pensar naquilo; então, me procurou para uma consulta sobre suas preocupações. Nas primeiras duas sessões, apenas escutei, tentando entender o que era real ou imaginário, mas ele se sentiu tão fortalecido pela minha escuta que decidiu confrontar a esposa mais uma vez. No entanto, esperou um pouco, pensando em como abordar o assunto de modo construtivo. Foi quando, um dia, um colega de trabalho mencionou por acaso que o sócio do qual Arthur suspeitava tinha acabado de ligar para ele de Santa Barbara, Califórnia — a mesma cidade na qual a mulher de Arthur estava participando de uma conferência acadêmica de três dias! Era coincidência demais até mesmo para Arthur — que, como eu estava lentamente aprendendo, era o mestre da negação. Ele ligou para o hotel da mulher em Santa Barbara e pediu para que chamassem o seu sócio. E, como vocês já sabem, eles estavam no mesmo hotel, no mesmo andar...

Alguns dias mais tarde, quando ela voltou da Califórnia (e o sócio também), Arthur confrontou a esposa com as novas informações. A esposa cedeu e admitiu que estava tendo um caso com o sócio dele havia um ano e meio. Arthur ficou pasmo, arrasado e com raiva, contudo estava disposto a perdoar e a esquecer se ela parasse de ver o amante, o que ela disse que faria.

Infelizmente, mesmo assim, a negação de Arthur foi meramente lascada e não despedaçada, pelo menos até alguns meses mais tarde, quando ele descobriu que ela ainda estava vendo o sócio. Ele então a confrontou outra vez, dessa vez dizendo que ela teria de escolher. Para Arthur, isso foi o ponto mais alto do Primeiro Passo (Meu triângulo favorito): encarar sua própria negação e reconhecer o que ele sempre soube, mas nunca *parou para pensar a respeito para não ter de lidar com as conseqüências* — o fato de ele estar profundamente envolvido em um Amor Triangular pela maior parte da sua vida de casado. De fato, mais tarde ele soube que a esposa tinha tido dois outros casos duradouros, um no início do casamento com o orientador de seu doutorado e outro com um amigo solteiro da família que Arthur sempre supôs que fosse gay. Cada um desses casos durou vários anos e sinais disso eram os ataques de mau humor de Arthur e/ou as dificuldades dos filhos na época. Em ambos os casos, Arthur notou a "proximidade não usual" nos relacionamentos de sua mulher com esses homens, mas, de alguma maneira, a racionalizou para sustentar sua negação.

Para Arthur e a mulher, o fim da triangulação resultou no fim do relacionamento, pelo menos como tinha sido até então. A mulher de Arthur optou por sair de casa e ir morar com o sócio dele. Arthur sentiu todo o peso da traição e foram necessários meses e meses de terapia para começar a curar suas feridas. Durante esses meses, também entramos no trabalho do Segundo Passo (A distância mais curta), levantando a questão central de por que ele ficou numa negação tão profunda — na verdade rasa, mas duradoura — a respeito dos casos da esposa, que eram vividos bem embaixo do seu nariz.

A resposta saiu em alto e bom som quando Arthur revelou que, ao longo dos anos, ele também tinha tido alguns "lapsos" aqui e ali, durante viagens, com uma assistente e com uma secretária no trabalho. "Mas nunca foi uma coisa contínua, somente sexo oral ou algo assim, nunca um relacionamento, e eu nunca questionei ou abandonei meu relacionamento com minha mulher", Arthur explicou. E, por um tempo, ele insistiu que, embora estivesse errado, aquilo não tinha comparação com a traição emocional perpetrada por sua esposa ou com o fato de ela ter escolhido outra pessoa.

Eu disse a Arthur que não estava interessado na questão de equivalência moral, mas se a triangulação dele desempenhava papel na negação da triangulação da esposa. A essa altura, ele admitiu que uma das razões pelas quais ele não a confrontou no passado era sua culpa em relação a seus próprios encontros sexuais. "Naquela época, eu simplesmente achava que não queria lidar com aquilo — parecia feio e irrelevante, mas agora sei que achava que não podia perguntar a ela sobre sua infidelidade sem falar do que eu estava fazendo." A essa altura, a excelente mente jurídica de Arthur também entendeu que o seu argumento de não-equivalência moral não se sustentava porque, mesmo sendo verdade que suas transgressões haviam sido menos graves, elas estavam no cerne da sua conivência com as transgressões mais graves da sua esposa.

À medida que a terapia de Arthur continuava e que alguns meses se passaram, ele começou a sair com outra mulher. Essa mulher, uma atriz divorciada, mais jovem, adotou um novo tipo de relacionamento na vida de Arthur. Primeiro, ao passo que a esposa de Arthur era uma intelectual, essa mulher era uma artista. Ela era menos "cerebral" e mais sexual, portanto, eles faziam experiências sexuais com mais liberdade do que durante o casamento de Arthur e, além disso, ao contrário da esposa, essa mulher o admirava intelectualmente. Apesar de o relacionamento estar se desenvolvendo e se tornando aberto, carinhoso e íntimo, Arthur ainda pensava muito a respeito da esposa. Ao comparar os relacionamentos, ele percebeu que, ao longo de seu casamento, ele muitas vezes achava que a esposa não o tratava como alguém intelectualmente no mesmo patamar que ela. Havia um superior, uma atitude de "Sou uma pessoa mais séria" e ela, de certa forma, menosprezava a profissão dele, considerando-a uma escolha sem arrojo e inferior. Com minha ajuda, Arthur começou a ver que seus encontros sexuais extraconjugais eram todos com mulheres que ele considerava "inferiores", e que essa era a maneira de ele inconscientemente (1) se sentir melhor a respeito da sua masculinidade e (2) expressar sua raiva em relação ao fato de a esposa fazer com que ele se sentisse fraco. Em outras palavras, para não levar sentimentos dolorosos e raivosos para o relacionamento, ele periodicamente os "exportava" sexualmente, através de uma terceira pessoa. Compreendendo esses fatos, Arthur aprofundou mais ainda o trabalho do seu Segundo Passo (A distância mais curta), que, àquela altura, estava acontecendo não em seu relacionamento, mas em sua mente. Contudo, esse trabalho sugeriu que ele nunca havia se desligado totalmente da esposa e que, num certo sentido, ainda estava triangulando e, na medida em que a esposa também estivesse pensando nele, agora eles estavam envolvidos em um quadrado...

Surpreendentemente, o caso se revelou ser desse tipo. Exatamente quando ele estava se preparando para se mudar para a casa da namorada, a esposa de Arthur o contatou. Ele soube que, enquanto estava morando com o amante, ela também começou uma terapia, entrou no Segundo Passo (A distância mais curta), e percebeu que os seus casos extraconjugais eram uma reencenação de uma experiência sexual proibida durante a infância — na verdade, um abuso sexual — com o irmão mais velho. Ao discutirem isso durante um longo passeio à tarde pelo Central Park, Arthur revelou os seus próprios segredos sexuais, assim como seus novos *insights* sobre o relacionamento deles. Ao entardecer, estava claro para ambos que o relacionamento deles estava longe de ter acabado. Eles decidiram que iriam romper com os amantes e procurar aconselhamento matrimonial, embora ainda morando separados, para trabalhar a questão do relacionamento. Fizeram isso e, nos seis meses seguintes, com a ajuda de um terapeuta matrimonial, conversaram sobre tudo o que não conversaram durante 28 anos: raiva, sexo, culpa, inseguranças... todas as cartas estavam na mesa.

Eles estavam então trabalhando o Segundo Passo (A menor distância) juntos, com uma nova linha de comunicação que, pela primeira vez em mais de trinta anos, incluía discussões, brigas, impasses deprimentes e revelações dolorosas. Mas não havia humores inexplicáveis, segredos, mentiras, culpa e negação e, além disso, quando as brigas amainavam, havia um prazer imenso na intimidade mais rica de suas interações e na sensação de maior aceitação de si mesmo e do outro. Eu nunca antes tinha presenciado tamanha transformação em um relacionamento: do Primeiro ao Segundo Passo era como se fosse um relacionamento diferente.

Talvez por causa da magnitude dessa mudança o Terceiro Passo (Uma linha tênue) se apresentou de maneira menos dramática. À medida que Arthur e a esposa continuaram o trabalho em suas terapias individuais, eles puderam usar novos *insights* para adotar os reversos positivos das atitudes preocupantes de seus parceiros. Por exemplo, depois de confrontar várias vezes a esposa sobre sua arrogância intelectual, Arthur conseguiu ver que parte de sua raiva nessa área derivava de sua própria insegurança intelectual — e não da arrogância da esposa. Então, para superar sua insegurança, ele adotou um expediente dela e se inscreveu em um curso on-line sobre James Joyce e acabou por escrever um ensaio singular sobre "Retrato do Artista Quando Jovem" e por enviá-lo a importantes revistas literárias. Também começou a escrever contos filosóficos, desenvolvendo seus interesses por literatura e pela natureza do pensamento.

Ao mesmo tempo, a esposa de Arthur parecia ter começado a entender algo a respeito de sua própria necessidade de desvalorizar o intelecto do marido e de procurar sexo excitante em outro lugar. Conseqüentemente, ela agora parecia estar aprendendo com a abordagem mais realista e prática do marido em relação às coisas, inclusive em relação ao sexo. Por conseguinte, ela pôde se sentir mais à vontade sexualmente e pôde experimentar mais dentro do quadro do relacionamento principal. Gradualmente, esse tipo de trabalho individual, porém recíproco, tanto por parte de Arthur quanto da esposa acabou por reduzir a freqüência e a intensidade de suas brigas. Ele também aumentou a sensação de aceitação mútua e pertencimento, o que basicamente eliminou a ameaça do Amor Triangular da vida deles.

De fato, foi notável ver como, depois de tantos anos juntos, esse casal praticamente se reinventou. Tendo passado por anos de triangulações que incluíam traições e negação, eles entraram em uma corajosa nova dinâmica, que consistia em confrontação ambivalente frontal, para chegar apenas nos seus últimos anos à tênue linha de comunicação na qual os sentimentos negativos não são meramente expressos, mas integrados ao relacionamento.

CAPÍTULO

6

Amor proibido

E eles ralhavam com a parede: "Barreira invejosa, por que se intromete no nosso caminho?"

OVÍDIO

A HISTÓRIA DE PÍRAMO E TISBE foi a base para Romeu e Julieta de Shakespeare. No mito grego, os dois jovens são vizinhos e seus pais proíbem seu amor, mas, como Ovídio coloca, "o fogo suprimido queima com mais ardor" e "o amor sempre encontra seu caminho". Então, os dois amantes encontram uma maneira de se comunicar — através de uma rachadura na parede. Assim, à medida que o desejo e a frustração continuam a crescer, os jovens decidem desafiar as barreiras de seu amor e fugir de casa. Todavia, o plano de se encontrar à noite embaixo da amoreira é frustrado por uma reviravolta irônica que resulta na morte trágica dos dois.

Embora não seja nem de perto tão trágico, o Amor Proibido a ser explorado neste capítulo também não pode ser materializado. Quando amantes tentam levar seu amor secreto para a luz do dia, o amor, se não os próprios amantes, morrem. E as conseqüências para suas vidas podem de fato ser trágicas no sentido que, ao rivalizar por mais, eles terminam com menos, e, ao buscar a liberdade, eles terminam com mais correntes. Historicamente, o amor proibido pode ser visto como um amor que simplesmente desafia normas de comportamento que dependem da cultura. Obviamente, à medida que a sociedade ocidental continua a progredir ao longo de uma trajetória socialmente liberal, muitos dos amores proibidos de ontem não são mais proibidos. Outros, como namoros inter-raciais nos Estados Unidos, podem não ser explicitamente proibidos — exceto por algumas pessoas nas margens da cultura — mas ainda são tacitamente censurados.

A despeito de quão liberais somos, não podemos fugir da noção de que o amor romântico evoca bastante facilmente um elemento intrinsecamente proibido. Casos extremos — como o de uma professora do ensino médio que ficou grávida de um garoto de 13 anos e continuou a vê-lo apesar de repetidos avisos, de uma ação legal e de ter passado um tempo na cadeia — chegam até a mídia. E casos menos dramáticos, como o da estudante universitária e seu professor, ou o do homem casado e a estudante de intercâmbio que cuidava de seus filhos, são, obviamente, mais comuns. Em todos esses casos, o Amor Proibido claramente se sobrepõe a alguns dos outros padrões que analisei como, por exemplo, o Amor Triangular. Todavia, o aspecto proibido do amor e o papel específico que ele desempenha em muitos relacionamentos é importante o bastante para merecer discussão própria.

Para o terapeuta psicanalítico, a noção de que o amor pode ser intrinsecamente proibido não é novidade. Se você é um freudiano, tudo remonta a seu primeiro objeto de amor erótico — o genitor do sexo oposto — que está perigosamente fora de alcance. Mas você não precisa ser freudiano para ver que o amor romântico pode, de fato, ser perigoso na vida de uma família. Não há dúvida de que pais e filhos se apaixonam uns pelos outros, com a advertência quase universal de que nesse contexto separa amor de sexualidade. Mas esses dois elementos não têm natureza terrivelmente próxima, muitas vezes se evocando mutuamente e parecendo se misturar? Por exemplo, não é teoricamente natural que um irmão ou irmã se sinta atraído pelo outro ao alcançar a puberdade? E, em geral, não devemos esperar que a intimidade da vida familiar desencadeie sentimentos sexuais em seus membros? Bem, o fato é que o incesto existe, e é exatamente por isso que é tabu tão forte.

Apesar da educação sexual e do ambiente familiar progressivo, no qual a sexualidade é mencionada como uma parte "bonita e saudável" do amor adulto, na maioria das famílias a nudez, a excitação e o sexo não são vistos, ouvidos ou comentados. Ao mesmo tempo, referências sexuais são onipresentes em todas as outras áreas de nossa cultura, estimulando ainda mais a curiosidade e a imaginação da criança. Em outras palavras, você não precisa ser um psicólogo para ver que as crianças na nossa sociedade crescem com a noção de que o amor sexual é excitante e maravilhoso e, ao mesmo tempo, proibido — ao menos para elas.

PRIMEIRO PASSO: O ADOLESCENTE INTERIOR

Kim me procurou quando, aos 33 anos, percebeu que havia algo de errado com seus relacionamentos. Ela teve um relacionamento de quatro anos que comoventemente descrevia em prantos como aberto, maduro, carinhoso e simplesmente maravilhoso. Mas, desde que esse relacionamento havia terminado, aproximadamente três anos antes, ela não conheceu ninguém tão excitante, carinhoso e disponível. Ela teve alguns relacionamentos breves aos quais faltava a conexão que sentia com Christopher e que não davam em nada. Quando perguntei por que o relacionamento entre ela e Christopher não havia funcionado, ela começou a chorar novamente e disse: "Ele não era judeu."

Kim não era religiosa praticante, mas cresceu em uma comunidade judaica tradicional e conservadora e, por isso, sempre teve a intenção de se casar com um homem judeu. Quando conheceu Christopher, tinha 26 anos e não achava que fosse algo sério. Mas, à medida que os sentimentos dos dois foram crescendo, ela disse a Christopher — e a si mesma — que nunca poderia se casar com ele. Durante algum tempo, ela se perguntou se ele iria se converter, mas ele era um católico que freqüentava a igreja, talvez até plenamente praticante, portanto, ela sabia, e ele confirmou, que aquela opção estava fora de questão.

Portanto, alguns meses mais tarde, eles decidiram parar de se ver, mas isso partiu o coração deles e eles continuaram a se falar por telefone, o que acabou fazendo com que fossem almoçar juntos, depois jantar... e assim por diante. Logo estavam juntos novamente e, segundo a descrição de Kim, tiveram um relacionamento ideal, cheio de paixão e compaixão, mas os dois sabiam que "um dia" teriam de terminar. Além de estar convencida de que queria uma vida judaica, Kim era muito apegada à mãe e achava que, se se casasse com um gentio, "a mãe a mataria".

De acordo com a percepção de Kim, Christopher era muito sensível e gentil e entendia a posição dela, portanto, nunca a pressionou. "Estávamos tão apaixonados e tão felizes juntos que não queríamos terminar. Na verdade, tentamos de novo, duas vezes, mas, a cada vez, nos separávamos aos prantos, dizendo que não podíamos fazer aquilo e, depois de alguns dias ou semanas, voltávamos a ficar juntos."

Finalmente, quando Kim completou 29 anos, a mãe a apresentou ao filho de um amigo, um contador judeu que quis imediatamente namorar com ela. Kim contou a Christopher e ele ficou arrasado, achando que ela estava no caminho para se casar com aquele homem. Kim também achava a mesma coisa, então, ela e Christopher terminaram mais uma vez e ela começou a namorar o contador. Todavia, depois de alguns meses, Kim percebeu que não conseguia sentir nada por aquele homem. Ela terminou o namoro e tentou contatar novamente Christopher, mas não conseguiu encontrá-lo, e logo descobriu que ele havia deixado o país e estava viajando pelo mundo. Surpresa e aflita, Kim estava finalmente começando a ver que aquele capítulo de sua vida estava chegando ao fim, mas só quando reabriu a ferida na terapia que pôde entender melhor o relacionamento e desapegar-se dele. Enquanto anteriormente ela pensava que, se não fosse pelo fato de Christopher ser um gentio, eles teriam ficado juntos e se casado, depois de algum tempo na terapia ela percebeu que, se não fosse por essa mesma razão, eles nem teriam ficados juntos — ou pelo menos não por tanto tempo quanto ficaram. O amor deles não se tornava apenas mais doce, mais ardente e mais intenso por causa do elemento proibitivo, mas era também "impulsionado" por um tema proibido na história de Kim.

O pai de Kim morreu quando ela era criança e a mãe nunca se casou novamente. Kim era filha única e ela e a mãe eram extremamente apegadas, tanto que ela achava que nunca havia sentido a falta de um pai —

ela se sentia completamente amada e cuidada pela mãe. Contudo, como rapidamente descobriu na terapia, sua proximidade em relação à mãe dependia do fato de ela ser uma garota bem-comportada, madura e responsável desde muito cedo. Isso provocava um enorme senso de admiração, gratidão e obrigação em relação à mãe por ter feito um trabalho tão bom ao criá-la sozinha. Na adolescência, ela se interessava por rapazes, mas evitava namorar porque era muito apegada à mãe e não sentia realmente necessidade de sair. "Acho que eu também pensava que ela ficaria chateada se eu tivesse namorados, já que ela era sozinha e viúva." Quanto mais explorávamos o relacionamento de Kim com a mãe, mais vinha à tona que, em grande parte, a proximidade delas se baseava em uma síndrome de reversão dos papéis de mãe-filho que é bastante comum: Kim estava inconscientemente tomando conta das necessidades emocionais da mãe.

Como parte dessa reversão de papéis, Kim suprimiu qualquer sentimento de afastamento, mesmo na adolescência, quando a busca por autonomia muitas vezes assume uma forma rebelde e opositiva. Mas não para Kim. Para ela, rebelar-se abertamente teria evocado culpa demais. Então, ela continuou a ser uma boa moça até que sua necessidade de se separar e seguir em frente com sua vida se tornou irresistível. Entretanto, quando aos 26 anos ela finalmente tentou transferir a própria dependência emocional da mãe para um namorado, Christopher, Kim não conseguiu fazê-lo "abertamente" como um passo natural de desenvolvimento. Então, ela inconscientemente escolheu algo proibido, "sem futuro", que no fundo não a levaria para longe da mãe. Desse ponto de vista, Christopher poderia ter sido um homem indisponível qualquer, mas o fato de selecionar um objeto de amor que fosse proibido, não apenas para si mesma, mas também, e talvez especialmente, para a mãe, permitia que ela finalmente se rebelasse.

Por causa de seu enredamento com a mãe, a única maneira de se separar era quebrar as regras — neste caso, as regras culturais, religiosas com as quais fora criada. Obviamente, ela não se rebelou de verdade desafiando a mãe — e a mãe dentro dela mesma — casando-se com um gentio. Ainda era perigoso demais. Em vez disso, a adolescente dentro dela reuniu todas as suas necessidades emocionais negadas e reprimidas e as canalizou para os anseios dolorosos e prazeres secretos do amor proibido. Sem dúvida, o fato de ter descoberto Christopher e a intimidade com um homem, e de buscar inconscientemente um pai ausente também desempenhou certo papel na sua paixão, mas, mais do que tudo, foi sua busca por liberdade e individualidade em uma rebelião adolescente e inconsciente contra a mãe que determinou a escolha de Christopher.

É interessante notar que, por mais distintiva que fosse essa circunstância na história de Kim, o apelo quase acachapante do Amor Proibido quase sempre envolve uma rebelião adolescente. Isso se dá assim porque é na adolescência que entramos na sexualidade adulta com a ameaça implícita de nos separarmos de nossa infância e dos nossos pais *apesar de não estarmos totalmente preparados para isso*. De fato, os pais (e a sociedade em geral) são ameaçados pela sexualidade adolescente exatamente porque ela representa a tentativa de o adolescente se livrar do controle dos pais, portanto, se você está — como minha paciente Kim — em um relacionamento de Amor Proibido, o Primeiro Passo (O adolescente interior) requer que você reconheça que é sua própria rebelião — consciente ou não — mais do que sua conexão com o outro, que alimenta sua paixão.

Bem, a rebelião contra as convenções sociais não é necessariamente uma coisa ruim. Se você é gay, será que deve aceitar proibições religiosas ou culturais contra a busca de seu objeto de amor? Claro que não. Se você é uma mulher branca que está namorando um negro, será que deve considerar isso um Amor Proibido se, digamos, sua família ou outras pessoas em nossa sociedade não aprovam seu relacionamento? Mais uma vez, não. E quanto a uma moça que está namorando um homem mais velho? Mais uma vez, eu diria que não, apesar de, em todos esses casos, tudo depender de sua atitude intelectual e emocional em relação a essas convenções sociais. Se, como um pensador independente, você se entrega à sua rebelião e se empenha em seu amor, é claro que ele não será mais proibido. Por outro lado, se você se diz livre mas age como um adolescente colocado de castigo que, secreta ou subversivamente, gosta de infringir regras, é provável que esteja sob a influência do Amor Proibido.

Como podemos depreender do caso de Kim, chegar ao Primeiro Passo (O adolescente interior) no Amor Proibido pode ser bastante difícil. Primeiro, a profundidade e o alcance dos sentimentos trazidos para um relacionamento desse tipo são muitas vezes extraordinários. Isso em geral não é reconhecido por alguém de fora que está ocupado demais condenando o relacionamento por quebrar a norma social. Porém, como qualquer amante de literatura pode confirmar, quando somos introduzidos no mundo interior do Amor Proibido por um romancista, muitas vezes ficamos comovidos, nos identificamos e simpatizamos com os protagonistas. Não lemos ou assistimos a uma encenação de Romeu e Julieta dizendo a nós mesmos: "Ah, eles são tão adolescentes!" Minha representação favorita desse tipo de catarse artística vem do mundo da ópera. A despeito do que pensamos sobre o incesto entre irmãos — de fato, a despeito do terrível dano psíquico que ele acarreta quando acontece no mundo real — a representação musical de Wagner para esse tipo de Amor em *As Valquírias* coloca o ouvinte totalmente do lado dos amantes. O famoso dueto de amor deles, que culmina com *Du bist der Lenz, nach dem ich verlangte in frostigen Winters Frist* (Você é a primavera pela qual ansiei durante o inverno gelado) é uma das músicas mais tenras, harmoniosas e apaixonadas jamais escritas.

Era isso o que Kim sentia em relação a Christopher, e foi por isso que ela demorou quatro anos para romper o relacionamento, mas, além de ter de resistir a esse tipo de profundidade, e também beleza emocional, chegar ao Primeiro Passo (O adolescente interior) também é difícil porque vemos a realidade do obstáculo (isto é, a religião errada, o sexo, a idade, o estado conjugal etc.) como algo inteiramente externo e objetivo e não como algo parcialmente criado por nossa própria percepção e relutância em legitimar nosso amor. Então, como saber se você está sendo guiado pelo "adolescente interior" que deveria superar ou pelo amor verdadeiro que deveria abraçar? Bem, assim como no caso dos outros padrões de amor fracassado, às vezes você só "precisa participar para vencer". Em outras palavras, a única maneira de saber é rejeitar completamente esses obstáculos externos e se comprometer totalmente com seu amor. Se o amor morrer depois, você saberá que ele só foi alimentado pela rebelião. Se optar por não testá-lo, ou seja, continuar um relacionamento que você sabe ser inaceitável para você ou para seu parceiro, então, por definição, você está entrando no padrão de Amor Proibido. O mesmo vale se você continua o relacionamento em segredo para evitar a desaprovação social ou familiar.* Essa lógica torna bastante simples, pelo menos em teoria, verificar quais condições de namoro você deve evitar se deseja ficar livre do Amor Proibido. Por exemplo:

- Se você sabe que nunca se *casaria* com uma pessoa de outra religião, não *namore* pessoas de outras religiões.
- Se você sabe que nunca teria um relacionamento com um homem casado, não saia para tomar um drinque com um homem casado, o mesmo vale para o seu chefe.

Esses exemplos podem ser generalizados em uma equação que se encaixa em todas as situações possíveis:

- Se você sabe que nunca quebraria a (sua) regra X, nem mesmo tente forçá-la namorando a pessoa Y, se assumir um compromisso com ela é proibido por X.

Obviamente, essa fórmula requer que você "saiba" que "nunca faria" alguma coisa — e será que alguém pode realmente saber isso? Todavia, quanto mais você conhece a si mesmo, mais probabilidades tem de evitar namorar alguém que considera proibido. Se você não tem certeza se uma pessoa em particular é proibida para você, talvez ajude seguir o

* Esta discussão levanta uma questão importante relativa à vida de muitos homens e mulheres gays — especialmente jovens —, que acham que devem esconder sua vida amorosa para protegerem a si mesmos ou a seus parceiros de ameaças reais externas como rejeição social, discriminação e até mesmo violência. Discutivelmente, sempre que possível, os gays devem lutar para se assumir onde podem, pelo menos em um pequeno grupo de amigos íntimos. Espera-se que possam revelar o próprio segredo em um ambiente ou subgrupo mais ou menos tolerante ou, então, se mudar para uma comunidade mais tolerante. Embora isso possa ser uma verdadeira luta — uma luta que alguns de meus pacientes gays realmente travaram por muitos anos — vale a pena levá-la em consideração, pois, sem ela, por mais compreensível que seja a escolha deles, eles estão fadados a se sentir ilegítimos, o que significa que seus relacionamentos não podem deixar de ser contagiados pela dinâmica do Amor Proibido.

seguinte raciocínio hipotético: imagine que você está casado com essa pessoa, tem uma família com ela. Pense como seriam seus relacionamentos com sua família de origem, a família dela, seus amigos e os amigos dela. Você pode usar esse exercício a despeito de sua idade ou de sua posição, mesmo que nunca queira se casar. A idéia é obter um quadro de compromisso público com o qual *você* possa conviver. Portanto, a despeito do fato de as outras pessoas importantes na sua vida reagirem positiva ou negativamente à sua escolha, você ainda faria a mesma escolha? Se a sua resposta é "sim", é provável que essa pessoa não seja proibida em relação a seus próprios valores internos.

Finalmente, e quanto à possibilidade de o amor triunfar sobre os "valores internos" baseados em ignorância e preconceito, sendo que, nesse caso, depois de conhecer seu parceiro e perceber quanto você quer ficar com ele, você renuncia às normas sociais que o tornaram inicialmente proibido? Essa é uma possibilidade distinta que significa uma importante exceção à regra geral anterior. Como eu disse, às vezes só podemos descobrir a natureza de nossos padrões adotando-os.

SEGUNDO PASSO: O MURO INTERNO

Ao pensar em seus anos de faculdade ou talvez na época em que tinha vinte e poucos anos, você talvez consiga lembrar de um momento específico no qual repentinamente percebeu não tanto que estava livre da supervisão de seus pais, mas que, na ausência dessa supervisão, você tinha de criar seu próprio supervisor interno. Talvez tenha sido a primeira vez que você aprendeu a fazer um orçamento ou a dizer não a si mesmo, ao passo que antes eram os seus pais que faziam tais coisas. Esse tipo de momento representa a verdadeira liberdade. Não a liberdade *em relação* a alguma coisa, como no caso da liberdade em relação à supervisão dos seus pais e à sua concomitante rebeldia, mas liberdade *para fazer* alguma coisa, como no caso de suas escolhas, que dependem totalmente de sua capacidade de auto-supervisão.

Esse conceito é o cerne do Segundo Passo (O muro interno), no qual você faz uma escolha e aceita as conseqüências. Após ter identificado seu padrão de Amor Proibido, sua tarefa agora é desenvolver uma noção de fronteira, um muro interno que protege você do que é proibido. "Não vá lá", diz o sinal no muro, apontando para aquilo que *você*, e não o que os seus pais ou a sociedade como um todo, considera proibido. O território daquilo que "não é proibido", ou que é aceitável, definido por esse muro pode ser menor ou maior do que o terreno que você percorreu no passado. Por exemplo, um relacionamento com um homem casado talvez possa ser excluído agora, ou um relacionamento com um homem de etnia diferente talvez possa ser incluído agora. Esse muro interior não é simplesmente um conjunto de regras, mas uma estrutura psicológica em evolução cuja missão é conter e talvez, até certo ponto, substituir o adolescente interno. Como é de se esperar, essa função emergente joga você diretamente no terreno da ambivalência. Deixe-me exemplificar.

Um paciente começou sua terapia como um judeu ortodoxo religioso e moderno, em consonância com a maneira como havia sido criado. Ele me procurou quando tinha quase trinta anos, depois de romper um relacionamento longo com uma mulher que pensava como ele, totalmente *kosher*, porque ele não estava preparado para se casar. Ele tinha tido poucos outros relacionamentos e, portanto, achava que não podia se estabelecer antes de namorar mais, mas verificou-se que as experiências de namoro que ele procurou em seguida eram quase sempre proibidas. Primeiro, ele namorou uma mulher com a qual, de acordo com um desígnio bíblico realmente obscuro que tinha a ver com a história familiar dele e dela, ele não podia namorar. Durante algum tempo, ele racionalizou o fato evitando ter intercurso sexual com ela, o que, obviamente, tornava tudo ainda mais desejável. Por fim, após consultar seu rabino, ele concluiu que não precisava obedecer àquela regra, pois só os judeus ultra-ortodoxos a respeitavam. Então, ele consumou o relacionamento, mas, algum tempo depois, perdeu o interesse e o encerrou.

Por algum tempo parou de namorar, mas se envolveu em um relacionamento altamente sexual com uma mulher que não estava procurando "um relacionamento". Os dois concordavam que aquilo era algo estritamente casual, sem compromisso. Esse não-relacionamento aconteceu paralelamente a uma mudança na orientação religiosa do paciente. Apesar de continuar sentindo grande identificação com o judaísmo, ele começou a questionar sua fé e, de fato, parou de usar o seu *yarmulke*. Contudo, esse relacionamento parecia proibido porque ele encarava sua parceira como um objeto, tratando-a na sua cabeça como um brinquedo sexual — ainda que com a aquiescência dela — e não como um ser humano. Então, após um ano lutando com a própria culpa, ele encerrou esse relacionamento também.

Nos dois anos seguintes, ele tentou namorar, mas não conseguia encontrar ninguém que realmente o excitasse. Depois, ele se viu atraído por uma mulher mais jovem que não era judia. A essa altura, eu e ele finalmente percebemos que, apesar de ele ter continuamente expandido o seu território de escolhas aceitáveis para si mesmo, ainda estava buscando relacionamentos do lado de fora do muro. Apesar de, àquela altura, ele não estar mais praticando a religião, na sua mente não havia dúvida de que se casaria apenas com uma judia. Então, o que ele estava fazendo buscando essas não-candidatas? Ele ainda "não estava preparado para se estabelecer" apesar de já estar com mais de trinta anos? Não, ele estava preparado. Mas as mulheres que, na sua cabeça, eram "passíveis de casamento", isto é, profissionais liberais judias na casa dos trinta anos, não eram muito sensuais. Ou eram carentes demais, controladoras demais ou... maternas demais.

Falando com simplicidade e ignorando outras variáveis importantes, aquelas mulheres mais qualificadas faziam o paciente lembrar da própria mãe, que, durante sua infância, ele via como superprotetora (ou seja, carente + controladora), da qual ele sempre lutou para se separar. Portanto, ao buscar o Amor Proibido, o paciente estava tentando com muito afinco evitar a própria ambivalência, que consistia em ver mulheres carinhosas, responsáveis e maduras — todas qualidades que ele valorizava — como pouco sensuais, carentes e controladoras. De fato, havia pouco risco de ter de enfrentar essas qualidades em mulheres jovens, sensuais, inaceitáveis ou de alguma maneira intrinsecamente proibidas.

Depois que descobrimos isso, o paciente pôde alcançar o Primeiro Passo (O adolescente interno) e dizer não a seu eu adolescente. Depois, ele pôde estabelecer um relacionamento com uma mulher judia que tinha aproximadamente a sua idade e que era completamente *kosher*, segundo sua própria definição. Pela primeira vez desde que começou a terapia, ele estava em um relacionamento com uma pessoa igual a ele, que ele amava e respeitava e com quem tinha um diálogo aberto e uma compatibilidade básica de cultura, valores e sensibilidades. Isso era altamente gratificante para ele, mas também um grande desafio, pois ele lutou com o que via como a dependência da namorada em relação a ele. Ficava incomodado por ela querer que eles passassem mais tempo juntos, que falassem mais ao telefone, que "falassem mais sobre o relacionamento" e também por ela não ser tão excitante quanto algumas das outras mulheres com quem ele já havia se relacionado. No final, o relacionamento não deu certo porque ambos os parceiros não conseguiram transcender essa dinâmica, mas pelo menos o paciente teve a experiência do Segundo Passo (O muro interno), na qual ele lutou com sentimentos ambivalentes em um relacionamento que se situava, pela primeira vez, dentro do território daquilo que era aceitável segundo as fronteiras que ele havia imposto a si mesmo.

Outro exemplo, talvez mais bem-sucedido, é o de um paciente negro, gay, que tinha um relacionamento duradouro com um homem branco. Por muito tempo, aquele havia sido um relacionamento proibido para meu paciente, curiosamente — mas não surpreendentemente — não por ser um relacionamento gay, mas porque se relacionar com um parceiro branco era inaceitável em seu círculo social. O ambiente cultural do paciente era o gueto negro onde havia crescido e uma rede fechada de amigos negros, cuja maioria achava que ele tinha "se vendido" por "dormir com o inimigo". Durante esse período, meu paciente ou discutia com os amigos a respeito ou, como alternativa, minimizava o significado do relacionamento e escondia deles seu grau de envolvimento. Embora isso criasse tensão em suas amizades, havia uma "vantagem" psicológica: o paciente não tinha de encarar sua própria incerteza em relação à escolha. Quando você é ambivalente ou está em conflito com algo e outra pessoa toma um partido, você toma o outro. Em outras palavras, já que seus amigos estavam "se posicionando" ou representando todos os sentimentos negativos sobre um relacionamento com um namorado branco, era natural para o paciente se posicionar a favor, e ter mais contato com a posição oposta. Além disso, como muitas vezes é o caso, a designação pública de um relacionamento como proibido só serviu para alimentar sua paixão privada por ele. Então, como resultado dessa dinâmica, o paciente não precisava ter consciência de sua própria ambivalência.

Depois de algum tempo, porém, ele decidiu que não estava mais disposto a viver um Amor Proibido. Para ele, o Segundo Passo (O muro interno) significava assumir mais plenamente o relacionamento e desafiar os amigos a aceitá-lo. Ele decidiu morar com o namorado e compraram um apartamento juntos em um bairro de classe média alta, que, como ele esperava, provocou ainda mais reprovação dos amigos. Mas seu novo compromisso público para com o relacionamento o legitimava aos seus olhos e forçou os amigos a enfrentar a situação. Ele disse que precisava do apoio deles, mas que não iria aceitar o fanatismo, e isso diminuiu o impacto proibitivo do relacionamento. Apesar de a maior parte de seus amigos íntimos ter aceitado o relacionamento, alguns não o aceitaram e, por causa disso, a amizade entre eles terminou.

E agora que ele não fazia mais parte de um relacionamento proibido, o paciente tinha de enfrentar a sua própria... vocês sabem o quê? — ambivalência. Sem se esconder mais da oposição ou combatê-la, sua única escolha era sentir a sensação de perda, às vezes até de arrependimento, pelo fato de estar com um parceiro que nunca poderia realmente entender sua experiência de ter sido um jovem negro que cresceu em um bairro pobre, ou mesmo a experiência de ser negro agora, enfrentando uma discriminação constante, mesmo que sutil. A conseqüência era que havia agora mais conflito no relacionamento. Por exemplo, uma briga acirrada surgiu quando o paciente descreveu como se sentia por não ser promovido com a mesma rapidez que as outras pessoas da sua empresa, talvez por causa da sua etnia. A reação instintiva do namorado foi duvidar do fato de a etnia ser o motivo, o que fez o meu paciente se perguntar se os seus amigos não tinham mesmo razão. Mas ele permaneceu lá, enfrentando os seus conflitos com o namorado e sua própria ambivalência.

Para generalizar, ao dizermos não a nós mesmos no Segundo Passo (O muro interno), temos de ser capazes de lidar com a perda: tanto a perda da adolescência — definida aqui como o fim da liberdade para se rebelar subversivamente — quanto a perda de estar com um parceiro que é bastante diferente de nós. Devemos notar que a segunda forma de perda é, até certo ponto, verdadeira em qualquer relacionamento.

TERCEIRO PASSO: FINALMENTE LIVRE

Ao dar uma volta por algum bairro afluente dos Estados Unidos você irá encontrar, mais cedo ou mais tarde, no gramado bem-cuidado na frente de uma casa, um cachorro bem-tratado latindo para você. O cachorro corre na sua direção querendo brincar e pedindo para sair, mas ele, e certamente não o seu latido, é interrompido por uma barreira invisível. De fato o cachorro *está* sendo limitado por uma cerca invisível, um dispositivo em sua coleira que o submete a um choque elétrico quando ele tenta cruzar o limite da propriedade.

Em muitos relacionamentos, uma ou ambas as partes estão confinadas da mesma maneira ao relacionamento ou ao casamento. Presos mais pelo medo das conseqüências para si mesmos do que por causa de sua própria noção de livre arbítrio, eles nunca, ou raramente, se desviam e, por conseguinte, não parecem suscetíveis à atração do Amor Proibido. Mas, no caso do cachorro que quer brincar com estranhos na rua, a ameaça das conseqüências só serve para reforçar e aumentar o desejo proibido. Esses relacionamentos, portanto, estão de certa forma parados no Segundo Passo (O muro interno). Você não é mais um adolescente e sabe viver em uma prisão que você mesmo construiu.

A idéia do Terceiro Passo (Finalmente livre) é nos liberar dessa dinâmica baseada em um contrato social parecida com a do cachorro. Se no Segundo Passo (O muro interno) dizemos não ao Amor Proibido porque acreditamos que ele seja realmente proibido, no Terceiro Passo (Finalmente livre), dizemos sim a nosso relacionamento por entender que *o Amor Proibido de fato não é proibido coisa nenhuma*. Aceitamos o nosso relacionamento pelo que ele é, como ele é, e paramos de desejar pular a cerca que não é invisível, mas sim inexistente. Essa, reconhecidamente, é uma ordem difícil, mas é um requisito básico para um relacionamento monogâmico feliz.

Um de meus pacientes, "Donald", realmente acreditava nos ideais de compromisso e monogamia e nunca teria procurado a terapia não fosse pela crise que desafiou essas suas crenças. Casado havia quase vinte anos, Donald tinha quatro filhos. Ele me procurou porque tinha se apaixonado por outra mulher, uma corretora que trabalhava para ele no ramo de imóveis. Ele descreveu seus sentimentos em relação a essa mulher em termos carinhosos e respeitáveis, dizendo repetidamente que, mais do que tudo, ela era uma amiga maravilhosa. Ela também era casada e, embora eles admitissem a atração que sentiam um pelo outro, abstiveram-se de colocá-la em prática sexualmente. Porém, Donald entrou em pânico porque achava que se ela estivesse disposta a deixar o marido, ele deixaria a sua esposa e destruiria a família por causa dela.

Mas, embora o pânico fizesse com que ele percebesse que precisava de ajuda, havia uma solução rápida no horizonte. Seus sentimentos por "Alice" faziam com que ele se sentisse vivo, inspirado e motivado novamente. Ele se sentia empolgado para ir trabalhar todo dia, ansiando por longos almoços e passeios ocasionais pela cidade à tarde. Durante esse período, nem Donald nem Alice mencionava a questão de seu futuro juntos. Para Donald, isso por si só provocava uma sensação incrível de excitação e tensão: todo dia ele ia trabalhar esperando e temendo que ela tocasse no assunto e dissesse que ia largar o marido por causa dele. Esse tormento agridoce, combinado com comportamentos mais óbvios de segredo e engano — Donald tinha de esconder da esposa o seu paradeiro durante a sua jornada de trabalho —, é típico do Amor Proibido.

Depois de algum tempo, confrontei Donald com a observação de que ansiar pela liberdade enquanto se está escondendo algo de uma figura de autoridade — ele havia claramente transformado a esposa numa figura desse tipo — era a marca registrada da rebelião adolescente. Por se considerar uma pessoa responsável e madura, Donald não gostou de ouvir isso. Mas ele sabia que era verdade e decidiu aceitar o fato, entrando, assim, no Primeiro Passo (O adolescente interno). Em termos comportamentais, isso significava que ele finalmente quebrou o código de silêncio sobre o futuro que ele e Alice tinham estabelecido. Sabendo muito bem que, ao mencionar esse assunto, ele estava pondo um fim ao estado de suspense psíquico que alimentava os seus desejos, ele perguntou a Alice se ela algum dia pensava em terminar o seu casamento. Alice disse que não, que ela não conseguia imaginar isso, apesar de ela pensar a respeito todo dia. Sentindo-se aliviado, Donald imediatamente percebeu que, em última instância, ele também não terminaria o seu casamento. Obviamente, ele não foi realmente posto à prova já que Alice tinha dito não. Por outro lado, ao contrário de muitas pessoas em tais circunstâncias, ele nunca tinha realmente consumado o caso com Alice.

A seguir, Donald tinha de lidar com o aspecto secreto do seu Amor Proibido. Ele disse à esposa, "Elena", que tinha "desenvolvido sentimentos" por uma mulher no trabalho e disse a Alice que queria que eles fossem apenas amigos, do tipo que se falam a cada dois meses. Elena espertamente disse que cabia a ele resolver aquilo, e Alice, também espertamente, aceitou a sua decisão. Surpreendentemente, os três concordaram que não seria justo que Donald mandasse Alice embora — o que ele poderia facilmente ter feito — apesar de isso poder tornar as coisas menos dolorosas, ao menos para Donald e Elena. Essas ações — apesar de não terem sido tão simples ou tranqüilas quanto o meu relato pode sugerir — deram início a um processo irreversível de separação de Donald e seu Amor Proibido. Inicialmente, Donald apenas minimizou o seu contato profissional com Alice, mas, com o tempo, à medida que os sentimentos de um pelo outro se dissipavam, eles pararam até mesmo de se falar. No final, Alice deixou o emprego e desapareceu completamente da vida de Donald.

Mas esse não foi o fim dos problemas de Donald. Além de ter de reconquistar a confiança de Elena e curar sua ferida, ele agora tinha de começar a lidar com os problemas conjugais que o haviam predisposto ao Amor Proibido inicialmente. Então, lá vamos nós outra vez: por mais que tentemos, não há como escapar da ambivalência. No caso de Donald, embora ele fosse muito apegado e ligado à sua esposa, incomodava o fato de ela não estar em plena forma física, por ela não ter sua própria carreira ou interesse "externo" e de ela não parecer tão forte ou independente quanto algumas outras mulheres. Então, no Segundo Passo (O muro interno), Donald teve de aceitar tudo isso. Ele o faz, com a minha ajuda, (1) dizendo cognitivamente a si mesmo todo dia, durante algum tempo, que "Não há outro caminho, não há outra estrada" —, lembrando-se, é claro, de que ele, o adulto, e não o adolescente interno, havia optado por permanecer casado e (2) analisando por que as *imperfeições particulares* de Elena o haviam incomodado tanto.

O segundo ponto nos levou — o que mais poderia ser — à sua infância. Verificamos que a mãe dele — que cresceu na zona rural do norte de Michigan e nunca se adaptou realmente à vida na cidade grande — era, como ele dizia, "emocionalmente fraca". Tinha muitos medos e, portanto, nunca dirigiu, nadou ou fez exercícios. E ela ficava magoada com certa facilidade. Enfim, ela era carente e dependente não apenas em relação ao marido, mas também em relação a seu primogênito e único filho homem, Donald. Portanto, tendo sido exposto a esse tipo de cuidado feminino, Donald não suportava ter uma esposa que o fizesse lembrar, mesmo que vagamente, a mãe. Quanto ao fato de Elena estar um pouco acima do peso, isso lhe dava um aspecto geral mais maternal, o que não ajudava em nada. Mas, redirecionando a intensidade de sua ambivalência ao lugar à qual ela originalmente pertencia — a sua mãe — Donald pôde aceitá-la melhor e conviver com seu casamento imperfeito sem ter de recorrer novamente ao Amor Proibido.

A essa altura, com um casamento aceitável, tolerável, você vai acabar pensando que, para Freud, o propósito da psicoterapia ou da psicanálise é transformar sintomas neuróticos em infelicidade comum. Se você está reagindo com desprezo ou desgosto, achando que isso não é suficientemente bom, bem, eu concordo. De fato, esse estado de coisas poderia ter levado Donald de volta ao ponto inicial — tentar substituir a infelicidade conjugal cotidiana com amor extraconjugal. Portanto, o fato de aceitar a própria ambivalência não era o bastante. Ele também precisava lidar com ela. No passado, ele evitou lidar com ela porque não queria magoar a esposa. Então, nunca falou com ela sobre suas reservas. Mas agora, ao renunciar ao desejo por *outra* mulher, ele se permitiu vivenciar e expressar os próprios sentimentos a respeito *daquela* mulher e, em especial, a sua infelicidade em relação a seu peso e sua dependência.

Ouvir isso foi doloroso para Elena, especialmente logo após a traição do marido; mas também foi uma chance para ela considerar os próprios sentimentos a respeito de suas imperfeições. Ela poderia ter dito:

"Isso é problema seu, estou feliz com quem eu sou e não quero saber de nada disso", o que teria sido completamente legítimo. Mas não era assim que ela realmente se sentia. Na verdade, ela mesma estava infeliz com o seu peso e insatisfeita com a falta de direção independente em sua vida. Então, apesar de ter ficado magoada e com raiva, ela também reconheceu esses sentimentos e, subseqüentemente, começou a fazer exercícios e a explorar várias oportunidades de emprego. No final, ela acabou voltando a estudar, conseguiu um mestrado em Pedagogia e desenvolveu uma carreira de sucesso em uma consultoria educacional on-line.

O fato de expressar sua frustração e raiva — fossem elas válidas ou inválidas — foi a tentativa de Donald de lidar com a própria ambivalência. Embora essa seja muitas vezes uma estratégia arriscada, o fato é que muitos relacionamentos duradouros ficam parados em uma infelicidade sutil e crônica porque os parceiros temem o conflito. Eles podem aceitar intelectualmente as imperfeições do parceiro, no sentido de que eles dizem não às tentações externas, mas eles evitam a intimidade e a franqueza total, perdendo, assim, a oportunidade de enfrentar um conflito e sair dele com uma aceitação mais profunda e emocional de seu parceiro. Isso remete ao entendimento básico psicanalítico não-freudiano do Amor Proibido: por temermos que nossa raiva destrua nosso amor pelo "objeto" (originariamente a mãe ou o cuidador principal), evitamos expressá-la abertamente, e, em vez disso, a expressamos por meio de uma rebelião subversiva. No Amor Proibido, essa escolha reforça a si mesma à medida que acabamos por nos ressentir de nosso parceiro principal ainda mais porque ele ou ela cria um obstáculo a nosso novo amor e, ainda por cima, faz com que nos sintamos culpados. Portanto, temos de suprimir a nossa raiva ainda mais. Nosso parceiro proibido, por outro lado, é percebido por nós como uma vítima das circunstâncias que não pode fazer mal algum. Atingimos então nosso objetivo psíquico de separar amor e raiva, mas nos distanciamos ainda mais do nosso objetivo de relacionamento, que é ter uma intimidade real e duradoura.

Apesar de expressar sentimentos negativos com uma intenção construtiva ser condição necessária para um relacionamento bem-sucedido, isso não basta, o que nos leva ao Terceiro Passo (Finalmente livre) na terapia de Donald. Aqui, Donald teve de entender que ele era um prisioneiro não do seu casamento ou relacionamento, mas de sua própria psicologia, passada e presente. Mais especificamente, quando ele tinha treze anos, o pai abandonou a família e Donald repentinamente se tornou "o homem da casa". Ele teve não apenas de amparar emocionalmente a mãe, que estava desorientada e preocupada, mas também teve de ajudá-la a criar suas duas irmãs mais novas. Ele supervisionava os deveres da escola das duas e tomava conta delas para que a mãe pudesse trabalhar duas noites por semana para ganhar um dinheiro do qual eles precisavam muito. Donald era um adolescente consciencioso e responsável e, até certo ponto, também gostava de sua nova posição na família, mas, é claro, também se ressentia da situação e resolveu não repetir os erros dos pais, nem financeira nem emocionalmente.

Determinado a ganhar dinheiro e poupar, Donald trabalhou enquanto cursava o Ensino Médio e a faculdade. Mais tarde, estudou Administração e, por fim, começou o que se tornaria o seu próprio negócio de corretagem de imóveis. Ao mesmo tempo, ele queria desesperadamente ter uma vida familiar estável, "intacta", então, casou-se com a namorada dos tempos de faculdade, Elena, logo depois de eles terem se formado. Ao explorarmos essa história na terapia, ficou evidente que o problema de Donald era simplesmente o próprio sucesso: ele atingiu todos os seus objetivos cedo demais. Em outras palavras, ele sofria de um término precoce da adolescência. Ao desejar estabilidade e segurança desde cedo, não teve chance de explorar, brincar e experimentar. Conseqüentemente, mais tarde ele se sentiu aprisionado pelo que via — com alguma justificação objetiva — como suas decisões irreversíveis do início da vida adulta.

Apesar de a crise inicial de Donald ter se originado do conflito entre sua determinação inicial de evitar repetir os erros dos pais e da necessidade que ele sentia de se libertar das limitações do casamento, ele agora percebeu que isso era apenas uma parte de um problema muito maior. Como não havia nada que ele pudesse fazer a respeito do casamento — ele havia descartado o divórcio — decidiu enfrentar o problema maior. Por ter atingido relativa segurança financeira, ele podia explorar um maior número de hobbies assim como considerar uma mudança de carreira. Então, a partir daquele momento, a terapia de Donald se tornou um processo de exploração de vários interesses e opções de carreira e não de seus problemas conjugais.

Gradualmente, após considerar todos os tipos de idéias e mudanças, o processo fez com que Donald abandonasse seu negócio e entrasse para a política — algo que sempre foi uma paixão para ele. Acabou sendo eleito para a assembléia da sua cidade e concentrou sua atenção nas questões de bem-estar social e saúde. Ele estava feliz não apenas porque adorava seu novo trabalho, mas, sobretudo, porque se sentia bem em relação à sua capacidade de mudar. Pela primeira vez na vida ele se sentiu livre — livre do seu próprio impulso e livre do medo da instabilidade. E, como era de se esperar, essa sensação de liberdade o aliviou quase completamente de seus sentimentos de crítica e juízo em relação à esposa. Por sua vez, sentindo-se mais aceita pelo marido, Elena reagiu com maior sensação de autoconfiança, segurança e independência — que era o que Donald sempre quis.

CAPÍTULO

7

Amor sexual

Majestade e amor se dão bem
ou se atardam em uma morada? É difícil

Ovídio

JÚPITER, O COMANDANTE DE TODOS OS DEUSES, muitas vezes tirava partido de seus poderes para conseguir a companhia sexual das mulheres. Quando desejou Europa, a filha do rei de Tiro, Júpiter assumiu a forma de um touro e, depois de uma sedução elaborada e divertida, literalmente tirou a garota do chão. Depois, com ela em suas costas, galopou pelo oceano para uma nova terra, à qual ele logo deu o seu nome. Lá, voltando à sua forma normal e explicando suas razões para raptá-la, ele obteve seu consentimento para que se unissem sexualmente. Depois de fazerem amor, Júpiter voltou para a segurança de seu lar e de sua esposa, deixando que Europa se defendesse sozinha na nova terra.

Essa é uma história sobre a crua, poderosa e desinibida sexualidade masculina, simbolizada, é claro, pelo pecaminoso touro. A mulher, devemos notar, não é tão passiva quanto parece no início e voltaremos a falar do papel da sexualidade feminina perante o Amor Sexual mais adiante. Agora, o que me interessa a respeito desse mito é que o deus onipotente, Júpiter, que poderia ter conquistado Europa de várias maneiras, precisou abandonar sua majestade e se tornar o animal masculino por excelência para conquistá-la. Para apreciar a importância dessa transformação, não temos de ir além de alguns ícones culturais de nossos dias, como, por exemplo, o presidente dos Estados Unidos, que abandonou postura presidencial, o aparente intelecto superior e a preocupação com o povo para ir atrás de uma estagiária e fazer com que ela se envolvesse em um diálogo sexual que consistia em sexo oral rápido, charutos que não eram apenas charutos e assim por diante.

Embora muitos possam achar fácil julgar tal comportamento nos outros, se tentarmos com muito afinco, talvez o encontremos em nós mesmos. A verdade é que esse tipo de divisão sexual — quer a adotemos ou não — é algo que todos nós compartilhamos. Se não somos Bill Clinton, então somos Jimmy Carter, e, embora haja diferenças psicológicas e práticas entre fantasia e ação sexual, ambas podem ser igualmente atrativas assim como compulsivas. E ambas podem criar uma ilusão de amor inebriante.

PRIMEIRO PASSO: SIMPLESMENTE DIGA NÃO

Aaron me procurou depois que a mulher com quem ele era casado havia dois anos rasgou suas roupas e o botou para fora de casa quando descobriu provas de que ele tinha feito sexo com outra mulher na casa deles. Aaron admitiu, dizendo que estava apaixonado por aquela mulher já havia meses, que tinha tentado resistir o tempo todo, mas que, finalmente, havia cedido. Ele explicou que, embora amasse e respeitasse a esposa, Anne, achava que a outra mulher, Judy, era sua verdadeira alma gêmea. Enquanto Anne era "totalmente limpa" — uma amiga leal, uma boa dona de casa e uma ótima futura mãe — Judy era mais como ele, um "tipo mais safo". Uma garota que usava roupas de couro preto e dançava de forma sensual e que era mais filosófica a respeito da vida.

Por algum tempo depois de ter se separado de Anne, parecia que ele e Judy estivessem desenvolvendo um relacionamento muito especial e, de fato, profundo. Eram completamente abertos e francos um com o outro, passavam dias juntos conversando, viajando e fazendo o mais maravilhoso... sexo. Fiquei um pouco desconfiado quando Aaron descreveu o sexo como uma série contínua de sessões que duravam horas e proporcionavam orgasmos múltiplos culminando a cada vez em um estado extático de fusão e exaustão totais, que, além de tudo, correspondia à sua fantasia sexual favorita de penetrar uma mulher com a cabeça e nadar dentro dela. Mas, no início, descartei minha suspeita como mera indicação da minha inveja...

Porém, minhas suspeitas voltaram rapidamente quando Aaron me contou algumas de suas antigas experiências sexuais. Por exemplo, uma vez ele fez sexo com uma mulher no elevador do Empire State Building, parando-o entre os andares; outra vez, a poucos metros do desfiladeiro do Grand Canyon. Além disso, à medida que discutíamos o assunto, o relacionamento de Aaron com a sua "alma gêmea", Judy, começou a se deteriorar. No final, depois de uma série de brigas, acusações e desentendimentos, Judy decidiu voltar para o marido, que ela deixara alguns meses antes de conhecer Aaron. Aaron ficou arrasado com o rompimento, mas também aliviado, e, em pouco tempo, começou a sair com outra mulher. Depois de encontrá-la algumas vezes, ele começou a se referir a ela, de maneira autocrítica, como sua "amiga de transas". A essa altura, eles se encontravam toda terça-feira à tarde, faziam sexo, ficavam juntos um pouco e se separavam. Depois de uns meses, Aaron mencionou na terapia que não havia dito à sua "amiga de transas" que ele tinha herpes e que parecia que ela contraíra dele.

Bem, àquela altura somente um cego (na verdade, surdo) não reconheceria o padrão de Amor Sexual na vida de Aaron. Sim, ele "amava mulheres", e sim, ele achava que estava apaixonado por Judy, mas, no final das contas, esse amor assumiu principalmente uma forma sexual. Embora já tivéssemos falado um pouco desse assunto previamente na terapia, eu disse então que achava que ele realmente tinha uma compulsão sexual, ou, em termos populares, que ele era viciado em sexo. Como muitas vezes acontece nos casos de dependência, Aaron primeiro discordou de minha afirmação, mas, depois que repetidamente liguei os pontos, ele aceitou e concordou em procurar um grupo para dependentes sexuais do tipo 12 passos. Logo que se uniu ao grupo, ele rapidamente aceitou a idéia de que era um dependente e começou a construir um abrangente sistema de apoio para um comportamento sexual "sóbrio". E, apesar de seu grupo definir sobriedade sexual como ser sexualmente ativo apenas no âmbito de um relacionamento sério, Aaron deu um passo adiante e decidiu que também pararia de se masturbar, que era algo que o grupo não exigia. Essa decisão, assim como suas lutas diárias subseqüentes com ereções dolorosas que só cediam com muitas orações, confirmou a extensão da sua dependência.

Todavia, Aaron permaneceu sóbrio, de acordo com sua definição, por dois anos, durante os quais só beijou uma mulher que ele estava começando a namorar seriamente. Esse namoro não decolou, mas Aaron acabou se apaixonando por outra mulher e começou um relacionamento sério e compromissado que, gradualmente, se tornou plenamente sexual.

Então, o Primeiro Passo (Simplesmente diga não) de Aaron durou cerca de dois anos para ser implementado! Em termos gerais, isso mais uma vez demonstra o lamentável, mas inegável, fato de que apenas um *insight* cognitivo ou intelectual não é suficiente para romper um padrão comportamental. No fundo, esse *insight* deve ser acompanhado por um reconhecimento emocional e por um processo de repetição e prática. Mais especificamente, a longa luta de Aaron com o Primeiro Passo (Simplesmente diga não) demonstra o poder do prazer sexual para moldar o comportamento humano.

Quando Nancy Reagan embarcou em sua campanha antidrogas com o slogan "Simplesmente diga não", médicos e dependentes de drogas zombaram de sua simplicidade. Quantas vezes eles haviam ouvido aquilo antes e como aquilo era irrelevante diante da profundidade e do desespero da dependência! Mas, ironicamente — embora ineficaz a partir de uma perspectiva de política pública — dizer não a uma dependência é, na verdade, a única coisa que *podemos* fazer. E, apesar de, como no caso de Aaron, isso envolver um processo e não uma decisão instantânea e discreta, trata-se, de qualquer forma, de decisão. Também vale a pena notar que, ao contrário da dependência de drogas, as compulsões sexuais não envolvem dependência fisiológica de uma substância externa, e, nesse sentido, parecem ser mais facilmente superáveis. Como as drogas, elas oferecem um antídoto poderoso para a depressão, a solidão, a baixa auto-estima e o vazio existencial. E, clinicamente falando, os chamados viciados em sexo muitas vezes vêm de famílias com um histórico de abuso de álcool, de drogas e de vários outros tipos de compulsão, sugerindo fortemente uma predisposição genética geral.

Mas, tendo dito isso, a maioria das pessoas que cede ao feitiço do Amor Sexual é plenamente capaz de simplesmente dizer não. Se excluirmos criminosos sexuais — que pertencem a uma categoria própria, combinando, entre outras coisas, compulsões sexuais com uma personalidade anti-social — o exemplo de Aaron, apesar de não ser incomum, provavelmente se aproxima mais da extremidade do *continuum* entre expressão sexual saudável e Amor Sexual. Em outras palavras, há muitas pessoas, tanto homens quanto mulheres, que lutam com o padrão do Amor Sexual sem serem dependentes de sexo. Um exemplo simples é o de uma paciente que ouviu do homem com quem estava saindo, e pelo qual ela estava se apaixonando, que ele não estava preparado para sair exclusivamente com ela. Ela imediatamente parou de vê-lo e, ao tentar fugir da dor da rejeição, foi a um bar na vizinhança onde flertou com outro homem e depois o beijou. Um mês mais tarde, quando o namorado voltou e disse que estava preparado para assumir um compromisso, ela aceitou e, logo depois, eles ficaram noivos. Depois, ela contou a ele sobre ter beijado aquele homem no bar. Embora o noivo tecnicamente não pudesse dizer nada contra ela, essa ainda foi uma séria ameaça ao relacionamento, pois o noivo, assim como a própria paciente, ficou se perguntando se fazia parte da constituição moral dela reagir sexualmente quando estivesse sofrendo emocionalmente. Essa crise potencial no relacionamento levou a paciente ao seu Primeiro Passo (Simplesmente diga não). Ao perceber que era suscetível àquilo, ela resolveu nunca mais seguir o caminho do Amor Sexual, uma admissão e uma resolução que ela dolorosamente compartilhou com o noivo e que o ajudou a superar.

À medida que os papéis de gênero contemporâneos continuam a evoluir e a desafiar ulteriormente as definições tradicionais, as atitudes sexuais de homens e mulheres convergem e se sobrepõem. Todavia, como eu analisei em outra obra,* não podemos negar que muitas pessoas, se não a maioria dos homens e mulheres, vivenciam a própria sexualidade de maneira diferente. A partir de uma perspectiva evolucionista, é um fato os machos, muito mais do que as fêmeas, poderem intensificar sua atividade reprodutiva simplesmente fazendo mais sexo. As fêmeas, a despeito do que façam, não podem ter mais do que uma gravidez de uma só vez. A partir de uma perspectiva cultural, é bastante evidente que a sociedade espera certa safadeza sexual dos meninos, mas não das meninas.

Biologicamente, há diferenças hormonais e sexuais bem conhecidas. Por exemplo, os homens geralmente precisam de um período de tempo menor e de menos estimulação direta para ficarem excitados. Isso é verdade especialmente quando se está numa faixa etária mais baixa e se tem menos experiência, que é quando e como os homens, na verdade meninos, desenvolvem os hábitos de sexualizar conteúdos mentais. Em outras palavras, a simplicidade das reações sexuais dos meninos — além de fortes pressões evolucionistas, culturais e hormonais — tornam mais provável que eles busquem a poderosa recompensa da excitação e do orgasmo para fugir do conflito emocional ou para lidar com ele.

As mulheres, por outro lado, são socializadas, e até certo ponto "biologizadas", para explorar e expressar os seus sentimentos de maneira mais direta e, ao mesmo tempo, se deixar levar pelo "fluxo" masculino. Isso certamente está mudando, mas, quando o assunto é o exercício de poder e liderança, muitas mulheres ainda tendem a ceder, se não a se deixar subjugar pelos homens. Obviamente a noção de "a mulher por trás do homem" — a Nancy Reagan ou a Hillary Clinton que, na verdade, comanda a Casa Branca — tem um fundo de verdade e sugere mais igualdade do que supomos. E, da mesma maneira, embora pareça que os homens comandem as atividades sexuais — iniciando-as ou ficando por cima, literal e metaforicamente — as mulheres muitas vezes exercem o poder de negá-las *e* iniciá-las. Contudo, muitas vezes as mulheres ainda têm dificuldade em dizer não. E também existe um fundo de verdade na piada paradoxal que diz que os homens falam para fazer sexo e

* Gratch, A., Ph.D., *Se os Homens Falassem*. Rio de Janeiro: Elsevier Editora, 2001.

que as mulheres fazem sexo para falar. Digo "paradoxal" porque, em um certo sentido, para os homens, sexo *é* conversar e, para as mulheres, conversar *é* sexo, ou ao menos uma atividade sexual, o que significa que no final tudo dá certo porque, no fundo, estamos todos nesse barco pela mesma razão — amor e intimidade.

Mas, como era de se esperar, essas diferenças de gênero se tornam mais polarizadas e, portanto, mais evidentes no Amor Sexual. Não é coincidência, por exemplo, o fato de o grupo de 12 passos para dependência sexual de Aaron ser composto quase totalmente por homens. Ao mesmo tempo, esses homens eram dependentes de sexo, não de masturbação, ou seja, eles tinham parceiras, e, na maioria das vezes, parceiras que não eram dependentes de sexo, mas de amor (que, em certo sentido, todos nós somos). Em outras palavras, muitas mulheres que se tornam presas do padrão de Amor Sexual apresentam um quadro clínico diferente do de seus parceiros. Uma razão é porque as mulheres muitas vezes negam o fato de a pessoa com quem ela está saindo ou seu namorado estar interessado apenas em sexo. Ou elas acreditam no que o homem diz, ou dizem a si mesmas: "Isto pode se tornar um relacionamento." Minha experiência clínica sugere que, às vezes, mesmo as mulheres que tiveram uma relação sexual casual, em retrospecto, acabam sentindo que foram usadas. Os homens, por outro lado, muitas vezes acabam se sentindo culpados por terem usado a mulher, apesar de ela ter claramente agido por sua livre iniciativa. Não há justiça, ou talvez nem mesmo lógica, nisso, mas muitas vezes esse é o caso.

Essas diferenças de gênero têm claras repercussões na maneira de alcançar o Primeiro Passo (Simplesmente diga não). O resultado é que, para dizer não ao Amor Sexual, tanto homens quanto mulheres precisam ter a capacidade de ler os sinais do Amor Sexual. Embora os dois sexos precisem aprender a reconhecer os sinais da compulsão sexual, da "dependência de amor" complementar e da negação, as mulheres têm mais tendência a precisar reconhecer o primeiro elemento em seus parceiros e os últimos em si mesmas. E o inverso se aplica aos homens.

Ao ler sobre os sinais de alerta a seguir, você rapidamente irá saber qual aplicar a si mesmo e qual aplicar aos outros. Por simples conveniência, porém, estou direcionando os sinais diagnósticos às leitoras que têm mais probabilidade de assumir o papel feminino tradicional no Amor Sexual. Obviamente, há várias exceções, tanto masculinas quanto femininas, e, se você é uma delas, por favor desculpe minha atitude politicamente incorreta e simplesmente ajuste a direção dos sinais de alerta para a sua condição.

DETECTANDO A COMPULSÃO SEXUAL

- O seu namorado não se interessa em ficar com você em momentos e lugares em que o sexo não pode ocorrer. Muitas vezes, isso significa que ele não quer conhecer sua família ou seus amigos e não gosta de simplesmente sair para passear no parque ou ir a uma cafeteria.
- O homem que você está namorando tem um discurso doce e suave. Ele emana calor e faz muitos elogios. Suas feições parecem perfeitas demais, sem demonstrar sinais de nervosismo ou insegurança. Ele se move rápido demais, dando a impressão de ser um sedutor talentoso e seqüencial.
- Você sente que está sendo pressionada ou manipulada para fazer sexo. Em vez de dizer a você "Estou realmente a fim, mas vou esperar o quanto for necessário", o cara com quem você está saindo parece estar dizendo "Quero sexo agora ou dou o fora".
- O seu namorado muitas vezes é evasivo quanto ao próprio paradeiro ou você o pega contando uma mentira. Isso pode significar outros segredos não sexuais, mas veja se você consegue ligar os pontos com mais dados; por exemplo, o seu ginecologista informa que você tem verrugas vaginais (ou herpes etc.) e você não fez sexo com mais ninguém nos últimos anos.
- Depois de fazer sexo sem proteção com você durante um tempo, o homem que você está namorando confessa que tem herpes.
- Você responde a um perfil do Match.com e vocês trocam e-mails. Você dá o seu número de telefone e ele liga. Vocês conversam por algum tempo e ele convence você a fazer sexo por telefone.
- O seu namorado ou marido "adora" você, especialmente na cama, idealizando o seu corpo e a sua beleza, mas você sente que ele não está interessado em quem você é.

- O seu namorado ou marido insiste em fazer sexo só de uma maneira ou em uma posição que é desconfortável para você. Por exemplo, para ejacular ele *tem* de fantasiar que você é a secretária dele. Ou ele insiste em apimentar a sua vida sexual convidando uma terceira pessoa. Isso é diferente de *vocês dois quererem experimentar* uma fantasia conjunta, uma encenação ou até o sexo a três.
- Você descobre que o homem que você está namorando filmou vocês dois durante o sexo.
- O seu namorado ou marido não está interessado em fazer sexo com você. Esse pode ser um sinal de que ele tem uma vida sexual secreta (real ou em fantasia).
- O seu namorado ou marido só está interessado em dar prazer a você. Ele não tem uma ereção e não quer ser estimulado por você (a mesma coisa do caso acima).
- O homem com quem você está saindo diz que vai freqüentemente a bares de *striptease*. Você diz a ele que isso a incomoda, mas ele acha que isso é problema seu.
- O homem com quem você está saindo diz a você que traiu algumas namoradas antes. Isso sem demonstrar arrependimento genuíno e sem perceber a seriedade do problema. Por exemplo, ele pode dizer: "Sim, traí algumas garotas e acho que isso não é justo; mas elas também não eram o máximo."
- O homem com quem você está saindo menciona, talvez de passagem, que é dependente de sexo, mas sem indicar que esteve em um programa de recuperação. Isso pode parecer óbvio, mas, mais uma vez, na busca do amor, os dependentes de amor negam o óbvio.

Bem, como você pode ver, a lista pode prosseguir infinitamente... mas acho que você já entendeu.

DETECTANDO A DEPENDÊNCIA DO AMOR E A NEGAÇÃO

- Você conhece um homem charmoso em um bar e ele a convida para ir à casa dele. Você não está muito a fim — está cansada e tem uma entrevista de trabalho no dia seguinte — mas ele é persistente e persuasivo, então você acaba indo, racionalizando que você realmente precisa conhecer homens se quiser se casar um dia.

- Uma amiga de uma amiga lhe diz que o cara bacana com quem você começou a sair é um boa-vida. Um colega de trabalho que por acaso também o conhece diz que ele bebe muito e que, uma vez, o procurou para pedir US$2 mil emprestados apesar de eles serem apenas conhecidos. O próprio cara diz a você que ele recentemente terminou com uma namorada porque ela queria um compromisso e ele não estava preparado. Você diz a si mesma: "Eu não deveria dispensar alguém por causa de boatos e nunca se sabe como um relacionamento pode se desenvolver — talvez essa última namorada simplesmente não fosse a pessoa certa para ele."
- Você conhece alguém na Internet e, depois de alguns e-mails, ele lhe dá o número de telefone. Você liga e a conversa é ótima, você acha que realmente existe um potencial. Depois, mais para o final da conversa, ele menciona que "gosta de sexo um pouco violento". Isso não parece certo, mas você diz a si mesma que "Ele provavelmente só quer experimentar ser mais masculino ou decidido — e por que não? Gosto de homens fortes".
- Depois de alguns encontros breves, nos quais os homens terminaram com você depois de vocês terem feito sexo algumas vezes, você promete que irá mais devagar no próximo relacionamento. Mas agora se vê em um segundo encontro com um homem que diz todas as coisas certas — inclusive "Sexo para mim é coisa séria" — e acaba fazendo sexo com ele.
- Enquanto está falando de sexo ou pornografia, o homem com quem você está saindo menciona de passagem "Provavelmente sou viciado em sexo", mas, apesar de você achar de início que é um comentário estranho, você logo o considera uma piada ou esquece de tudo e nunca mais toca no assunto.
- Seu namorado pede que você participe de práticas sexuais que você acha pouco convencionais e com as quais você se sente pouco à vontade mas termina por aceitar, racionalizando que você está fazendo algo especial para ele.

- O sexo entre você e seu namorado é maravilhoso e apaixonado e vocês travam conversas filosóficas sobre a vida, mas ele não quer conhecer os seus amigos e diz que não está preparado para assumir um compromisso. Ele também diz que passa duas horas por dia assistindo a pornografia on-line. Você fala a respeito com sua melhor amiga — que trabalhava com seu namorado — e ela lembra que tinha avisado assim que vocês se conheceram que ele não servia para um relacionamento. Você então se lembra que, na época, pensou que ela estivesse com ciúme. Você começa a se preocupar achando que talvez ela tenha razão, mas decide dar mais um tempo ao relacionamento.
- Você briga com o seu namorado e vocês ficam sem se falar por alguns dias. Depois, ele liga para pedir desculpas e vocês fazem as pazes. Mais tarde, uma amiga lhe diz que, em uma daquelas noites depois da briga, ele estava dançando com outra garota numa boate da cidade. Você pergunta a ele a respeito. Ele é evasivo e vago, mas, no final, confessa que dormiu com aquela garota. Agora, ele está choroso e com remorsos e pede que você o perdoe. Você se sente mal por ele e diz a si mesma: "Acho que os homens são assim mesmo."

Esta lista também pode ser interminável, mas, no fundo, são apenas variações sobre o mesmo tema, ou seja, se você se pegar racionalizando, explicando e analisando o comportamento sexual do homem com quem você está saindo, do seu namorado ou do seu marido como uma maneira de aceitá-lo e de compactuar com ele, deveria saber que está na hora de Simplesmente Dizer Não. Dizer não, obviamente, não é apenas discordar, discutir ou brigar — essas atitudes podem ajudar a negação. Por exemplo, todo mês, ao pagar a conta de telefone, uma paciente se deparava com quase US$100 em ligações para um certo número, que, quando ela finalmente resolveu verificar, revelou-se um estabelecimento de sexo por telefone. Ela confrontou o marido a respeito e ele disse que estava fazendo pesquisas para uma nova idéia de negócio. "Não acredito", ela gritou, "como você pode mentir assim para mim? Você acha que sou uma idiota?" Seguiu-se uma grande briga e a paciente ficou sem falar com o marido por alguns dias. Mas, gradualmente, eles foram se reaproximando e o incidente foi esquecido. Epílogo: as ligações pararam por alguns meses, mas, depois, reapareceram com ainda mais freqüência. Moral da história: Simplesmente Dizer Não diz respeito a ações, não a palavras.

SEGUNDO PASSO: ÀS VEZES UM PÊNIS É APENAS UM CHARUTO

Freud via símbolos sexuais por toda parte, mas, em contraposição a essa tendência, ele fez a famosa observação de que "às vezes, um charuto é apenas um charuto". Parafraseando Freud, também podemos dizer que, às vezes, um pênis é apenas um charuto, ou seja, o sexo não tem a ver com sexo afinal de contas, mas com a nossa psique ou alma. E, embora os homens tendam a sexualizar os conflitos emocionais mais do que as mulheres, os dois sexos usam a arena sexual para lidar com questões não sexuais. Isso significa que, se quisermos dar adeus a relacionamentos nos quais amor é igual a sexo e se quisermos dar as boas-vindas a relacionamentos nos quais o amor é maior do que o sexo, antes temos de dessexualizar nossos conflitos emocionais.

Um casal com quase trinta anos me procurou por causa de um "problema sexual" que ameaçava seu relacionamento que, em todos os outros aspectos, era rico e compromissado. Segundo a namorada, o namorado não estava interessado em fazer sexo com ela e muitas vezes o evitava com todo tipo de desculpa. O namorado — que era um homem muito agradável e que, segundo as palavras da própria namorada, era o homem mais carinhoso e atencioso que ela tinha conhecido — admitiu, mas disse que não sabia qual era o problema. Depois que decidimos que eu e ele tentaríamos chegar ao fundo da questão em sessões de terapia individual, ele me revelou que na verdade sabia qual era o problema. Verificou-se que esse homem realmente gentil só conseguia ficar excitado quando fantasiava sobre estuprar e atirar em mulheres. Embora se sentisse péssimo em relação a essas fantasias, ele nunca as tinha encenado, sabendo muito bem que se tratava apenas de fantasias, mas, apesar de ter aceitado "usar" essas fantasias quando se masturbava, ele não queria usá-las quando estivesse fazendo sexo com a namorada a quem ele tanto amava. Então, ele basicamente evitava o máximo possível fazer sexo com ela.

Embora esse paciente tenha se apresentado com um problema sexual que, de fato, prejudicava sua vida sexual, sua terapia acabou revelando que o problema era emocional ou interpessoal e não sexual. Resumindo, quando criança, o paciente foi fisicamente abusado e humilhado pela mãe. Então, ao crescer com medo dela, ele se refugiou em fantasias violentas de vingança, que, na puberdade, se ligaram ao impulso sexual dirigido a todas as mulheres. Era como se, em suas fantasias sexuais, ele estivesse revertendo o equilíbrio de poder em seu relacionamento com a mãe — dessa vez, era ele quem tinha o controle, dando vazão à sua raiva. (O psiquiatra Robert Stollar descreveu esse processo como "transformar trauma em triunfo".) Obviamente, não era coincidência o fato de o paciente ser consciente e comportamentalmente muito atencioso e carinhoso. Na infância, ele tinha muito medo da sua raiva, então, eliminou todos os traços de hostilidade e agressividade de sua interação consciente com as pessoas. Outro modo de explicar isso é que, com base em sua experiência com a mãe, o paciente tinha raiva das mulheres, mas só a podia vivenciar através do canal das fantasias sexuais, dissociado das emoções.

Portanto, para esse paciente, a terapia consistiu em dessexualizar suas fantasias, isto é, ajudá-lo a entrar em contato com sua raiva em relação às mulheres e, em última instância, em relação à sua mãe. Isso, por sua vez, o tornaria uma pessoa muito menos agradável e carinhosa porque agora ele ficaria incomodado com mais facilidade por sua esposa ou mãe. Por outro lado, ele não precisaria mais depender de fantasias violentas para expressar a própria raiva e, por conseguinte, poderia ter uma vida sexual melhor. Em outras palavras, enquanto antes não havia nenhum sinal de ambivalência em seu amor — exceto, é claro, no fato de ele evitar inexplicavelmente o sexo — agora a ambivalência ficaria mais evidente. Na verdade, era necessário dar um tempo e trabalhar de acordo com o Terceiro Passo para neutralizar completamente as fantasias violentas, mas reconhecer que essas fantasias são *relacionais* e não *sexuais* é o cerne do Segundo Passo (Às vezes um pênis é apenas um charuto).

Embora esse exemplo talvez seja extremo, versões menos violentas de sua premissa básica — isto é, o fato de o sexo ou as fantasias sexuais serem usados para expressar através de um deslocamento sentimentos agressivos inaceitáveis que possamos ter em relação ao objeto de nosso amor — são bastante comuns. Certamente, em muitos relacionamentos duradouros, mas também em muitas situações de namoro, um ou mais pacientes freqüentemente desenvolvem uma versão do que Freud chamou de complexo de Virgem Maria/Prostituta. Trata-se de uma maneira sexual de administrar a ambivalência: você ama e respeita a sua parceira principal, mas tem fantasias sexuais (ou um relacionamento sexual) com outra parceira, menos respeitada. Você "faz amor" com a primeira e "transa" com a segunda. Você tem preliminares e intercurso com uma, e sexo oral, sexo anal ou outras formas de sexo que você pode achar mais excitantes, porém mais degradantes para sua parceira, com a outra. Assim, você protege a pureza de seu relacionamento principal de sua agressão. Ou, para ser mais exato, você *finge* que protege enquanto, na verdade, sua ambivalência é expressa sexualmente: você se sente menos excitado, ou nem um pouco excitado, por sua parceira principal, canaliza sua energia sexual para outra direção e talvez até precise ter as chamadas fantasias de "substituição" para ter algum desempenho sexual com sua parceira.

Muitas pessoas se perguntam se é "certo" — normal, saudável etc. — fazer sexo com o próprio parceiro fantasiando sobre outra pessoa. Para mim, não é uma questão de certo ou errado, mas de como você expressa sua ambivalência — no caso, sexualmente. Se, como muitas vezes é o caso, você não fala com seu parceiro a respeito dessas fantasias de substituição, é provável que você não o faça porque se sente culpado, o que sugere que, para *você*, não está certo. A partir de uma perspectiva psicológica, você não está fazendo nada de errado; é você que não está disposto a assumir sua ambivalência. Você a esconde inconscientemente em seu funcionamento sexual e acaba sentindo que existe algo de errado com você ou com o seu parceiro, *sexualmente*.

Portanto, no Segundo Passo (Às vezes um pênis é apenas um charuto), sua tarefa é transformar desejos ou preferências sexuais desconfortáveis ou ocultos — seus e/ou do seu parceiro — em comunicações emocionais, interpessoais. Embora em alguns casos isso requeira a ajuda de um terapeuta experiente, muitas vezes você pode fazer isso sozinho. Por exemplo, muitas mulheres têm fantasias sexuais com um homem poderoso nas quais ele as estupra ou pelo menos controla seu corpo e as força a fazer sexo. Podemos analisar esse tipo de fantasia isoladamente, interpretando-a como uma indicação de que você quer que um homem forte controle suas interações não sexuais, ou talvez que ele até mesmo a proteja. Mas, para tornar isso ainda mais útil, você pode tentar relacionar esse desejo de modo significativo com a realidade da sua vida. A experiência clínica demonstra que esse tipo de fantasia muitas vezes acontece com mulheres que têm um estilo interpessoal agressivo, "de comando" e que, por isso, têm dificuldade em abrir mão do controle em relacionamentos íntimos. Elas namoram ou se casam com homens gentis, sensíveis ou passivos para poderem manter o controle, mas, depois, desejam que o parceiro seja mais forte ou mais agressivo para que elas possam relaxar ou se sentir protegidas por ele. Esse desejo, porém, é incongruente com a personalidade do parceiro, e também com sua própria necessidade de ter o controle. Então, elas acabam por expressá-lo através de uma fantasia ou uma encenação sexual.

Fantasias e encenações sexuais podem ser muito excitantes, mas muitas vezes são emocionalmente irrelevantes ou dissociadas. Ao ficar excitada por uma fantasia de ser amarrada ou violentada, você não se *sente* impotente ou vitimizada. Afinal, isto é uma criação sua e você a criou para seu próprio prazer. Em outras palavras, os sentimentos "negativos" são expressos no conteúdo da sua fantasia, mas ainda não são vivenciados por você de forma consciente. Como vimos, porém, além do próprio conteúdo, às vezes existem sentimentos de culpa por causa da fantasia, que também indicam os sentimentos "ruins" ou negativos a respeito da outra pessoa.

Embora talvez sejam alguns dos sentimentos mais comuns, a agressão e a dominação — ou o oposto, como descrito — dificilmente são os únicos sentimentos problemáticos expressos sexualmente. Todos os sentimentos difíceis acham seu caminho até o quarto. Um rapaz, que era um bem-sucedido administrador de finanças em Wall Street, se apaixonou por uma aspirante a artista inteligente, bonita e sexy. Porém, ela era muito exigente com ele sob vários aspectos. Primeiro, ela sempre ligava para que ele fosse ajudá-a a fazer alguma coisa no meio do expediente.

Segundo, ela não tinha dinheiro nem seguro de saúde e passou gradualmente a depender dele para solucionar várias necessidades e crises econômicas. E, finalmente, ela tinha expectativas sexuais muito altas e especiais, e insistia, por exemplo, que eles se olhassem nos olhos fixamente durante todo o ato sexual. O paciente a amava e a contentava sem reclamar muito, em parte porque isso o excitava. Mas, ironicamente, tudo se tornou um problema quando ela quis saber uma vez o que ele estava pensando durante o intercurso. Obedecendo como de costume, ele respondeu que estava fantasiando que ela era uma vampira que sugava o seu pescoço e o dessangrava. Ao ouvir aquilo, a namorada pulou da cama horrorizada, dizendo: "Então é isso que você pensa de mim, que eu estou sugando a sua vida... que eu estou usando você... você não entende nada de amor..."

Esse foi o início do fim do relacionamento, pois meu paciente entendeu que a interpretação da namorada a respeito de sua fantasia sexual era de fato correta: ele estava tão atraído por ela que negava para si mesmo que se sentia dessangrado por aquela mulher. Mas a "tradução" da namorada da sua fantasia sexual fez com que ele percebesse isso e, a partir de então, ele tentou fazer com que algumas de suas necessidades fossem satisfeitas no relacionamento. Mas enquanto ele agora estava lutando para reconhecer e lidar com essa ambivalência, a namorada não abria mão das suas exigências (inclusive a "exigência" de que ele não tivesse mais fantasias sexuais daquele tipo) e logo terminou o relacionamento com ele. Depois, o paciente percebeu que a atração que ele sentia por aquela mulher era apenas uma manifestação do Amor Sexual. A namorada tinha razão ao dizer que ele não sabia muito sobre o amor — o que não significa que ela soubesse.

É interessante, esse paciente, que era basicamente heterossexual, tinha outra fantasia de "sucção" na qual ele fazia sexo oral com homens, sugando todo o esperma deles. Quando exploramos mais a fundo essa fantasia, descobrimos que, na fantasia, ele acreditava que precisava de um "reabastecimento" externo de esperma para continuar a funcionar sexualmente com as mulheres.

Se você colocar isso em termos não sexuais, é possível dizer que, por se sentir esgotado pelas mulheres, o paciente precisava de mais apoio dos homens, o que, depois de mais análises, definia com muita precisão a vivência da sua experiência com os pais. A mãe era carente e superprotetora, e fazia com que ele sempre sentisse que ela estava "recebendo" mais do que "dando", mesmo quando, por exemplo, ela lhe dava um abraço. Portanto, ele ansiava por se afastar da presença sufocante dela e buscava força e apoio no pai. Mas o pai era passivo e recatado, e passava muito tempo fora a trabalho. Então, para simplificar, suas fantasias sexuais refletiam o fato de ele ter tido uma presença materna excessiva e uma presença paterna deficiente — como isso é incomum...

Resumindo, se você quer entender seus interesses sexuais ou os de seu parceiro — e isso é algo imprescindível se você quer superar o Amor Sexual — tente ver se eles se relacionam com conflitos não sexuais da sua vida. Se você se sente atraída por homens mais jovens, com tipo de garoto, pergunte a si mesma se você tem medo de ter um relacionamento mais igualitário. Verifique se você está cercada por "homens sim" e se você tem um motivo de ter medo de homens "de verdade"; pergunte a si mesma se seu pai ou irmão mais velho a importunaram e se você generaliza essa percepção em relação a todos os homens, exceto em relação àqueles que são jovens e de aparência meiga. Talvez você tenha medo de homens, ou até "odeie" homens, mas só consiga expressar tais sentimentos sendo sexualmente atraídas por "não homens".

Da mesma forma, se você não consegue atingir o orgasmo, pergunte a si mesma se você está aberta a receber e a vivenciar o prazer de outras maneiras. Você dá valor ao fato de ser auto-suficiente a ponto de não deixar ninguém entrar na sua vida? Você sempre tem de controlar tudo porque ser vulnerável significaria ser passada para trás? Você só consegue se soltar quando bebe? Você vê as pessoas que dão muito de si emocionalmente como intrometidas? Você cresceu com um genitor intrometido ou acha que o seu namorado ou marido é intrometido ou dominador?

Ou, se o seu namorado ou marido tem lutado contra a impotência, tente descobrir se ele se sente inadequado em outras áreas da sua vida. Será que ele sofreu um revés na carreira? Será que ele se sente emasculado por você de alguma maneira? Claro, a impotência pode significar muitas coisas (por exemplo, ele pode estar paralisado pela ansiedade de desempenho, ele pode estar tendo um caso e se sentir culpado, ele pode ser gay etc.) Mas, com a exceção da disfunção erétil de fundo físico, a impotência *sempre* representa algum tipo de ambivalência, algum desejo por parte dele de não estar lá ou de não realizar o ato. E é por isso que as mulheres muitas vezes interpretam a impotência como algo que de alguma forma reflete algo nelas — como "Não sou atraente o bastante" ou "Devo estar fazendo algo errado". *Mas isso não tem nada a ver com você: é tudo uma questão de como ele administra a própria ambivalência, neste caso, expressando-a sexualmente.* Ao mesmo tempo, como uma relação é feita de duas pessoas, talvez você tenha um papel nesse roteiro sem saber. Por exemplo, se ele não está se saindo tão bem quanto você no trabalho ultimamente e você está perdendo o respeito por ele, ou se você o está julgando ou intimidando de alguma forma, ele pode estar comunicando os próprios sentimentos a esse respeito afastando-se sexualmente. É claro, conscientemente, sua "comunicação" sexual nesse caso apenas reforça sua sensação de inadequação. Mas, inconscientemente, ele se sente libertado através da sua percepção de que finalmente não está satisfazendo as suas expectativas.

Por fim, se seu namorado parece sempre estar de olho em garotas mais novas, pergunte a si mesma se há outras maneiras pelas quais ele esteja se recusando a crescer. Ele mora em um apartamento de solteiro bagunçado, fuma maconha e vai a muitos concertos de rock? Ele só trabalha meio expediente e não pensa muito no futuro? Evita agir de forma adulta ou tende a viver em um mundo de fantasia? Não há nada que você possa fazer a respeito do interesse sexual dele por mulheres mais jovens, mas se você determinar que isso, de fato, não é um problema sexual, estará em uma posição melhor para ajudá-lo a crescer, o que pode causar no final um impacto nos interesses sexuais dele.

Esse último ponto é provavelmente verdadeiro em todas as circunstâncias anteriores, ou seja, por si só, o fato de entender o significado não sexual do comportamento sexual não muda automaticamente o comportamento. De fato, o propósito de entender é não mudá-lo, mas sim o oposto, aceitá-lo. Ao entender que se trata de uma expressão da ambivalência dele, você aceita a impotência do seu parceiro (ou qualquer sintoma sexual), e tenta ajudá-lo com a ambivalência não sexual. Ou, ao entender que se trata de uma expressão de sua própria ambivalência, você aceita a sua atração por homens jovens (ou qualquer sintoma sexual) e tenta trabalhar essa ambivalência não sexual. Se você não consegue aceitar esses comportamentos sexuais, você volta ao Primeiro Passo (Simplesmente diga não) e termina relacionamento. Mas, se você os aceita, está preparada para passar para o Terceiro Passo, no qual, naturalmente, o seu trabalho ainda é moldado por você.

TERCEIRO PASSO: OS OPOSTOS SE ATRAEM

Resolver a ambivalência expressa sexualmente é difícil, mas não impossível. É difícil porque nossos interesses e gostos sexuais têm sido repetidamente reforçados pelos poderosos motivadores de recompensas comportamentais de excitação, clímax e alívio sexual. Seja quais forem as causas originais de nossos gostos sexuais — o tipo de ambivalência reprimida discutida aqui ou até mesmo determinantes genéticos e biológicos que certamente desempenham certo papel — o acesso fácil e o aspecto físico básico da recompensa, especialmente em fantasias masturbatórias, as reforçam continuamente. Por esse motivo, quando tentamos resolver o Amor Sexual, devemos nos concentrar não em rejeitar nossas inclinações existentes, mas em expandir nosso repertório. Tomemos como exemplo o caso não incomum do homem que só consegue ficar excitado ou ejacular quando recebe sexo oral. O entendimento do Segundo Passo (Às vezes um pênis é apenas um charuto), do fato de ele precisar de uma mulher para "servi-lo" porque se sente ambivalente em relação à igualdade na intimidade, deveria levar esse homem no Terceiro Passo (Os opostos se atraem) a não tentar erradicar o seu amor por sexo oral, mas sim a expandir os próprios interesses para atividades sexuais que representam uma maior igualdade na intimidade.

Em geral, a maioria das formas de Amor Sexual envolve algum tipo de comportamento sexual repetitivo e inflexível. Nós nos tornamos tão obstinados por uma coisa — conquista, sexo oral, sexo novo, juventude, masturbação, vontade de ser amarrado, medo da penetração, vontade de dar prazer ao outro e assim por diante — que nossos hábitos sexuais se tornam rígidos e limitados. Então, não conseguimos integrar outras atividades sexuais, e o tipo de intimidade que elas representam, a nosso relacionamento. Portanto, como nos outros padrões de amor fracassado, no Terceiro Passo (Os opostos se atraem), nosso objetivo é a integração, o que significa, acima de tudo, *superar a dinâmica da oposição dos sexos*. Deixe-me explicar.

Uma de minhas pacientes era uma bela mulher casada de quase cinqüenta anos que me procurou porque se apaixonou e começou a ter um caso com um pastor de sua igreja. Ao ouvir sua história, descobri que entre 9 e 11 anos, ela teve um relacionamento sexual com um irmão que era quatro anos mais velho. Ele nunca a forçou fisicamente, mas certamente iniciou o relacionamento. Além disso, ele a persuadia e pressionava a ponto de ela se sentir incapaz de dizer não e, portanto, seguia em frente com o relacionamento apesar de saber que aquilo estava errado. Depois, na adolescência, ela namorou muitos garotos e se tornou sexualmente ativa e promíscua bastante rápido. Na sua juventude, ela muitas vezes se viu buscando aprovação e amor de homens que só queriam sexo e que geralmente perdiam interesse depois de alguns encontros.

O seu marido, porém, era uma história diferente — e é por isso que ela casara com ele. Professor de inglês do ginásio, ele era mais gentil e compreensivo e menos instigado sexualmente do que os outros homens. E ele realmente a amava. Ela se sentia menos atraída por ele de certa forma, mas também o amava e eles tinham um bom relacionamento. No entanto, agora, depois de muitos anos de casamento, sendo mãe de duas filhas jovens, ela não conseguiu deixar de se apaixonar pelo pastor de sua igreja, que era mais velho, muito querido e muito respeitado pela comunidade.

Quando começou a dormir com ele, ela ficou tomada por sentimentos de amor e espiritualidade. Após alguns meses de terapia, ela confessou a traição ao marido e, depois, saiu de casa para ficar com o pastor. Mas, por causa da posição de seu amante na igreja, o relacionamento teve de ser mantido em segredo e, depois de alguns meses, ficou claro tanto para mim quanto para minha paciente que, à guisa de amor espiritual, ela e o pastor tinham se entregado a um relacionamento em grande parte físico — sensual, erótico e carnal. Não havia nada de errado nesses sentimentos e experiências sexuais, a não ser pelo fato de que, agora, a antiga sensação de ser usada por um homem começou a reaparecer. Como a própria paciente disse a certa altura, "Achei que estava fazendo amor com Deus, mas, na verdade, só estou transando com um gigolô".

Isso, para a paciente, foi o Primeiro Passo (Simplesmente diga não): ela terminou o relacionamento e voltou para o marido, que, carinhosamente, estava disposto a perdoá-la se ela se comprometesse a trabalhar aquelas questões. Ela o fez na terapia comigo e, com o tempo, atingiu o Segundo Passo (Às vezes um pênis é apenas um charuto), vendo que, assim como suas experiências pré-conjugais com homens, seu relacionamento com o pastor era uma reencenação do relacionamento incestuoso com seu irmão. Secretamente, ela levava adiante, com vergonha, algo que achava errado, tentando obter amor e aprovação de um homem que, no fundo, só queria usá-la sexualmente. Por que a reencenação? Em palavras simples, ao longo dos anos, ela aprendeu a amar e a desejar o que inicialmente havia sido imposto a ela e, portanto, podia repetir ativamente o que havia sofrido mais passivamente quando criança. Se você repete continuamente a mesma situação — e assim funciona a lógica do inconsciente — no final, você irá dominá-la e conseguir o amor de que precisa. Ao perceber isso, a paciente também reconheceu a própria ambivalência em relação aos homens: em sua experiência, o marido era gentil, mas não muito atraente ou excitante sexualmente, e o pastor era atraente e excitante, mas só queria usar e receber. É claro, essas qualidades objetivamente podiam fazer parte desses homens, mas na medida em que eram parte deles, "se encaixavam" bem na percepção ambivalente que ela já tinha dos homens.

Agora que tinha voltado para o marido, a paciente iniciou o duro trabalho do Terceiro Passo (Os opostos se atraem). Aqui, ela teve de comparar o seu relacionamento sexual com o marido com os relacionamentos sexuais com o pastor e com os outros homens em etapas anteriores da sua vida. A comparação imediatamente revelou dois opostos. Com o marido, o relacionamento era doce, afetuoso e carinhoso, às vezes apenas preliminares sem um clímax, pois ele ocasionalmente tinha dificuldades de ereção e ela nem sempre estava excitada; com os outros era um relacionamento sobrecarregado, obsessivo e duro, muitas vezes culminando em orgasmos múltiplos e dor física; com o marido era seguro e confortável, com os outros, arriscado e vergonhoso. A divisão se relacionava claramente a seu histórico de abuso sexual: por um lado, ela tinha de repetir o trauma de um relacionamento sexualizado com um irmão mais velho para superá-lo, por outro ela se voltava para a segurança de uma figura paterna não sexual ou menos sexual, carinhosa e benigna. A verdade, é claro, era que o pastor e os outros homens não eram o seu irmão e o marido não era o seu pai. Ambas eram distorções nas quais ela desempenhava o papel da garotinha indefesa, outra distorção. Então, sua tarefa no Terceiro Passo (Os opostos se atraem) era integrar essa divisão dentro de seu relacionamento principal, ou seja, ela tinha de trabalhar a preservação da natureza doce e carinhosa do sexo conjugal e, ao mesmo tempo, adicionar a ele alguns dos aspectos *hard-core* do outro sexo.

Para conseguir isso, a paciente teve de insistir que precisava desses *dois* opostos em sua vida. Ela já sabia que não podia abrir mão do marido, mas, agora, eu disse que ela também não podia abrir mão do "pastor" — ou pelo menos do tipo de paixão que ele representava. Então, o que ela precisava era encontrar o meio-termo no relacionamento com o qual ela estava comprometida, o casamento. Isso não era fácil, pois ela começou a perceber que não se sentia à vontade sendo meramente um objeto sexual com o marido — aquilo pertencia à cama do pastor, mas depois, ela e o marido começaram a experimentar. De início, as coisas não foram muito bem porque, ao longo dos anos, o marido foi condicionado por ela — e, é claro, por sua própria dinâmica correspondente que o desencorajava a ser sexualmente agressivo com as mulheres — a não vê-la como um objeto sexual. Então, quando ela se tornou mais abertamente sexual ou "explícita", ele entrava em pânico e perdia a ereção. Mas, então, um dia, depois de várias tentativas, ele aproveitou a ocasião e entrou no jogo. Depois, gradualmente, pela técnica de tentativa e erro e com mais prática e experimentação, eles se aproximaram cada vez mais da integração desses dois opostos — "fazer amor" e "transar" — em sua vida sexual. E, por fim, acabaram numa posição intermediária.

Essa divisão de nossa sexualidade em pólos opostos muitas vezes é resultado de abuso sexual ou estimulação sexual imprópria durante a infância. A paciente reagiu ao abuso sexual que ela havia sofrido tornando-se excessivamente sexual. Outras vítimas de abuso sexual na infância reagem evitando o sexo totalmente, mas, como sempre é o caso com pólos opostos, essas duas reações são complementos yin-yang que contêm ambos os aspectos e, portanto, podem ser transformados um no outro. A mulher que reage fazendo muito sexo está tentando repetir a experiência para mudar o que sente a respeito daquilo e desfazer o passado, e a que evita totalmente o sexo também faz isso para desfazer o passado. A primeira pode, por fim, concluir que o sexo é, de fato, uma coisa ruim e rejeitá-lo, transformando-se, portanto, na segunda, enquanto a segunda pode acabar achando que sente tanta falta de sexo que acaba se transformando na primeira. Mas, é claro nenhum extremo é bom... tudo se resume à integração.

Essa dinâmica de pólos sexuais opostos evidencia um importante paradoxo que diz respeito ao padrão de Amor Sexual: em muitos casos, a ausência de sexo da vida de uma pessoa é parte integrante do padrão de Amor Sexual. Já vimos anteriormente o caso do homem que evitava fazer sexo com sua parceira porque suas fantasias sexuais eram perturbadoras demais para ele, ou o caso do viciado em sexo que optou pela abstinência completa. Também é provável que muitos homens que escolhem profissões que exigem abstinência sexual o fazem porque têm medo da própria sexualidade, que é bastante intensa. Isso, na minha cabeça, explica muitos dos casos de abuso sexual na Igreja Católica.

Mas essa dinâmica não se limita aos casos de abuso e traumas sexuais. Ela perpassa nossas vidas sexuais diárias de formas mais óbvias e mais sutis. Já falei anteriormente da mais comum das aflições masculinas, a impotência, na qual, mais uma vez, a ausência de sexo parece ser um problema sexual; portanto, vamos agora ver uma enfermidade masculina correlacionada e também bastante freqüente, desta vez para ilustrar como aplicar o Terceiro Passo (Os opostos se atraem) ao Amor Sexual.

"George" era um especialista em medicina interna com quase quarenta anos. Ele estava "finalmente" namorando firme com uma mulher e os dois estavam falando em noivado e casamento. Isso o levou a meu consultório porque ele queria enfrentar um problema sexual que o incomodava havia muito tempo. "Você já deve ter adivinhado", ele disse, “que estou falando da disfunção erétil que tenho tido de modo intermitente desde a adolescência. Não era um problema que me incomodava muito antes porque os meus relacionamentos nunca eram sérios o bastante e também porque eu podia compensá-lo.”

“Ainda consigo compensá-lo”, ele continuou, “mas, agora, quero resolvê-lo. Anos atrás, procurei um urologista que diagnosticou um fluxo sangüíneo reduzido no pênis e sugeriu injeções locais para estimular a ereção. Eu não consegui fazer o tratamento, mas, nos últimos dois anos, tenho tomado Viagra. Sem dúvida ajuda, mas ainda preciso das minhas fantasias para ejacular”. Talvez por ser um médico, à medida que ele falava, eu pensava sobre a regra prática dos médicos de ouvir os sintomas, não o paciente. No consultório de um psicólogo, porém, o paciente *é* o sintoma, portanto, ao ouvi-lo, não pude deixar de notar que o seu autodiagnóstico de impotência era incongruente com que ele disse sobre poder compensar e precisar de fantasias. Então, perguntei a ele o que ele queria dizer com aquelas palavras.

Descobri que a impotência de George era intermitente e situacional. Ele conseguia ter uma ereção quando se masturbava ou quando alguém o masturbava, mas, às vezes, a perdia após penetrar sua parceira. Da mesma forma, ele conseguia ejacular com certas fantasias, mas não com outras, e a ejaculação era mais difícil durante o intercurso. Isso, é claro, demonstrava que o problema não era fisiológico, mas sim psicológico. Além disso, tecnicamente, não se tratava de impotência, mas sim de orgasmo masculino inibido de modo parcial e situacional. Digo parcial porque ele conseguia gozar às vezes, e situacional porque dependia da situação, nesse caso, a natureza de suas fantasias.

Devemos notar que George havia completado o Primeiro Passo (Simplesmente diga não) sozinho antes de colocar os pés no meu consultório: tinha assumido um compromisso com a namorada apesar de seu problema sexual, dizendo efetivamente não à sua interminável busca anterior por um estímulo sexual perfeito. Portanto, ele estava pronto para entrar imediatamente no trabalho do Segundo Passo (Às vezes um pênis é apenas um charuto), isto é, para explorar o aspecto não sexual da sua dificuldade. Isso se revelou relativamente fácil, pois as fantasias que o excitavam e que ele usava com sucesso durante a masturbação (ou como uma fantasia substitutiva que permitia que ele ejaculasse durante o intercurso) eram uma clara variação sobre um mesmo tema. Em uma fantasia, ele imaginava que estava fazendo sexo com sua empregada, em outra, com uma mulher com aspecto de prostituta e desdentada, e, em uma terceira fantasia, ele fazia sexo com uma jovem enfermeira em seu consultório. Todas essas fantasias continham sexo oral e anal além do uso de consolos, punhos e linguagem explícita. O tema, em outras palavras, era o do sexo *hard-core* com mulheres que ele via como inferiores a ele.

Por outro lado, com as mulheres com quem ele saía, e especialmente com a sua namorada atual, o sexo consistia em fazer amor de forma delicada e atenciosa com uma pessoa que não apenas tinha o seu mesmo nível, mas que ele considerava superior a si mesmo. Sua namorada atual, por exemplo, era uma colunista política de sucesso e ele se sentia intelectualmente intimidado por ela. Em outras palavras, sua sexualidade consistia em dois pólos opostos, um que envolvia amor delicado, e o outro, objetificação agressiva. O primeiro, ele praticava com a mulher que amava, o segundo, com as mulheres que ele cobiçava sexualmente. Mas, percebendo que a luxúria não dura, George relegou o segundo pólo estritamente à fantasia. O problema com essa abordagem — e, como vimos, esse complexo Virgem Maria/Prostituta é bastante comum — é que esses opostos reforçam de modo contínuo e recíproco a suposta incompatibilidade entre si, uma dinâmica que garante uma vida sexual entediante ou disfuncional no âmbito do relacionamento principal. Claramente, George queria as duas coisas, mas integradas em seus relacionamentos, e não separadas. Contudo, por ter medo que sua objetificação das mulheres interferisse com o seu amor por elas, ele criou essa separação, objetificando somente as mulheres que ele não respeitava.

À medida que discutimos isso na terapia, George percebeu que esses opostos não eram, de fato, inimigos. E concordou que deveria adotar ambos para tratar a namorada com respeito e como objeto sexual. Mas, apesar de ele ter entendido essa questão intelectualmente, era difícil colocá-la em prática na cama — primeiro porque, como eu disse, mudar gostos sexuais é bastante difícil e, segundo, porque ele se sentia intimidado por sua namorada e não sabia como abordar o assunto com ela.

É aqui que o Terceiro Passo (Os opostos se atraem) entra em cena. George não apenas não conseguia levar sua agressividade para o quarto, mas também não a levou nem para a sala de estar. Foi aí que começamos, ajudando-o a confrontar a namorada quando ela o tratava de maneira condescendente, zombando porque ele não estava a par de assuntos atuais ou porque ele não era muito articulado verbalmente. George começou a discordar dela, rejeitando suas críticas a respeito de seu pensamento e intelecto. No início, a namorada ficou espantada e os dois ficaram infelizes com as brigas que se seguiram, mas, com o tempo, ela passou a respeitá-lo mais e, por conseguinte, era menos crítica a seu respeito. Ele, por sua vez, se sentia mais seguro com o fato de ela obviamente poder tolerar sua recém-descoberta agressividade.

Então, sentindo-se mais confiante e firme, George decidiu compartilhar algumas de suas fantasias sexuais com a namorada e expressar seu desejo de integrá-las ao relacionamento. No início, a namorada ficou chateada — por motivos próprios, ela também tinha medo da agressividade masculina e se sentia bem continuando a fazer amor de forma pouco excitante, mas delicada. Mas ela estava aberta para novas experiências, o que, no final, resultou em mais excitação e menos inibição por parte de George. Então, a vida sexual deles seguiu a mesma trajetória do relacionamento como um todo: da negação da ambivalência à sua expressão pelo conflito e a uma integração cada vez maior.

Em relacionamentos e casamentos realmente duradouros, a vida sexual do casal sofre pressões constantes como familiaridade, cansaço, repulsividade das intimidades diárias, estresse relacionado ao trabalho e presença de filhos, mas o conflito psicológico interno dos opostos sexuais representa um desafio ainda maior. Embora uma integração plena e o "melhor" sexo possível em um casamento longo seja provavelmente a exceção e não a regra, lutar por isso é melhor do que desistir. De fato, resolver a ambivalência expressa sexualmente é um trabalho contínuo. Contudo, a idéia de integração não é uma fantasia. Ela se baseia, em grande parte, em uma das observações mais profundas de Freud, ou seja, que por trás de cada medo existe um desejo. Portanto, se você tem medo de levar a agressividade para sua sexualidade, é porque você quer realizar e teme o seu próprio desejo. Reconhecer isso pode ajudar muito o desenvolvimento de uma vida sexual que acomoda tanto o medo quanto o desejo.

Em termos práticos, isso significa que você pode melhorar a sua vida sexual se tornando um pouco o oposto do que você é: se você tende a ser um parceiro passivo, tente ter mais iniciativa sexual; se é mais carente sexualmente do que seu parceiro, tente se conter; se você só gosta de "fazer amor", tente "transar" — e vice-versa. Claro, como vimos, talvez tenhamos de enfrentar essa questão primeiro na arena não sexual. Isso nos leva ao último padrão de amor fracassado, no qual, como veremos, essa dinâmica de opostos é um desafio sempre presente — e, em grande parte, não sexual.

CAPÍTULO

8

Amor andrógino

Então, os dois se uniram num abraço apertado,
não mais dois seres, e não mais homem e mulher
Mas nenhum dos dois e ambos ao mesmo tempo

OVÍDIO

"VOCÊ ESTÁ PRESTES A OUVIR A HISTÓRIA DE UMA FONTE, Salmácis, com má reputação. Porque suas águas tornam os homens fracos e frágeis..." É assim que Ovídio começa a história de Hermafrodito e Salmácis. Hermafrodito era um belo rapaz que tinha esse nome porque se parecia tanto com o pai, Hermes, quanto com a mãe, Afrodite. Salmácis era uma sedutora ninfa. Basicamente, a história relata como Salmácis atrai Hermafrodito para a fonte e tenta abraçá-lo ardentemente. Envolvendo-o como uma serpente, ela pede aos deuses: "Que nunca chegue o dia em que tenhamos de nos separar!" Sua prece é atendida e seus dois corpos se fundem, com uma cabeça e um corpo, tanto homem quanto mulher.

Surpreendentemente, quando o assunto são relacionamentos entre homens e mulheres, essa história antiga é mais relevante hoje do que nunca. No rastro do movimento feminista, quando as mulheres são encorajadas a tentar alcançar interesses que antigamente eram considerados parte do domínio masculino e espera-se que os homens sejam sensíveis e vulneráveis de uma maneira tradicionalmente mais feminina, somos todos hermafroditas. Antes do movimento feminista, a guerra dos sexos era travada segundo papéis de gênero rigidamente definidos. Quando um casamento ou um relacionamento estava em crise, muitas vezes era porque o casal estava polarizado ao longo de uma linha divisória entre masculino e feminino. O homem era lógico e insensível, e só se interessava por filmes de ação, sexo, carros e esportes. E a mulher era emotiva e sensível, com interesse por comédias românticas, ópera, livros e fofocas. No consultório do terapeuta, esses casais tentavam evitar sua ambivalência a respeito do outro sexo argumentando que a outra pessoa tinha de mudar o próprio comportamento baseado em seu gênero. *Seja mais sensível para que eu não tenha de aceitar que os homens são totalmente ineptos*, diziam as mulheres. *Seja menos emotiva para que eu não tenha de aceitar que as mulheres são histéricas*, diziam os homens.

É claro, ainda existem muitos casais assim, mas, hoje em dia, os terapeutas conjugais vêem cada vez mais casais polarizados ao longo da mesma dimensão masculino-feminina, mas ao contrário. No Casal Hermafrodita — que teoricamente deveria ser ideal, pois cada parceiro pode ter o melhor dos dois mundos — o homem é sensível e aberto, ao passo que a mulher é forte e decidida. Nesse relacionamento, o homem se apaixona por uma mulher que ele vê como uma pessoa durona e independente que ele pode respeitar, e a mulher se apaixona por um homem que ela vê como uma pessoa emocionalmente amparadora com a qual ela pode estabelecer uma ligação. Se esse casal acaba no consultório de um terapeuta é porque eles não tiveram muito cuidado em relação ao que desejaram. *Diga que ela precisa ser mais feminina*, o homem implora ao terapeuta agora. *Diga a ele para ser homem*, reclama a mulher.

Quando os casais estão polarizados por papéis de gênero, tanto na forma tradicional quanto na forma mais contemporânea, invertida, sua única esperança é encontrar o meio-termo. Isso depende sobretudo de sua habilidade em aceitar os próprios sentimentos ambivalentes sobre o sexo de seu parceiro. Mas não vamos colocar o carro na frente dos bois: essa polarização é um problema não apenas para casais, mas também, e talvez mais ainda, para os solteiros. De acordo com minha experiência, a inabilidade de muitos homens e mulheres solteiros em aceitar a própria ambivalência em relação ao outro sexo é uma das razões mais importantes de suas dificuldades para encontrar a pessoa certa. Muitas vezes, não tocamos nesse assunto por medo de sermos politicamente incorretos. Muitas profissionais solteiras reclamam que os homens não sabem lidar com seu sucesso. "Os homens querem ficar ao lado de uma mulher que é menos bem-sucedida ou menos inteligente — basicamente submissa", elas dizem ao terapeuta, "por isso estou ferrada". O terapeuta, ao concordar que as mulheres devem ser livres para ter uma carreira agressiva, pode se ver concordando com a paciente, mas existe uma diferença entre ser submissa e ser receptiva. A verdade é que os homens gostam de ficar ao lado de mulheres inteligentes, bem-sucedidas ou bonitas — em parte por causa do seu próprio ego e em parte porque eles gostam do diálogo ou da troca — mas não gostam de ficar ao lado de mulheres que competem com eles ou os intimidam. O problema de muitas mulheres solteiras que caem nas garras do Amor Andrógino é que, por causa de sua própria "identificação masculina", elas não estão dispostas a aceitar a determinação masculina em seus parceiros. Elas querem dominar e não se submeter. O oposto, é claro, também é muitas vezes o caso, pois muitas mulheres preferem ser passivamente conduzidas a contribuir de forma igualitária, o que se torna uma exigência impossível para que o homem negue sua vulnerabilidade humana.

Paralelamente, muitos homens reclamam que as mulheres querem ficar ao lado de um homem que é mais bem-sucedido, agressivo ou pelo menos fisicamente mais alto, e que, se você é um homem minimamente sensível ou vulnerável, não tem sorte alguma. Mas o fato é que as mulheres também querem um parceiro igual: elas querem um parceiro emocionalmente sensível, mas não um fraco. Um homem que fale com elas como uma mulher, mas que aja como um homem. Porém, muitos dos homens solteiros que lutam com o Amor Andrógino têm uma identificação "feminina" e, portanto, não se interessam por uma parceira sensível e receptiva — eles querem que a parceira tenha iniciativa, lidere ou domine. De certa forma, estão procurando uma mulher que se parece mais com um homem. É claro, o oposto de Amor Andrógino também existe no caso dos homens. Muitos homens solteiros são tão hipermasculinos que procuram uma parceira doce, que o admire e que seja uma mulher do tipo antigo que só saiba dizer sim.

Então, como saímos desses papéis de gênero fixos e polarizados, tanto os tradicionais quanto os contemporâneos? Bem, um passo de cada vez...

PRIMEIRO PASSO: DE FRACOS A DURÕES E DE VOLTA OUTRA VEZ

Agora, já sabemos que para parar de repetir um padrão de amor fracassado temos primeiro de identificá-lo e vê-lo como ele é, o que muitas vezes é mais fácil em palavras do que em atos. Por exemplo, um casal próximo da faixa dos quarenta anos me procurou depois de namorar firme durante um ano porque nenhum dos dois parceiros conseguia tomar uma decisão a respeito do futuro. Por causa da idade e do desejo de terem filhos, eles achavam que estava na hora de se casar ou terminar o relacionamento. A mulher descreveu o problema da seguinte maneira:

> *Eu realmente o amo, mas acho que somos simplesmente duas pessoas diferentes. Sempre quero fazer coisas e ir a lugares e ele não quer. Ele gosta de passar férias na praia, mas, para mim, isso é chato. Gosto de esquiar, de montanhas, de caminhadas, de acampar ou até mesmo de viajar para a Ásia ou a Austrália. Ele só gosta de descansar. Mas o problema não são só as férias. Gosto de planejar coisas e ele é completamente passivo. Ele nunca toma a iniciativa. Sou ambiciosa em relação à minha carreira, mas ele está feliz se deixando levar. Também me incomoda o fato de ele não ser decidido o bastante no trabalho, ele deixa que o patrão o trate mal. Quando começamos a sair, eu gostava do fato de ele ser sensível e dócil, mas agora me pergunto se não somos diferentes demais...*

E foi assim que o namorado reagiu:

> *O que ela diz é verdade. Também gosto muito dela e quero que as coisas funcionem, mas não sei se é possível. Ela está sempre em movi-*

mento, sempre insistindo para fazer coisas. E ela não escuta realmente. Ela está sempre na frente do computador fazendo algo relacionado a trabalho. Não sou tão ambicioso quanto ela e talvez não possa proporcionar o estilo de vida que ela quer, mas estou feliz com meu trabalho. E realmente não quero ir a todos esses lugares. Cresci nesta região e gosto de ficar perto de minha família. A família dela vive toda separada e ela não é muito apegada a eles, por isso gosta de viajar. No início de nosso relacionamento eu gostava da sua determinação e decisão, mas agora vejo isso mais como insensibilidade, insistência ou algo assim. E realmente piorou desde que ela foi promovida a um cargo de gerência há alguns meses — ela se tornou mais mandona e agressiva...

Assim como para muitos casais, foi difícil para eles identificar o seu padrão de Amor Andrógino por algumas razões. Antes de tudo, como as identificações de gênero deles não seguiam as definições tradicionais óbvias — ela tinha uma orientação mais masculina, e ele, mais feminina — eles atribuíam as próprias dificuldades mais à personalidade do que às diferenças de gênero. Conseqüentemente, e também por estarem realmente no início do relacionamento, eles concluíram que o problema surgiu quando estavam se conhecendo e perceberam que talvez fossem simplesmente incompatíveis. Em segundo lugar, eles atribuíam algumas de suas dificuldades a circunstâncias que estavam mudando — a promoção dela no trabalho "a tornou" mais mandona ou ambiciosa, reforçando ainda mais o contraste ou o conflito entre eles. E, finalmente, eles achavam politicamente incorreto, ou talvez até mesmo reacionário, falar de diferenças importantes como uma função de gênero.

Embora houvesse um elemento de verdade no entendimento que o casal tinha do problema — assim como a resistência deles em estereotipar as diferenças masculino/femininas —, eles simplesmente ignoraram o papel crucial desempenhado pela identificação de gênero em seu relacionamento. E é aí que um minucioso conhecimento do seu histórico — tanto na terapia quanto na sua própria implementação do Primeiro Passo — se mostra útil. Resumindo, quando vim a conhecer o histórico da mulher, um padrão claro relacionado ao gênero emergiu. A paciente,

"Laura", em geral se envolvia primeiro com um homem "legal", emotivamente sensível e amparador. Mas ela logo descobria — ou imaginava — que esse homem era carente, fraco ou chato demais. Achando que ele era sem graça ou que talvez não fosse suficientemente bem-sucedido, ela acabava rompendo. Depois, ao tentar aprender com o próprio erro, ela tentava namorar um homem mais decidido, independente ou ambicioso. Mas aí descobria — ou imaginava — que esse homem não a estava tratando nada bem. "Ele é financeiramente estável e responsável", ela pensava, "mas também é insensível, egoísta e crítico". Então, ela rompia com ele também, ou, algumas vezes, agüentava até que ele rompesse com ela.

Obviamente, embora seu relacionamento atual fosse mais longo e mais sério do que essas outras experiências de namoro, ele sem dúvida se encaixava em um padrão mais amplo. Esse padrão, com variações sobre o tema, é compartilhado por muitas mulheres. A ordem do tipo de namorado pode ser invertida, ou talvez haja uma seqüência de um tipo seguida por uma seqüência do outro, mas, basicamente, a partir da perspectiva da mulher solteira contemporânea arquetípica, o mundo dos homens parece estar dividido entre fracos e durões. Se você quiser perpetuar esse padrão, agarre-se a essa crença — professada por muitas mulheres inteligentes e perceptivas que compartilham o padrão de Laura — de que só existem realmente dois tipos de homens. Para ser justo, existe uma certa verdade nessa percepção, pois, de fato, alguns homens são mais agressivos do que outros e, muitas vezes, os caras legais não são suficientemente decididos ou ambiciosos, mas também há um meio-termo mais equilibrado, no qual se encontram, em relativa harmonia, muitos homens bem-sucedidos *e* sensíveis. Contudo, minha paciente, Laura, não conseguia ver esse centro porque ela mesma não fazia parte dele.

Isso nos leva ao trabalho do Segundo Passo, no qual você desvia sua atenção da análise de seu parceiro para a análise de si mesmo, mas, antes de chegarmos lá, vamos apontar alguns sinais que podem ajudá-lo a reconhecer identificações de gênero excessivamente rígidas — tradicionais ou invertidas — em homens e mulheres. Isso deveria tirar você do padrão de Amor Andrógino antes que entre muito profundamente nele. Esses sinais são esboçados a partir da perspectiva de uma mulher, mas segundo a própria lógica do Amor Andrógino, podem ser aplicados igualmente aos homens. Considere, por exemplo, o padrão do namorado de Laura, um padrão compartilhado por muitos homens contemporâneos: ele se envolveria tanto com uma profissional bem-sucedida com confiança em si mesma que poderia achar muito agressiva *quanto* com uma mulher doce e amparadora que seria vista por ele como dependente, indecisa ou pouco inteligente. Então, para os homens, são as mulheres que são fracas ou duronas.

ALGUNS POSSÍVEIS SINAIS DE FRACOS OU DURÕES

- Ele não se oferece para pagar o seu jantar, não liga para marcar um segundo encontro e não tem qualquer preferência ou sugestão em relação ao que fazer quando vocês se encontram.
- Ele não gosta do próprio emprego e não parece ter um plano para o próprio futuro; deve impostos ao governo e diz "Não sei o que vou fazer quando crescer".
- Ele é um cara gentil, sensível e coerente, flexível e atencioso até demais. Você sente que pode fazer qualquer coisa — ele sempre vai estar a seu lado. Quanto mais entediada você se sente com ele, parece que ele se torna mais carente. Ele confessa com certa facilidade que se sente inseguro a seu respeito.
- Ele está sempre trabalhando — mesmo quando está com você (celular, computador de mão, laptop). Ele não expressa emoção alguma a não ser na cama, fala como um autômato e só quer falar de política, esporte, carros ou negócios. Ele diz que as mulheres são neuróticas ou histéricas.
- Ele é teimoso e polêmico, insiste em fazer sexo todas as vezes que vocês se encontram e descarta qualquer conversa sobre o relacionamento, sobre seus problemas com sua mãe ou sobre seu trabalho.
- Ele diz para você no primeiro encontro (ou em seu perfil on-line) que quer uma mulher que o deixe jogar futebol com os amigos, que não reclame por ele beber e que seja uma boa mãe e uma cozinheira razoável.

- Ele liga para você depois do primeiro encontro para marcar outro, mas, depois, cancela por causa de um compromisso profissional de última hora que ele estende por duas semanas, nas quais ele liga dia sim dia não para dizer que gostaria muito de ver você assim que tiver um tempo. Ele não se dedica exclusivamente ao trabalho, mas parece achar que o trabalho é o centro do universo.

SEGUNDO PASSO: O FRACO OU O DURÃO INTERIOR

Após ter identificado e interrompido o padrão de Amor Andrógino — no qual somos atraídos a uma qualidade estereotipicamente masculina ou feminina em nosso namorado ou parceiro e entramos em um relacionamento com uma divisão de trabalho tradicional ou invertida, baseada no sexo e simplista — temos de tirar nosso foco da rígida identificação de gênero de nosso parceiro e voltá-lo para nós mesmos. No Segundo Passo (O fraco ou o durão interior), sua tarefa é *examinar sua própria identificação de gênero.*

Janice, uma mulher quase na casa dos quarenta anos, me procurou depois de se separar do namorado com o qual ela vivia havia sete anos. Ela era uma bem-sucedida administradora sênior de fundos em Wall Street e dava a impressão de ser um indivíduo inteligente e autoconfiante. Ela explicou que tinha tido um relacionamento confortável, o que possibilitou que ela investisse na carreira enquanto alguém torcia por ela e lhe dava conselhos e suporte.

> *Ao contrário dos outros homens que namorei, o fato de eu me dedicar à minha carreira, de ter minhas próprias opiniões e de querer criar algo e ganhar dinheiro não o incomodava, pelo menos não no início. E eu gostava do fato de ele não estar competindo comigo, de ele não querer me colocar no* meu *lugar — acredite, muitos homens fazem isso no meu trabalho — e de ele ser um bom ouvinte e um homem realmente gentil, com bons valores. Eu gostava da idéia de que poderíamos compartilhar a experiência de ter filhos e achei, e ainda acho, que ele daria um pai maravilhoso. Mas, depois dos primeiros dois anos, comecei a sentir que ele era gentil demais, você sabe, meio pie-*

gas e sem fibra. Achei que ele estava perdendo tempo no trabalho, ou mesmo quando tirava uns dias de folga, ele não fazia nada, só ficava em casa bebendo, assistindo à televisão ou fumando droga. Então, eu disse algo e ele *começou a reclamar que eu era muito dominadora e obstinada, que eu tenho valores errados, que só me preocupo com dinheiro e que não ligo para a família e os relacionamentos.*

Isso durou um tempo, enquanto eu achava que ele fosse mudar ou crescer. Finalmente, ano passado, fomos a algumas sessões de terapia para casais, o que piorou ainda mais as coisas. Eu dizia que precisava que ele fosse mais decidido e independente e ele dizia que precisava que eu fosse mais generosa e amparadora. Quanto mais eu dizia que queria que ele fosse forte, mais ele parecia fraco porque estava fazendo aquilo só por mim; quanto mais ele me pedia para ser amparadora, mais fraco ele ficava e mais dura e crítica eu me tornava!

Como no caso de minha paciente Laura, o relacionamento de Janice exemplifica bem a sabedoria do clichê que fala para termos cuidado com o que desejamos. Ela desejou ter um homem sensível e acabou com um fraco, ou, de outra maneira, o que ela gostava no namorado no início era o que ela acabou odiando nele mais tarde. Esse desequilíbrio simétrico — que vai de um extremo a outro — sugeriu a Janice que ela estava presa em um padrão; e, por esses extremos terem a ver com o que normalmente consideramos traços masculinos ou femininos, eles sugeriram a ela um padrão relacionado ao gênero. Ao percebê-lo, Janice intuitivamente concluiu, antes mesmo de me procurar, que, se ela simplesmente deixasse o namorado e o substituísse por um homem mais agressivo e masculino, ela acabaria tendo o mesmo problema ao contrário: ao desejar um homem mais forte, ela iria terminar com um durão. Então, esse foi o Primeiro Passo (De fracos a durões e de volta outra vez) de Janice, que a levou à terapia de casais, na qual tentou trabalhar o seu relacionamento atual.

Como muitos casais, porém, naquela terapia, Janice e o namorado não conseguiram ir além do Primeiro Passo, sobretudo porque insistiram em corrigir desequilíbrio em seus papéis de gênero *mudando a ou-*

tra pessoa, mas agora que o relacionamento tinha terminado, e antes de começar um novo relacionamento, Janice estava disposta a passar para o Segundo Passo (O fraco ou o durão interior). Ao deslocar o foco para sua própria identificação de gênero, Janice se lembrou de que, quando garota, ela conscientemente disse a si mesma que não queria ser como a mãe. O motivo: a mãe dependia financeira e emocionalmente do marido. Mesmo na infância Janice via a mãe como uma mulher carente e fraca, sacrificada pelo casamento. O pai, ela via como um homem poderoso, independente e divertido.

Então, ao longo dos anos, ela continuou a optar por ser independente, auto-suficiente e decidida, identificando-se, pelo menos superficialmente, com o pai e não com a mãe. E, de fato, na idade adulta, seus comportamentos pareciam estereotipicamente mais masculinos do que femininos. Conseqüentemente, quando se relacionava com homens, ela parecia ser mais um deles: agressiva, ativa, ambiciosa, desatenta e emocionalmente incompetente. De certa forma, ela estava feliz com tudo aquilo, o único problema era que esses homens não queriam namorar uma concorrente. Eles queriam ter pelo menos a ilusão de estar no comando. Eles não iam segui-la passivamente. Então, para se relacionar com os homens, Janice teria de permitir que eles tomassem a iniciativa. E teria de permitir *a si mesma* receber passivamente a atenção agressiva deles. Mas isso a teria colocado na posição que ela tinha jurado que nunca ocuparia — ao lado da mãe.

Foi assim que ela terminou ao lado de um "fraco", que, por causa de sua identificação feminina, não exigia que ela abrisse mão da sua identificação masculina, mas, ironicamente, a razão pela qual o relacionamento não funcionou com esse namorado era a mesma pela qual não poderia ter funcionado com os durões: ela não tolerava "fraqueza". No caso do namorado, era da fraqueza *dele* que ela deveria se afastar e, no caso dos durões, tinha de se afastar da *sua própria* fraqueza. Nos dois casos, essa "fraqueza" era simplesmente a da mãe dela. Ela não podia ficar com os durões porque, com eles, ela se sentiria como a mãe, e não podia ficar com o fraco porque, com ele, *ele* seria como a mãe dela. Resumindo: como todos nós, ela não conseguia se afastar da mãe.

Apesar de na infância Janice ter decidido rejeitar a influência da mãe, ela não tinha como deixar de assimilá-la, absorvendo e internalizando a presença da mãe todos os dias. Esse foi o caso especialmente durante seus primeiros anos, nos quais a mãe foi a principal cuidadora e o pai passava a maior parte do tempo no trabalho ou na rua. Então, embora na superfície Janice se parecesse mais com o pai, no fundo, ela se parecia mais com a mãe — e é exatamente por isso que ela tinha tanto pavor dessa possibilidade. A vantagem psicológica de seu relacionamento de sete anos com o "fraco" foi que ele permitiu que projetasse nele todo o "fator fraqueza" para que ela continuasse a acreditar que não tinha nada a ver com a mãe. Mas isso falhou porque ela não tolerava o fato de *ele* se parecer com sua mãe.

Em suma, para Janice, o Segundo Passo (O fraco ou o durão interior) consistiu em descobrir que, por baixo da sua identificação externamente agressiva e masculina, ela era apenas uma fraca não assumida. Outra maneira de dizer isso é que, por causa de sua rejeição da mãe como modelo, ela era ambivalente em relação aos homens — temendo a sua própria "fraqueza", ela não conseguia aceitar a "força" ou masculinidade deles. Então, ela optou por um homem que era mais feminino, com resultados que, pelo menos retrospectivamente, eram previsíveis.

Após perceber que grande parte de sua construção de "fracos e durões" era uma projeção de seus lados feminino e masculino mal integrados, Janice, pela primeira vez, se sentiu livre para se concentrar no fato de ela gostar ou não do homem com quem estava saindo *a despeito* da sua identificação de gênero. No final, Janice acabou ficando com um homem que estava mais para o lado durão. Eles tiveram um relacionamento bom e duradouro, mas cheio de conflitos e de agressões (não físicas) flagrantes. Provavelmente não foi um relacionamento ideal porque não alcançou a integração exigida pelo Terceiro Passo, mas Janice estava mais feliz com esse relacionamento do que com o anterior.

Antes de discutir o trabalho de integração do Terceiro Passo, vamos fazer uma pausa para ver o que você pode fazer para avaliar sua própria identificação de gênero antagônica ou conflituosa. Depois de "diagnosticar" a si mesmo, você estará preparado para o Terceiro Passo.

COMO DIAGNOSTICAR SUA IDENTIFICAÇÃO DE GÊNERO CONFLITUOSA

- Primeiro, volte à página 208 e verifique se algum dos comportamentos de Durão ou Fraco se aplicam a você. Seja você homem ou mulher, aquela lista descreve o tipo de comportamento rígido, polarizado, com base em gêneros que indica um desequilíbrio masculino-feminino em sua identificação.
- Em segundo lugar, se você é mulher, analise as seguintes situações. Você cresceu com uma mãe que, por alguma razão, você não conseguia respeitar; ou ela era dependente demais do seu pai ou precisava demais de você; talvez ela fosse emotiva demais, histérica ou pouco articulada; ou talvez ela fosse tímida, temerosa ou fóbica; ou talvez ela fosse apenas uma caricatura simplista da feminilidade. Tente lembrar se você temia acabar como sua mãe ou se você decidiu não ser igual a ela. Por fim, verifique se você se parece mais com seu pai — racional, agressivo, determinado, distante, lógico ou qualquer que seja a semelhança masculina.
- Se você é homem, procure o oposto. Você cresceu com um pai com o qual, por um motivo qualquer, você não conseguia se identificar. Talvez ele fosse física ou emocionalmente ausente; talvez ele fosse intimidador, opressor ou abusivo; ou talvez ele fosse passivo e reservado, deixando todo o campo da influência para sua mãe. Agora pense se você rejeitou o seu pai como modelo e absorveu mais coisas da sua mãe — você se parece mais com ela do que com ele no que diz respeito a sensibilidade, carência, passividade ou emotividade?

Se você se vê em uma dessas situações, bem-vindo ao clube — ele é freqüentado por muitas pessoas da geração pós-feminista. Esse também é um dos problemas psicológicos mais onipresentes e negligenciados que afetam a vida romântica. É verdade, psicólogos — tanto acadêmicos quanto populares — ainda falam sobre a forma tradicional de polarização masculino-feminina e o que fazer a respeito, mas não se fala muito sobre a manifestação contemporânea, mais andrógina ou invertida, do problema e como resolvê-lo.

TERCEIRO PASSO: A FORÇA DE UM HOMEM E A GRAÇA DE UMA MULHER

A boa notícia é que a solução para o problema do Amor Andrógino está a seu alcance, bem no cerne do problema. No Terceiro Passo, tudo o que você precisa fazer é pegar os dois ingredientes que todos nós temos — masculinidade e feminilidade — e misturá-los novamente até que convivam com mais harmonia. Não é coincidência o fato de nossa cultura muitas vezes ter definido a atração física em termos andróginos. O David de Michelangelo, e o David de Donatello mais ainda, são exemplos vívidos e bonitos das formas masculinas e femininas misturadas com perfeição. Em tradições mais contemporâneas, Mick Jagger, David Bowie e Leonardo DiCaprio, para citar apenas alguns, são exemplos de homens andróginos admirados na cultura adolescente. Em uma das celebrações literárias mais famosas da androginia, Virginia Woolf descreveu da seguinte maneira o momento em que seu personagem, Orlando, se transforma de mulher em homem num passe de mágica:

> *O som das trombetas enfraquecia e Orlando levantou-se nu em pêlo. Nenhum ser humano, desde o início do mundo, jamais teve uma aparência tão encantadora. A sua forma reunia a força de um homem e a graça de uma mulher.*

Embora, de fato, esse seja o ideal físico ou sexual para muitas pessoas, trata-se sem dúvida do ideal psicológico para a maioria. Uma das reclamações mais comuns dos homens em psicoterapia é que eles não conseguem chorar ou ser emocionalmente vulneráveis. Ao mesmo tempo, eles se lamentam que suas namoradas ou esposas são sensíveis demais. As mulheres em psicoterapia muitas vezes acham que são sensíveis demais, e ao mesmo tempo reclamam que seus parceiros são emocionalmente desatentos. Em outras palavras, os dois sexos gostariam de redistribuir o quociente masculino-feminino em si mesmos, assim como no sexo oposto. De maneira muito real, a forma contemporânea, invertida, do Amor Andrógino descrito neste capítulo é o resultado de uma tentativa malsucedida de fazer exatamente isso.

Por causa desse fracasso, algumas sugeriram que retornássemos aos mesmos comportamentos rígidos e baseados em gêneros dos anos 50.

Mas, como mostrei, isso é apenas o reverso do mesmo problema, portanto, acredito que a nossa busca por androginia — de ambos os sexos — ainda seja estratégia correta. Nossas táticas, porém, precisam mudar. Apesar de, no passado, as mulheres terem tentado corrigir uma identificação de gênero feminino insustentável ou inalcançável, subsumindo-o em uma identificação masculina dominante, elas agora devem lutar por uma integração mais ou menos igualitária de ambas. O mesmo princípio, é claro, se aplica aos homens.

Portanto, se você é uma mulher do tipo A, enérgica, responsável, competitiva, lógica, sem sinais aparentes de doçura feminina, precisa estabelecer contato com a doce vulnerabilidade que você reprimiu. Talvez, como discutimos, você não pudesse se identificar com uma mãe vulnerável demais, de uma maneira patética, ou talvez você tenha crescido em uma família de homens e tenha internalizado a agressividade natural deles como defesa contra sua sensibilidade feminina mais orgânica. De qualquer forma, se você quer ter uma intimidade mais plena com os homens, precisa agora se esforçar para alcançar o que reprimiu. Como você mesma provavelmente sabe, essa repressão nunca é bem-sucedida: mal consigo contar o número de mulheres que conheço — profissional e pessoalmente — que dão a impressão de ser um tubarão com uma identificação masculina, demonstrando ser autoconfiantes, astutas nos negócios e competitivas, mas que acabam vivenciando e revelando a própria vulnerabilidade feminina, infelizmente, aceitando ser maltratadas por supostos namorados ou maridos por cujas migalhas de amor elas anseiam de modo masoquista e humilhante.

Se, por outro lado, você é uma mulher doce, passiva, receptiva, sem um grama de agressividade e está num relacionamento, precisa dar vazão à agressividade natural masculina que certamente está à espreita dentro de você. Talvez você tenha crescido com um pai obcecado pela própria carreira, que viajava muito e era ausente e com uma mãe carinhosa e disponível e, portanto, não tenha tido acesso à real influência masculina; ou talvez você tenha crescido em uma família de mulheres, com duas irmãs mais velhas e um pai doce e passivo e, portanto, reprimiu a sua própria agressividade e sua identificação masculina. De qualquer modo, se você quer se relacionar com os homens, agora você precisa se esforçar para alcançar o homem dentro de você. É claro, pode haver muitas outras razões para você ter medo de ser agressiva, decidida ou firme; mas, a despeito disso, é muito provável que tenha sido exposta à força masculina e a tenha internalizado — se não por parte de um pai, irmão ou avô, por parte de outros elementos masculinos em nossa cultura. Portanto, ela está lá, dentro de você, e agora precisa sair.

A EXECUTORA

"Ellie" estava na casa dos trinta anos e era uma executiva em ascensão em uma grande empresa de bens de consumo. Ela me procurou com um programa e um propósito bem claros, uma espécie de "declaração de missão": "Entre os vinte e os trinta anos, me dediquei a viajar e a construir minha carreira e fui bem-sucedida nas duas coisas, mas, agora, quero passar para a próxima fase da minha vida... me casar e ter uma família." Ela era franca, direta e prática, mas havia algo ligeiramente irritante em sua apresentação. Monitorando minha própria reação a seu estilo de apresentação, perguntei a respeito de seu histórico de namoros e relacionamentos.

Verificou-se que todos os relacionamentos de Ellie eram com homens mais jovens e sensíveis, alguns com inclinações artísticas, outros mais espirituais ou filosóficos, mas nenhum que fosse tão decidido, ativo ou ambicioso quanto ela. Em cada caso, ela se apaixonava pelo aspecto mais meigo, infantil ou sonhador da personalidade do homem e o idealizava de modo que ele suplantasse todos os outros aspectos. E, caso após caso, quando a idealização diminuía, ela permitia que os outros aspectos contra-atacassem e devorassem seu amor. Em um relacionamento, ela ficava chateada porque o homem não tinha potencial algum para ganhar dinheiro, em outro, porque ele fumava maconha demais, e em um terceiro, porque ele não entendia nada do mundo real e não era um "executor".

Como ela estava ansiosa para obter resultados na terapia, na melhor tradição da administração de projetos empresariais, Ellie gostou da idéia de identificar padrões e de prosseguir tomando ações. Então, rapidamente demos o Primeiro Passo (De fracos a durões e de volta outra vez). É claro, no caso dela, só tinham existido fracos, o que agora me ajudava a entender o que havia me incomodado inicialmente em sua apresentação. Por precisar estar sempre por cima, no controle, ser sempre a desencadeadora e a ativadora, Ellie só deixava espaço para que eu, no papel de homem, fosse um fraco. Como ser fraco não era minha tendência natural — especialmente como terapeuta — achei o estilo dela um pouco desconcertante. A essa altura, compartilhei essa observação com Ellie e isso nos levou ao Segundo Passo (O fraco ou o durão interior).

Esse era um terreno mais difícil para Ellie, primeiro, porque tinha que deixar alguém administrar o processo terapêutico e, segundo, porque agora ela precisava entrar em contato com todo o medo que tinha de ser como a mãe, que, como descobrimos, era extremamente vulnerável e fraca. Sua mãe, uma artista sem sucesso, "não fazia nada" da vida. Segundo a descrição de Ellie, era uma mãe que ficava em casa, que servia jantares queimados ou crus junto com expressões emocionais de ansiedade e dúvida a respeito de si mesma.

Isso, junto com a percepção subseqüente de que, por trás de seu medo de ser como a mãe residia um desejo de ser exatamente como ela — o desejo de não ter controle mas de ser emotiva, dependente e carente, uma experiência natural na infância que lhe foi negada devido à falta de uma mãe forte e tranqüilizadora — desencadeou em Ellie um nível significativo de ansiedade. Afinal, ser decidida e ambiciosa, ou ter uma identificação masculina, funcionou muito bem para ela em sua carreira e também é tudo o que ela conhece. Ao mesmo tempo, essa análise agradava a ela porque, na sua cabeça, agora tínhamos identificado o problema, o que significava que íamos *fazer* algo para consertá-lo. É claro, foi aí que ela teve muita dificuldade, pois, ao menos no seu caso, o Terceiro Passo (A força de um homem e a graça de uma mulher) não tinha a ver com fazer e consertar, mas o oposto, ser e aceitar. Como vimos ao longo deste livro, o Terceiro Passo sempre envolve um processo de integração. No contexto do Amor Andrógino, isso significa integrar o fraco e o durão internos, o que, para Ellie, significava trazer à tona sua vulnerabilidade feminina reprimida — a sua odiada, mas implacável, identificação com a mãe. Mas como você faz algo assim? Uma coisa é entender intelectualmente que, se você se tornar mais feminina — emotiva, vulnerável, sensível e receptiva — não se torna automaticamente tão fraca e patética quanto você acha que a sua mãe foi. Outra coisa é saber o que realmente *fazer* para se tornar mais feminina.

Ellie, naturalmente, era uma fazedora, então, ao tentar implementar o Terceiro Passo (A força de um homem e a graça de uma mulher), ela embarcou em uma trajetória para se tornar mais feminina. Reservou um tempo para "trabalhar" os próprios sentimentos; fez um curso de "como paquerar"; desenhou diagramas masculino-femininos com "marcadores para seguir em frente"; e agendou "sessões de feedback recíproco" com amigos para ajudá-la a manter controle do processo. O paradoxo, é claro, era que toda essa atividade era bastante "masculina". Era a continuação da sua defesa contra não fazer nada ou simplesmente ser, que ela comparava com a incompetência, inutilidade e fraqueza emocional da mãe.

Quando disse isso a ela, Ellie finalmente parou e começou a ver que não podia controlar tudo, e gradualmente foi aceitando as próprias limitações, frustrações e impotência, especialmente em relação à sua inabilidade para controlar sua vida sentimental e seus relacionamentos com homens. Sendo ela mesma, porém, continuou a buscar uma ação concreta e finalmente encontrou uma que fez grande diferença. Ao concluir que o fato de ter galgado os degraus profissionais na "cultura hierárquica dominada pelos homens" da sua empresa tinha apenas reforçado sua identificação masculina, Ellie largou o emprego e começou a trabalhar meio expediente como consultora, o que lhe deu tempo para sair mais, refletir sobre sua vida e "ficar com os seus sentimentos". É claro, assim ela também teve mais tempo para namorar, e ao mesmo tempo mudou a sua abordagem em relação ao namoro, que era do tipo administração de projeto. Ao ver pela primeira vez que talvez ela nunca fosse achar a pessoa certa e nunca fosse ter um filho, e sentindo-se desesperada, ela se tornou sinceramente disponível para namoros, mas, pela primeira vez, também parou de ir atrás dos homens, dando-lhes a possibilidade de procurá-la.

A literatura de auto-ajuda está cheia de conselhos para mulheres como Ellie. "Não ligue para o cara — deixe que ele ligue para você", é um exemplo comum desses conselhos táticos, mas, como um mero comportamento externo, esse tipo de tática não irá funcionar porque o único homem que ligaria é o "fraco" que se sente atraído pela mulher durona em você. "Por que esperar uma ligação?", outro livro ou terapeuta diria. "Você deve ligar para ele!" Bem, isso também não vai funcionar porque o "durão" não vai ficar sentado em casa esperando você ligar — ele vai estar fora com as mulheres que ele pode intimidar. Portanto, essas táticas nunca irão funcionar a menos e até que esse tipo de mulher se torne mais interessada em um parceiro com o equilíbrio masculino-feminino melhor. Felizmente, foi o que aconteceu com Ellie. Quando ela finalmente conheceu um homem — que também era um consultor do seu ramo de trabalho —, ela permitiu que ele iniciasse e definisse o processo de namoro deles. Ao mesmo tempo, ela não ficou assustada pelo fato de ele não ocupar uma posição profissional melhor e talvez nunca vir a ganhar quantidades enormes de dinheiro. Ele não era um homem perfeito, mas era doce e determinado e eles se casaram em um ano e tiveram um filho um ano depois.

VENCER O JOGO DO PERDEDOR

Como todos sabemos, estar casado não é garantia de um relacionamento bom o bastante. E, embora essa garantia não exista devido à universalidade e à onipresença do padrão de Amor Andrógino — em sua forma tradicional ou contemporânea — acredito que trabalhar continuamente no Terceiro Passo (A força de um homem e a graça de uma mulher) fará com que você chegue o mais perto possível de uma garantia. Como vimos anteriormente, tentar trabalhar seu relacionamento pedindo, ou pior, exigindo que seu parceiro se arrisque é uma proposta fadada ao fracasso. Boa parte da hostilidade nos relacionamentos é gerada porque as mulheres exigem que os homens "se comuniquem", o que no fundo significa "Seja mais como uma amiga", e da mesma maneira, porque os homens esperam que as mulheres "parem de fazer alarde por qualquer coisa", que significa se parecer mais com um amigo.

Então, em vez de esperar que seu parceiro trabalhe *sua própria* divisão masculino-feminino, assuma suas responsabilidades e adote a estratégia de Vencer o Jogo do Perdedor. Essa estratégia, discutida em um clássico da literatura sobre investimentos* foi inspirado por um outro livro sobre tênis. Nesse livro, o autor, Simon Ramo, mostra que, enquanto os jogadores profissionais de tênis realmente vencem os jogos, o vencedor nos jogos de amadores é determinado pelas ações do perdedor, que basicamente derrota a si mesmo, portanto, a menos que você seja um profissional, só pode vencer se jogar para não perder, ou seja, se você jogar contra si mesmo e não contra o oponente.

Quando o assunto é amor, somos todos amadores, portanto, usando o jargão do tênis, em vez de tentar bater na bola com toda força, deveríamos simplesmente mandá-la para o outro lado da rede. Para isso, é claro, é necessário que paremos de criticar ou tentar influenciar as jogadas de nosso oponente — nosso parceiro de jogo. Como primeiro passo, pare de tentar infundir feminilidade (ou masculinidade) no seu homem e aceite sua masculinidade (ou feminilidade) do jeito que ela é. Isso irá deixar você livre para trabalhar sua própria integração de graça e força, sentimento e raciocínio, passividade e atividade. É só quando você escolhe o caminho da integração — por mais longo e lento que ele seja — que em algum lugar ao longo da trilha você irá notar que seu parceiro está agora numa estrada paralela. Apesar de não ter tentado influenciá-lo, você provavelmente o fez, primeiro, servindo de modelo e, segundo, libertando-o da dinâmica polarizadora precedente, na qual você ocupava todo o território feminino (ou masculino) deixando para ele apenas o território oposto. Agora que você não é mais um desastre emocional, ele não precisa ser o pensador calmo e sóbrio. Ou agora que você não é mais uma trabalhadora compulsiva e determinada, ele não precisa mais ser quem se preocupa com o relacionamento e as crianças — ele pode se concentrar na sua própria carreira.

Como vimos, no caso da "executora", quando existe um grande desequilíbrio, é imperativo recalibrar sua identificação masculino-femi-

* *Winning the Loser's Game. Timeless Strategies of Successful Investing*, de Charles D. Ellis e McGraw-Hill Trade. 4ª Edição, 2001.

nina. Isso significa ir além da orientação excludente do Segundo Passo (O fraco ou o durão interior), no qual você chega a um meio-termo, percebendo que, por ser durona, teria de conviver com a sua ambivalência respeito de seu parceiro fraco (ou vice-versa). Isso significa querer tudo por inteiro, o que há de melhor, sem exceções — o aspecto durão *e* o fraco — dentro de você mesma e no seu parceiro, isso envolve fazer coisas novas e desconhecidas ou *não* fazer algumas coisas a que você está muito acostumada. É difícil descrever essa situação em termos práticos sem fazer uso de clichês baseados em gênero e sem perder de vista as inúmeras variações individuais. Afinal, o que é masculino para uma pessoa pode ser feminino para outra, em parte porque isso depende não apenas da atividade em questão, mas também em como você a executa. Finalmente, embora todos tenhamos traços tanto femininos quanto masculinos, nunca podemos alcançar um equilíbrio perfeito nem devemos ter essa aspiração. Psicologicamente falando, apesar de homens e mulheres serem fundamentalmente mais parecidos do que diferentes, sempre haverá diferenças psicológicas entre os sexos, assim como uma sensação subjetiva de diferença, portanto, apesar de a integração ser um objetivo válido, nunca podemos acreditar que podemos transcender completamente nosso próprio gênero.

Tendo dito isso, vejamos alguns dos comportamentos concretos possíveis que — vistos como parte de uma estratégia subjacente para integrar suas identificações de gênero internas — podem ajudá-lo a alcançar maior equilíbrio. Para começar, submeter-se à psicoterapia talvez seja a melhor coisa que você possa fazer porque, devido à sua própria natureza, a psicoterapia combina e facilita tanto um processo interno quanto uma mudança comportamental externa. Fora isso, mudar alguns de seus comportamentos externos usando a tática "simule até conseguir" também irá ajudá-lo a desenvolver uma mudança interna.

As mulheres que tendem a ter uma identificação mais masculina podem tentar aprofundar o próprio relacionamento com a mãe. Paradoxalmente, isso pode significar aprender com algumas das conquistas supostamente superficiais das mães. O fato de lembrar que essas mulheres muitas vezes rejeitaram suas mães na infância porque não conseguiam respeitá-las explica esse paradoxo. Se sua mãe tende a ser exageradamente emotiva, reativa, histérica, carente etc., é compreensível que você não tenha tido — e talvez ainda não possa ter — um relacionamento profundo com ela, que facilite uma identificação feminina saudável, mas, ao longo dos anos, você provavelmente jogou fora o bebê junto com a água do banho: sua mãe certamente tem algumas características "femininas" que compensam, por mais superficiais que pareçam. Ela pode gostar de roupas e ter muito bom gosto ou jeito para maquiagem; ou talvez ela saiba como paquerar; ou talvez ela seja criativa, saiba decorar ou saiba ser brincalhona; e talvez o lado positivo de ser histérica seja a facilidade para sentir e expressar seus sentimentos. Talvez agora você possa fazer algumas dessas atividades com sua mãe — por exemplo, deixe-a levar você para fazer compras de roupas, ou pelo menos de jóias. A idéia é que, com o tempo, você comece a reidentificar alguns dos atributos femininos de sua mãe que você havia previamente desprezado.

Além disso, desenvolver relacionamentos íntimos com outras mulheres, especialmente as que têm identificação de gênero mais equilibrada, pode ser útil. Nessa mesma linha, fique longe de mulheres que se parecem demais com sua mãe ou que desistiram totalmente dos homens tornando-se, psicologicamente falando, um deles. Finalmente, o fato de aprender a gostar de alguns comportamentos baseados em gênero pequenos, insignificantes, praticados por mulheres há gerações, como fazer compras, usar maquiagem, fazer as unhas, trocar receitas, fazer tricô e falar sobre relacionamentos, pode ajudá-la a apreciar e recuperar parte de sua feminilidade perdida ou oculta, porém, se você seguir esse caminho, faça-o no seu próprio ritmo e estilo, e tente escolher comportamentos que funcionem para *você* e não para sua mãe, seu namorado ou seu marido.

Em suma, para a mulher com uma identificação masculina, a estratégia central é procurar influências femininas positivas. Obviamente, o mesmo conceito se aplica em princípio ao homem tradicional, hipermasculino, que faria bem em procurar uma influência feminina para abrandar seu exterior agressivo e fazer vir à tona a garota dentro dele (ele também cresceu com uma mãe ou com outras influências femininas). Obviamente é muito pouco provável que ele comece a fazer tricô ou a se maquiar, mas ele pode encontrar sua própria maneira de falar sobre relacionamentos, cozinhar, cuidar do jardim ou de assumir outras preocupações historicamente femininas. Da mesma maneira, a mulher tradicional, hiperfeminina pode expandir seus horizontes lendo sobre dinheiro, política ou esportes e colocando parte de sua auto-estima em feitos concretos e de orientação masculina como ser promovida no trabalho, consertar a porta da garagem e dirigir agressivamente sem levar multa. Finalmente, devido à lógica do Amor Andrógino, o homem mais contemporâneo, com uma identificação mais feminina, faria bem em seguir o mesmo caminho, procurando na idade adulta os tipos de influências masculinas positivas que provavelmente ele não teve na infância.

Em uma famosa pintura renascentista, o artista Ticiano capturou um momento universal na guerra dos sexos: a deusa Vênus está tentando se agarrar ao seu amante, Adônis, para evitar que ele saia para caçar. Pintada como uma mulher grande, nua, literalmente caída no chão, Vênus é vista enquanto implora e tenta conter um Adônis forte, impaciente, com aparência de adolescente, que está sendo puxado por três cães preparados para a caça. Surpreendentemente, apesar das tremendas transformações sociais da segunda metade do século XX, essa dinâmica tradicional baseada nos gêneros ainda sobrevive. Apesar de os homens não caçarem mais enquanto as mulheres cozinham, a evolução levará milhões de anos para reprogramar o DNA de nossa identidade de gênero. Para o bem ou para o mal, essa identidade de gênero faz parte de nossa herança biológica e psicológica. O fato de ignorarmos isso nos levou à versão contemporânea do Amor Andrógino, na qual os papéis de gênero estão, de fato, invertidos, mas na qual nem as mulheres nem os homens estão mais felizes. Aceitar isso como ponto de partida, por outro lado, permitiria que nos sentíssemos mais seguros em nossa identificação de gênero primária e, portanto, mais abertos às influências equilibradoras do sexo oposto.

CAPÍTULO

9

Quando o amor dá certo

"ACHO QUE ESTOU PEGANDO O JEITO DA COISA", a paciente sorria ao me contar sobre seu novo relacionamento. "Talvez você esteja mesmo", eu disse. *Talvez o problema dela não seja tão grande quanto eu pensava*, disse a mim mesmo. *Talvez, às vezes, o amor seja simples*. Mas, alguns meses mais tarde, essa atraente profissional na casa dos trinta anos decidiu que aquele não era o homem de seus sonhos. Então, terminou o relacionamento e, mais uma vez, se viu no mesmo estado de desilusão e apreensão, ou, para usar termos clínicos, de depressão e ansiedade, que a levaram a meu consultório um ano antes. A esperança que ela expressara anteriormente, que agora demonstrava ser mais uma negação, era meramente parte de seu antigo padrão de relacionamento fracassado.

Como a maior parte das idéias, o amor, em teoria, é simples. Na realidade, porém, é bastante complicado porque, como tentei mostrar neste livro, ele nunca está livre da ambivalência. Embora a ambivalência também seja um conceito relativamente simples, nossa tentativa de negá-la nos leva a padrões auto-ilusórios de amor fracassado, que é onde as coisas se complicam. Ao lutar pela simplicidade, separei esses padrões em sete capítulos, cada um deles começando com uma epígrafe extraída da mitologia grega. Esses mitos antigos, devo indicar, espelham a vida em sua simplicidade assim como em sua complexidade. Por exemplo, na história de Apolo e Dafne — na qual ele a persegue e a alcança apenas para sentir o seu coração esmorecendo à medida que ela se torna um loureiro em seus braços — a dor do Amor de Mão Única é retratada com beleza e simplicidade. Mas a história também tem uma guinada narcisista, pois, como Ovídio nos diz, depois de capturar a ninfa, Apolo exclamou: "Já que você nunca poderá ser minha noiva, pelo menos será minha árvore!" E, depois, ele declara que, a partir daquele dia, todos os heróis de guerra romanos usariam um galho de louro para simbolizar o triunfo. Na verdade, desejar pessoas indisponíveis, muitas vezes é uma indicação não apenas de um Amor de Mão Única, mas também de Amor Narcisista: somos atraídos pela pessoa indisponível não apenas como meio de evitar a ambivalência através do anseio por algo que não podemos ter, mas também porque esperamos elevar nossa baixa auto-estima com a perspectiva de conquista ou de aceitação.

Portanto, como disse anteriormente, os sete padrões de amor fracassado estão inter-relacionados, e é por isso que a abordagem em Três Passos para superá-los, apresentada em cada capítulo, segue um mesmo processo. Recapitulando: no Primeiro Passo, reconhecemos e interrompemos nosso padrão, ou nossos padrões, de relacionamento; no Segundo Passo, descobrimos a ambivalência subjacente a esses padrões; e, no Terceiro Passo, resolvemos essa ambivalência — aceitando-a.

Como no processo de psicoterapia, ao tentar "diagnosticar" e "curar" relacionamentos, este livro provavelmente destacou os aspectos negativos, traçando uma visão de certa maneira distorcida do amor. O psicanalista francês Jacques Lacan levou esse conceito a um extremo poético, e também cético, concluindo que "o amor é dar algo que você não tem a alguém que você não conhece". Embora Lacan talvez tenha captado um aspecto do amor romântico, sugiro, como um antídoto mais otimista, a poesia de Rainer Maria Rilke. Em uma carta sobre o amor,

Rilke escreveu que os jovens "...não devem se esquecer, ao amar, que eles são principiantes, inaptos em relação à vida e aprendizes em relação ao amor — eles precisam *aprender* o amor...". Por estipular, a partir de minha experiência clínica, que, quando o assunto é amor, todos somos jovens, gosto da explicação de Rilke, especialmente por ter sido escrita por um poeta tão passional, sensual e romântico:

> *Como em relação a muitas outras coisas, as pessoas também compreenderam mal o lugar do amor na vida, elas o transformaram em brincadeira e prazer porque acharam que brincadeira e prazer eram mais alegres do que o trabalho; mas não há nada mais alegre do que o trabalho, e o amor, exatamente por ser a felicidade extrema, só pode ser trabalho. Quem ama deve tentar agir como se tivesse um grande trabalho a realizar: ele precisa ficar muito sozinho, mergulhar em si mesmo, se retrair e agarrar-se com força a si próprio; ele precisa trabalhar; ele precisa se tornar algo!*

Portanto, precisamos trabalhar — e é melhor que gostemos desse trabalho — se quisermos superar a visão mais obscura de Lacan a respeito do amor. Mas, como um de meus pacientes uma vez disse: "A questão é trabalhar padrões, defesas, problemas... como é um bom relacionamento?" De fato, traçar um quadro de um amor saudável e maduro é difícil não apenas para o psicólogo — que, por virtude de seu trabalho, lida mais com os dilemas do que com os prazeres do amor — mas também para o romancista. Grandes obras literárias de todas as culturas estão repletas de histórias de amor trágicas, atormentadas e "patológicas". Um bom relacionamento é claramente menos dramático do que um relacionamento turbulento e, por isso, talvez seja até um pouco chato. Todavia, meu paciente disse que seria útil traçar esse quadro. Então, para concluir, gostaria de apresentar minha Lista dos 10 (na verdade, 12) Itens Indispensáveis para um relacionamento "suficientemente bom". A princípio, ao seguir a abordagem em três passos apresentada neste livro, incluindo, sobretudo, o trabalho integrativo do Terceiro Passo, você terá um relacionamento duradouro que incluirá a maior parte dos itens a seguir, ou talvez todos.

- *Um certo grau de idealização mútua.* Se há idealização demais, estamos no território do Amor Narcisista, mas idealização de menos significa que não há nada de especial no relacionamento. Em um relacionamento duradouro, a idealização pode aumentar e diminuir, mas sempre deve existir latente, pronta para reacender quando for necessário.
- *Uma identificação mútua profunda.* A capacidade de se relacionar com algo fundamental na experiência de vida de outra pessoa. Isso pode se originar do fato de você ter vivenciado um trauma semelhante na infância, de ter crescido em uma dinâmica familiar semelhante ou de qualquer coisa que repercuta profundamente na psique de cada um. É isso que faz com que você sinta que seu parceiro é a sua alma gêmea.
- *Um equilíbrio entre semelhanças e opostos na personalidade.* Uma semelhança ou compatibilidade básica na filosofia de vida, nos valores e nas sensibilidades é essencial; mas semelhança demais é chato; não oferece oportunidade alguma para aprender a amar fora de si mesmo. Os opostos realmente se atraem e podem ser complementares, o que torna um relacionamento muito bom; mas oposições fortes demais ou muitas oposições podem levar à polarização, à discórdia e ao isolamento.
- *A capacidade de falar.* Comunicar implica falar sobre sentimentos, pensamentos e decisões importantes que afetam a vida do casal. Isso é crucial, assim como também é essencial conversar sobre assuntos superficiais e sobre "assuntos externos" como política, comida, arte, esportes, psicologia etc.
- *Sexo.* Quando o assunto são relacionamentos amorosos, o sexo — expandido para incluir as dinâmicas de atração, afeição e paquera — é o que move o mundo. Talvez até mais do que o dinheiro. Enquanto em um relacionamento duradouro o desejo e a excitação sexuais tendam a decrescer com o tempo e a freqüência do sexo possa diminuir ainda mais, não podemos falar de amor sexual sem um componente sexual. De fato, para muitos casais, um relacionamento sem sexo é como uma sentença de morte.

- *Tolerar e resolver conflitos.* Nem sempre é fácil comunicar sentimentos carinhosos, calorosos e aconchegantes, mas é ainda mais difícil expressar sentimentos negativos como a raiva e a desilusão. Porém, a habilidade para lidar diretamente com o conflito — dando vazão aos sentimentos negativos —, assim como o *know-how* e a disposição para resolvê-lo e seguir em frente até a próxima confrontação, são essenciais.
- *Regras básicas implícitas ou explícitas.* Brigas são inevitáveis e também podem ser construtivas ao facilitar as mudanças ou ao destacar diferenças importantes nas prioridades ou necessidades. Outros aborrecimentos, mágoas e mal-entendidos também são inevitáveis. Mas, mesmo em momentos difíceis, deve haver um acordo mútuo — explícito ou tácito — de que alguns comportamentos são simplesmente inaceitáveis. As especificidades desses comportamentos variam de um casal para outro, mas muitas vezes incluem transgressões como agressão verbal, sexo extraconjugal e violência física.
- *Controlar impulsos e reações.* Está relacionado com os últimos dois pontos. Ambos os indivíduos devem ter a capacidade básica de conter os próprios sentimentos e de evitar agir sob impulso. Se um dos parceiros tem um deslize e reage (por exemplo, sexualmente ou com raiva), o outro deve ter a capacidade de controlar sua reação para evitar uma escalada recíproca.
- *Capacidade individual de se reinventar.* Em relacionamentos verdadeiramente longos, cada parceiro deve ter amor próprio e determinação suficientes para se empenhar em seu próprio crescimento para que não se torne um satélite que orbita em volta do outro. Além de minimizar a dependência doentia, isso possibilita que se reinventem — uma estratégia essencial para lidar com as inevitáveis transformações, crises e estresses da vida, que podem prejudicar até mesmo um relacionamento bastante bom.
- *Um projeto produtivo que seja maior do que você mesmo.* Comumente, isso significa ter filhos, mas não necessariamente precisa significar isso. A característica essencial aqui é que, em um relacionamento "para toda a vida", o casal deve ter um envolvimento conjunto significativo em algo além de si mesmos. Pode ser um engajamento em

uma causa política, trabalho comunitário ou animais. Sem isso, há "pressão narcisista" demais sobre o relacionamento — muita demanda por alegria e prazer infinitos de cada um, o que nenhum relacionamento consegue agüentar por muito tempo.

- *A crença pessoal interior inquestionável no valor do compromisso.* Isso faz com que o casal supere os tempos difíceis e fornece a motivação para trabalhar no relacionamento. Ambos os parceiros precisam compartilhar essa crença, pois, sem ela, há pouca razão para não procurar um relacionamento melhor.
- E, finalmente...

No amor como na vida, um pouco de magia,
inexplicada pela psicologia, e sorte, que não é conseguida
com trabalho árduo, podem fazer muita diferença.

Bibliografia

ANGRIST, S.W. 1998. *Business Bookshelf: It doesn't grow on Trees*. The Wall Street Journal, 24/12/98, p. A7.

BECKER, E. 1997. *The Denial of Death*. Nova York: The Free Press.

BOLLAS, C. 1987. *The Shadow of the Object, Psychoanalysis of the Unthought Known*. Nova York: Columbia University Press.

BOLLAS, C. 1991. *Forces of Destiny*. Londres: Free Association Books.

BRANDES, S. 1980. *Metaphors of Masculinity*. Filadélfia: University of Pennsylvania Press.

DONINGTON, R. 1963. *Wagner's "Ring" and its Symbols*. Londres: Faber Paperbacks.

ELLIS, C.D. 1998. *Winning the Loser's Game: Timeless Strategies of Successful Investing*. Nova York: The McGraw-Hill Companies.

ERIKSON, E. 1950. *Childhood and Society*. Nova York: Norton.

FAIRBAIRN, W.R.D. 1952. *An Object-Relations Theory of the Personality*. Nova York: Basic Books.

FOGEL, Gerald I., Lane, Fredrick M. e Liebert, Robert S. (orgs.). *The Psychology of Men*. New Haven e Londres: Yale University Press.

FREUD, S. Todas as referências são da Edição Standard de *Complete Psychological Works of Sigmund Freud*, volumes 1 a 24. Londres: Hogarth Press, 1953-1974. (SE)

FREUD, S. 1900. *The Interpretations of Dreams*. SE, 4 e 5.

FREUD, S. 1905. *Three Essays on the Theory of Sexuality*. SE, 7: 125-245.

FREUD, S. 1915. *Instincts and their Vicissitudes*. SE, 14: 117-140.

FREUD, S. 1917. *Mourning and Melancholia*. SE, 14: 237-260.

FREUD, S. 1920. *Beyond the Pleasure Principle*. SE, 18: 3-64.

FREUD, S. 1924. *The Economic Problem of Masochism*. SE, 19: 155-170.

FREUD, S. 1926. *Inhibitions, Symptoms and Anxiety*. SE, 20: 75-175.

FREUD, S. 1933. *New Introductory Lectures on Psycho-Analysis*. SE, 22: 1-182.

GAY, P. 1988. *Freud, A Life for Our Time*. Nova York e Londres: W.W. Norton & Company.

GAYLIN, W., M.D. e Person E., M.D. (editores). 1988. *Passionate Attachmetns: Thinking About Love*. Nova York: The Free Press.

GRANT, M. 1995. *Myths of the Greeks and Romans*. Nova York: Meridian.

GRATCH, A., Ph.D. 2001. *Se os homens falassem*. Rio de Janeiro: Elsevier Editora.

GRAY, J. 1992. *Men are from Mars, Women are from Venus*. Nova York: Harper-Collins Publications.

GUNTRIP, Henry. 1969. *Schizoid Phenomena, Object Relations and the Self*. Nova York: International Universities Press.

KERNBERG, O. 1975. *Borderline Conditions and Pathological Narcissism*. Nova York: Jason Aronson.

KERNBERG, O. 1980 *Internal World and External Reality*. Nova York: Jason Aronson.

KLEIN, M. 1964. *Love, Guilt and Reparation*. In M. Klein e J. Riviere, *Love, Hate and Reparation*. Nova York: W.W. Norton and Co.

KOHUT, H. 1971. *The Analysis of the Self*. Nova York: International Universities Press.

KOHUT, H. 1977. *The Restoration of the Self*. Nova York: International Universities Press.

LACAN, J. 1977. *Ecrits. A Selection*. Nova York, Londres: W.W. Norton & Company.

LEWIS, M. 1995. *Shame: The Exposed Self*. Nova York: The Free Press.

LEWIS, T., M.D., Amini F., M.D., Lannon, R., M.D. 2000. *A General Theory of Love*. Nova York: Vintage Books.

MASTERS, W., Johnson, V., e Kolodny, R. 1986. *Masters and Johnson on Sex and Human Loving*. Boston: Little, Brown & Co.

McCARTHY, B. 1988. *Male Sexual Awareness*. Nova York: Carroll & Graf.

MIEDZIAN, M. 1991. *Boys Will Be Boys*. Nova York: Doubleday.

OVÍDIO. 1955. *Metamorphoses*. Bloomington e Londres: Indiana University Press.

PECK, S. 1978. *The Road Less Traveled*. Nova York: Simon and Schuster.

PERSON, E., M.D. 1989. *Dreams of Love and Fateful Encounters: The Power of Romantic Passion*. Nova York: Penguin Books.

RAMO, S. 1970. *Extraordinary Tennis for the Ordinary Player*. Nova York: Crown Publishing.

REAL, T. 1997. *I Don't Want To Talk About It*. Nova York: Simon & Schuster, pp. 163-164.

REICH, W. 1949. *Character Analysis*. Nova York: Orgone Institute Press.

RILKE, Rainer Maria. 1975. *Rilke on Love and Other Difficulties. Translation and Considerations by John J.L. Mood*, pp. 27, 30-31. Nova York: W.W. Norton & Company.

RYCROFT, C. 1973. *A critical Dictionary of Psychoanalysis*. Totowa, Nova Jersey: Littlefield, Adams & Co.

SCHNARCH, D. Ph.D. 1997. *Passionate Marriage*. Nova York: Owl Books.

STOLLER, R. 1975. *Perversion*. Londres: Maresfield Library.

STOLLER, R. 1985. *Presentations of Gender*. New Haven e Londres: Yale University Press.

STOLLER, R. 1985. *Observing the Erotic Imagination*. New Haven e Londres: Yale University Press.

TOLSTOI, L. 1970. *Anna Karenina*. Nova York: W.W. Norton & Company.

WINNICOTT, D.W. 1958. *Through Pediatrics to Psycho-analysis*. Londres: Hogarth Press.

WINNICOTT, D.W. 1965. *The Maturational Process and the Facilitating Environment*. Nova York: International Universities Press.

WINNICOTT, D.W. 1971. *Playing and Reality*. Middlesex, Inglaterra: Penguin.

WOLF, V. 1956. *Orlando*. San Diego, Nova York, Londres: Harcourt Brace, pp. 137-138.

WRANGHAM, R. e Peterson, D. *Demonic Males, Apes and the Origins of Human Violence*. 1996. Boston, Nova York: Mariner Books, Houghton Mifflin Company.

Serviços de impressão e acabamento
executados, a partir de filmes fornecidos,
nas oficinas gráficas da EDITORA SANTUÁRIO
Fone: (12) 3104-2000 - fax: (12) 3104-2016
http://www.redemptor.com.br - Aparecida - SP